普通高等院校实验教材系列

环境科学与工程实验

主编 唐 琼 成 英

副主编 江 滔 韩耀霞 宋九华

科学出版社

北 京

内 容 简 介

本书以课程群的方式将环境科学与工程专业的核心课程有机结合起来,对实验内容进行整合,避免实验内容的重复。主要包括环境监测实验、污染控制实验、环境化学实验和环境工程微生物实验。书中内容分为基础性实验、综合设计性与研究性实验两个层次,既注重对学生在环境科学与工程领域基本实验技能的培养与锻炼,同时以产学研合作为背景,根据产业的需求和技术的发展,突出环境科学与工程实验内容的应用性、综合性和科学技术发展的动态性,具有内容丰富、选材新颖、涉及面广和适应性强等特点。

本书可作为高等学校环境科学专业、环境工程专业的本科教材使用,同时也可供相关专业的研究生和工程技术人员参考。

图书在版编目(CIP)数据

环境科学与工程实验/唐琼,成英主编. —北京:科学出版社,2015.1
ISBN 978-7-03-042667-3

Ⅰ.①环… Ⅱ.①唐… ②成… Ⅲ.①环境科学–实验–高等学校–教材 ②环境工程–实验–高等学校–教材 Ⅳ.①X-33

中国版本图书馆 CIP 数据核字(2014)第 284600 号

责任编辑:郑述方/责任校对:胡小洁
责任印制:余少力/封面设计:墨创文化

科学出版社 出版
北京东黄城根北街 16 号
邮政编码:100717
http://www.sciencep.com

成都创新包装印刷厂 印刷
科学出版社发行 各地新华书店经销

*

2015 年 1 月第 一 版   开本:720×1000 1/16
2016 年 3 月第二次印刷   印张:16 1/2
字数:340 000
定价:34.00 元
(如有印装质量问题,我社负责调换)

前　言

　　环境科学与工程是建立在实验基础上的学科。许多污染现象的解释，污染治理技术、处理设备的设计参数和操作运行方式的确定，都需要通过实验解决。掌握必要的实验技能，对于我们理解和认识环境科学与工程的有关理论有着非常重要的意义。

　　环境科学与工程的专业课程实验单科开设时，缺乏独立的实验教材，实验项目多以理论教材后面附带的实验内容为主，存在内容分散、过时，以验证性实验为主、缺乏综合设计性实验等缺点。为此，"环境科学与工程专业实验"课程独立设置，是近几年国内实验教学改革的一个热点，它的宗旨是通过一个完整的实验课程体系（基础性、综合设计性、研究性三层次的实验教学体系），使学生能够获得系统的实验理论、实验方法和专业技能的学习和训练，提高学生的综合素质、工程能力和创新意识。

　　根据新的课程体系，在科学出版社的帮助和支持下，我们完成了《环境科学与工程实验》的编写。《环境科学与工程实验》是《环境化学》、《环境工程微生物学》、《环境监测》、《水污染控制工程》、《大气污染控制工程》和《固体废弃物处理与处置》6门理论课程对应的实验内容，是环境科学、环境工程方向必修的专业课。本书以环保行业发展趋势为导向，以培养创新与创业能力为目标，以实验技能属性分类与技能组合为主线，将环境监测实验、污染控制实验、环境化学实验和环境工程微生物实验按照它们之间的知识结构与技能结构的内在规律联系在一起，形成多学科理论的环境科学与工程实验的新的课程体系。突出环境科学与工程实验内容的知识性、应用性、综合性和新颖性。本书分为七章，第一章为实验设计，第二章为误差分析与数据处理，第三～六章为基础性实验，包括"环境监测实验"、"污染控制实验"、"环境化学实验"和"环境工程微生物实验"四部分，第七章为综合设计性与研究性实验，最后为附录（包含所有的环境质量标准和排放标准）。教材对基础性实验的四部分实验内容进行有机整合，做到实验内容重复率减少。在综合设计部分将环境监测、污染控制、环境化学和环境工程微生物学内容有机地结合起来，体现工程性和实践性。例如，大气、水以及声环境的监测与评价，典型工业废水、城市生活污水的处理以及新技术在污染控制中的应用等。同时也反映了本学科当前国内最新研究动态和研究方法。

　　本书是由乐山师范学院化学学院在自备的环境科学与工程实验讲义的基础上编写的，是学院众多教师集体智慧的结晶。本书由唐琼和成英主编，唐琼统稿。

其中，第一章由唐琼编写，第二章由宋九华编写，第三至六章由唐琼和成英编写，第七章和附录由成英编写，最后由江滔和韩耀霞对全部书稿进行了校对。

本书编写过程中，编者还参考、借鉴了其他兄弟院校的环境科学实验教材、环境工程实验教材。在此，向这些书的作者表示衷心的感谢。

由于编者水平所限，书中不足之处在所难免，敬请读者批评指正。

编 者

2014 年 9 月

目　录

前言
第一章　实验设计 ··· 1
第二章　误差分析与数据处理 ·· 9
　第一节　误差的基本概念 ·· 9
　第二节　实验数据整理 ·· 12
第三章　环境监测实验 ··· 21
　实验 1　水样色度、浊度、酸度和碱度的测定 ···················· 21
　实验 2　废水化学需氧量（COD）的测定 ························· 26
　实验 3　水中溶解氧的测定 ··· 30
　实验 4　生物化学需氧量的测定——BOD_5 ···················· 33
　实验 5　水中总有机碳（TOC）的测定 ···························· 36
　实验 6　水中挥发酚的测定 ··· 40
　实验 7　水中氨氮、亚硝酸盐氮和硝酸盐氮的测定 ············ 44
　实验 8　水中氟化物的测定 ··· 49
　实验 9　水中六价铬的测定 ··· 51
　实验 10　大气中二氧化硫含量的测定 ······························· 55
　实验 11　大气中总悬浮颗粒物的测定 ······························· 61
　实验 12　环境噪声监测 ·· 64
第四章　污染控制实验 ··· 69
　实验 1　混凝沉淀实验 ·· 69
　实验 2　颗粒自由沉淀实验 ··· 72
　实验 3　过滤实验 ·· 78
　实验 4　曝气设备充氧能力的测定实验 ····························· 91
　实验 5　气浮实验 ·· 95
　实验 6　活性污泥性质的测定实验 ···································· 101
　实验 7　反渗透实验 ·· 104
　实验 8　活性炭吸附实验 ··· 106
　实验 9　折点加氯消毒实验 ·· 112
　实验 10　废水可生化性实验 ·· 118

실验 11　活性污泥动力学参数的测定实验 …… 126
实验 12　生物转盘实验 …… 129
实验 13　粉尘粒径分布测定 …… 131
实验 14　"亚铵法"回收低浓度 SO_2 …… 136
实验 15　旋风除尘器性能测定 …… 138
实验 16　电除尘实验 …… 146
实验 17　固体废物含水率、挥发分和灰分的测定 …… 149
实验 18　固体废物浸出毒性鉴别实验 …… 152
实验 19　固体废物吸水率、抗压强度和颗粒容重的测定实验 …… 154
实验 20　固体废物的浮选分离实验 …… 158
实验 21　生物质能热转化实验 …… 161

第五章　环境化学实验 …… 164
实验 1　空气中氮氧化物的日变化曲线 …… 164
实验 2　室内空气中多环芳烃的污染分析 …… 168
实验 3　水体富营养化程度的评价 …… 173
实验 4　土壤对铜的吸附 …… 178

第六章　环境工程微生物实验 …… 182
实验 1　培养基的配制 …… 182
实验 2　灭菌与消毒 …… 186
实验 3　微生物的形态观察 …… 191
实验 4　革兰氏染色法 …… 193
实验 5　微生物的分离、接种与培养 …… 195
实验 6　水中细菌总数的测定 …… 203
实验 7　水中总大肠菌群的检测 …… 205
实验 8　水中粪大肠菌群的检测 …… 210

第七章　综合设计性与研究性实验 …… 213
实验 1　环境质量监测与评价 …… 213
实验 2　活性污泥法污水处理过程中微生物生长情况 …… 214
实验 3　废水生物处理综合实验 …… 218
实验 4　物理环境污染综合实验 …… 219
实验 5　重金属污染规律研究实验 …… 220
实验 6　膜技术在水处理中的应用研究（饮用水处理）…… 221
实验 7　GR 型消烟除尘脱硫一体化装置的模拟实验 …… 222
实验 8　有机废物好氧堆肥实验 …… 227
实验 9　底泥中汞的存在形态 …… 231

  实验 10 鱼体内氯苯类有机污染物的分析 ……………………………………… 234
参考文献 …………………………………………………………………………… 237
附录 ………………………………………………………………………………… 238
  附录一 计量单位——SI 词头 ……………………………………………… 238
  附录二 常用的正交实验表 ………………………………………………… 239
  附录三 常见酸及氨水的近似相对密度和浓度 ……………………………… 241
  附录四 常用样品保存技术 ………………………………………………… 241
  附录五 水、气、声、固体废物相关质量标准、排放标准 ………………… 242
  附录六 常见污染因子检测方法标准 …………………………………………… 254
  附录七 实验过程中事故风险及排除 …………………………………………… 255

第一章 实 验 设 计

实验设计是实验研究过程的重要环节。实验设计的方法有很多，有单因素实验设计、双因素实验设计、正交实验设计、析因实验设计等。下面我们仅介绍较常用的单因素实验设计、双因素实验设计以及正交实验设计。

一、单因素实验设计

单因素实验设计方法有 0.618 法（即黄金分割法）、对分法、分数法、分批实验法、爬山法和抛物线法等。下面介绍 3 种常用的设计方法：对分法、分数法和分批实验法。

（1）对分法。采用对分法时，首先要根据经验确定实验范围。设实验范围在 $a\sim b$，第一次实验安排在 (a, b) 的中点 $x_1[x_1=(a+b)/2]$。若实验结果表明 x_1 取大了，则丢掉大于 x_1 的一半；如果第一次实验结果表明 x_1 取小了，则丢掉小于 x_1 的一半；第二次实验点安排在 (a, x_1) 的中点 $x_2[x_2=(a+x_1)/2]$；第三次实验点就取在 (x_2, b) 的中点 $x_3[x_3=(x_2+b)/2]$。此方法的优点是每做一次实验可以缩小一半的范围，且取点方便。

（2）分数法。又叫菲波那契数列法，它是利用菲波那契数列进行单因素优化实验设计的一种方法。当实验点只能取整数，或者限制实验次数的情况下，采用分数法较好。例如，如果只能做 1 次实验时，就在 1/2 处做，其精确度为 1/2，即这一点与实际最佳点的最大可能距离为 1/2。如果只能做 2 次实验，第 1 次实验在 2/3 处做，第 2 次在 1/3 处做，其精确度为 1/3。如果能做 3 次实验，则第 1 次在 3/5 处做，第 2 次在 2/5 处做，第 3 次在 1/5 或 4/5 处做，其精确度为 1/5……做 n 次实验就在实验范围内 F_n/F_{n+1} 处做，其精度为 $1/F_{n+1}$。

表 1-1 中的 F_n 及 F_{n+1} 叫"菲波那契数"，它们可由下列递推式确定：

$F_0=F_1=1$，$F_n = F_{n-1}+F_{n-2}$ （$n=2$，3，4，$\cdots$）

由此得 $F_2=F_1+F_0=2$，$F_3=F_2+F_1=3$，$F_4=F_3+F_2=5$，$\cdots$，$F_{n+1}=F_n + F_{n-1}$，$\cdots$

表 1-1 分数实验点位置与精确度

实验次数	2	3	4	5	6	7	...	n	...
等分实验范围的份数	3	5	8	13	21	34	...	F_{n+1}	...
第一次实验点的位置	2/3	3/5	5/8	8/13	13/21	21/34	...	F_n/F_{n+1}	...
精确度	1/3	1/5	1/8	1/13	1/21	1/34	...	$1/F_{n+1}$	...

因此，表 1-1 第 3 行中各分数，从分数 2/3 开始，以后的每一分数，其分子都是前一分数的分母，而其分母都等于前一分数的分子与分母之和，照此方法不难写出所需要的第 1 次实验点位置。

分数法各实验点的位置，可用下列公式求得

$$第一个实验点 = （大数 - 小数）\times F_n/F_{n+1} + 小数 \tag{1-1}$$

$$新实验点 = （大数 - 中数）+ 小数 \tag{1-2}$$

式中，中数为已试的实验点数值。

上述两式推导如下：首先由于第一个实验点 x_1 取在实验范围内的 F_n/F_{n+1} 处，所以 x_1 与实验范围左端点（小数）的距离等于实验范围总长度的 F_n/F_{n+1} 倍，即第一个实验点 - 小数 = [大数（右端点）- 小数] $\times F_n/F_{n+1}$，移项后，即得式（1-1）。

又由于新试点（$x_2, x_3, \cdots$）安排在余下范围内与已试点相对称的点上，因此，不仅新试点到余下范围的中点的距离等于已试点到中点的距离，而且新试点到左端点的距离也等于已试点到右端点的距离（图 1-1），即新试点 - 左端点 = 右端点 - 已试点，移项后即得式（1-2）。

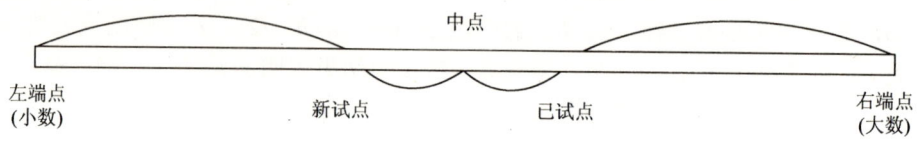

图 1-1　分数法实验点位置示意图

（3）分批实验法。当完成实验需要较长时间，或者测试一次需要花很大代价，而每次同时测试几个样品和测试一个样品所花的时间、人力或费用相近时，采用分批实验法较好，它又可以分为均匀分批实验法和比例分割实验法。这里仅介绍均匀分批实验法。例如，每批要做 4 个实验，我们可以先将实验范围（a,b）均分为 5 份，在其 4 个分点 x_1、x_2、x_3、x_4 处做 4 个实验。将 4 个实验样品同时进行测试分析，如果 x_3 好，则去掉小于 x_2 和大于 x_4 的部分，留下（x_2, x_4）范围，然后再将留下的部分再分成 6 份，在未做过实验的 4 个分点实验，这样一直做下去，就能找到最佳点，如图 1-2 所示。

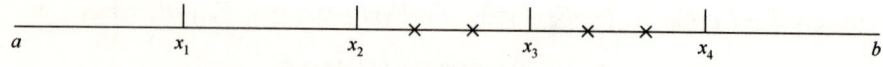

图 1-2　分批实验法示意图

二、双因素实验设计

对于双因素问题，往往采用把两个因素变成一个因素的方法来解决，也就是先固定一个因素做第二个因素的实验，然后再固定第二个因素做第一个因素的实验，下面介绍两种双因素实验设计的方法。

1. 从好点出发法

这种方法是先把一个因素如 x 固定在实验范围内的某一点 x_1，然后用单因素实验设计法对另一因素 y 进行实验，得到最佳点实验 $A_1(x_1, y_1)$；再把因素 y 固定在好点 y_1 处，用单因素方法对因素 x 进行实验，得到最佳实验点 $A_2(x_2, y_1)$。若 $x_2 < x_1$，则可以去掉大于 x_1 的部分，反之则去掉小于 x_1 的部分，然后在剩下的实验范围内，再从好点 A_2 出发，把 x 固定在 x_2 处，对因素 y 进行实验，得到最佳实验点 $A_3(x_2, y_2)$，于是再沿直线 $y=y_1$ 把不包括 A_3 的部分范围去掉。这样继续下去，能较好地找到最佳点，如图 1-3 所示。

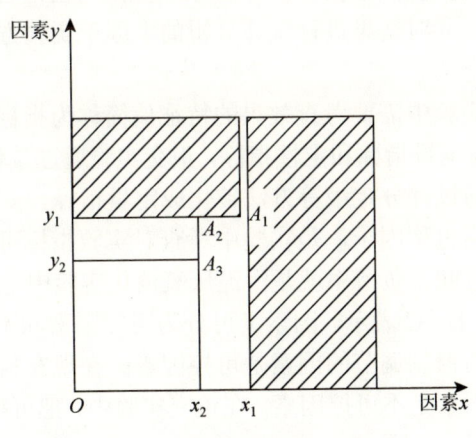

图 1-3　从好点出发法示意图

2. 平行线法

如果双因素问题的两个因素中有一个因素不易改变时，宜采用平行线法，具体方法如下。设因素 y 不易调整，就把 y 固定在其实验范围的 0.5（或 0.618）处，过该点作平行于 Ox 的直线，并用单因素法找出另一个因素 x 最佳点 A_1。再把因素 y 固定在 0.25 处，用单因素法找出最佳点 A_2，比较 A_1 和 A_2，若 A_1 比 A_2 好，则沿直线 $y=0.25$ 将下面的部分去掉，然后在剩下的范围内将因素 y 固定在 0.625 处。用单因素法找出因素 x 的最佳点 A_3。若 A_1 比 A_3 好，则又可将直线 $y=0.625$ 以上的部分去掉。这样一直做下去即可找到满意的结果，如图 1-4 所示。

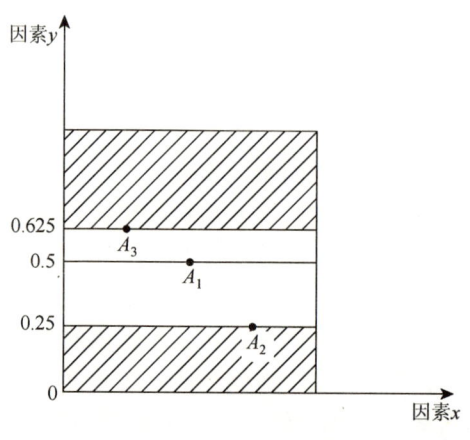

图 1-4 平行线法示意图

三、正交实验设计

正交实验设计是根据因子设计的分式原理，采用由组合理论推导而成的正交表来安排设计实验，并对结果进行统计分析的多因子实验方法。

1. 4 个有关概念

（1）指标。在实验中需要考查效果的特征值简称为指标。指标与实验目的是相对应的，一般分为定量指标和定性指标，正交实验通过量化指标来提高可比性，故通常把定性指标通过评分定级等方法转化成定量指标。

（2）因素。因素也称因子，是实验中考查对实验指标可能有影响的原因和要素。例如，温度、时间、负荷率就是污泥厌氧消化实验中考查的 3 个因素，通常用大写英文字母 A、B、C 表示。因素又可分为可控因素和不可控因素，在现在科学技术条件下可人为控制调节的因素是可控因素；在现在科学技术条件下暂时不可人为控制调节的因素是不可控因素。在正交实验中，把可控因素列入实验当中，而不可控因素尽量保持一致。

（3）水平。因素变化的各种状态叫因素的水平。某个因素在实验中需要考查它的几种状态就叫几水平因素。例如，加热温度为 20℃、30℃、40℃这 3 种状态，这里 20℃、30℃、40℃就是温度因素的 3 个水平。因素的水平有的能用数量表示，有的则不能用数量表示。

（4）正交表。正交表是正交设计法的基本工具，它是正交实验设计法中合理安排实验以及对数据进行统计分析的工具。下面以基本的 $L_4(2^3)$ 正交表为例（图 1-5），其中字母 L 代表正交表，L 由下角数字 4 表示正

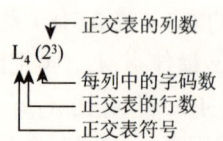

图 1-5 正交表记号示意图

交表有 4 横行，即安排 4 次实验，括号内底数 2 表示每列有 1、2 两种数据，指数 3 表示表中有 3 列，即最多可考察 3 个因素。

从表 1-2 看，该表是一个 3 列 4 行的矩阵，每 1 个因素占用 1 列，该表最多能考查 3 个因素，每个因素分为 2 水平，共有 4 个横行，也就是有 4 个实验方案。假若用 A 因素占第 1 列，B 因素占第 2 列，C 因素占第 3 列，则 1 号方案为 $A_1B_1C_1$，2 号方案为 $A_1B_2C_2$，3 号方案为 $A_2B_1C_2$，4 号方案为 $A_2B_2C_1$。

表 1-2　$L_4(2^3)$ 表的格式

项目		列			项目		列		
		1	2	3			1	2	3
行	1	1	1	1	行	3	2	1	2
	2	1	2	2		4	2	2	1

2. 正交实验设计的基本步骤

（1）明确实验目的，确定实验的考查指标。

（2）挑因素，选水平，制定因素水平表。挑因素就是根据专业知识和实践经验，找出对指标有影响的一切可能的因素；然后分类，不可控因素必须先解决控制方法才能进行实验；对可控因素，一般应选择可能重要的因素以及影响不清楚的因素，而将其余因素固定在适当的水平上。选水平就是选取因素实验研究的变动范围，对于非连续性的水平，只能取几种类型。对于连续性的水平，以中心点确定实验变动范围，因素水平选定后，便可列成因素水平表。

（3）选用正交表，进行表头设计。常用的正交表有几十个，究竟选用哪个正交表需要综合分析后确定，一般根据因素和水平多少、实验工作量的大小和允许条件而定。例如，根据实验目的，选好 4 个因素，如果每个因素取 4 个水平，则需要 $L_{16}(4^4)$ 正交表，须做 16 次实验，但由于时间、经费等原因需要减少实验次数，故改为每因素 3 个水平，则改为 $L_9(3^4)$ 正交表，做 9 次实验就够了。

（4）确定实验方案，做实验，填数据，即因素顺序入列，水平对号入座，列出实验条件，填写实验结果。

（5）计算分析实验结果（数据），选取优化方案。

3. 正交实验结果的分析

直观分析法是一种常用的分析结果的方法，其具体步骤如下。

（1）填写实验指标。

（2）计算各列的 K_i、$\bar{K}_i$ 和 R；

K_i（第 m 列）=第 m 列中数字与 i 对应的指标值之和

R（第 m 列）=第 m 列的 K_1, K_2, …中最大值减去最小值之差

$$\overline{K}_i(第m列)=\frac{K_i(第m列)}{第m列中i水平的重复次数}$$

式中，R 称为极差。极差是衡量数据波动大小的重要指标，极差越大的因素越重要。

（3）作因素与指标的关系图。以指标的 $\overline{K}_i$ 为纵坐标，因素水平为横坐标作图。关系图反映了在其他因素基本上是相同变化条件下，该因素与指标的关系。

（4）比较各因素的极差 R，排出因素的主次顺序。应该注意，实验分析得到的因素的主次、水平的优劣，都是相对于某种具体条件而言的。在一次实验中是主要因素，在另一次实验中，由于条件变了，就可能成为次要因素；反过来，原来的次要因素，也可能由于条件的变化而转化为主要因素。

（5）选取较好的水平组。

四、正交实验分析举例——光催化氧化处理有机磷农药废水的正交实验

实验是在 TiO_2 悬浮体系下，以有机磷农药模拟废水进行了半导体光催化氧化降解的静态实验。本实验有机磷农药废水的水质情况为 COD_{Cr} 为 1000mg/L，有机磷为 160mg/L；实验选用 30W 紫外灯（波长为 253.7nm）。

（1）实验目的，确定实验的考查指标。实验是为了找出影响光催化的主要影响因素，以及确定最佳运行条件。

（2）挑选因素，选水平，制定因素水平表。影响光催化的因素较多，本实验选用 pH、催化剂用量、光照强度、曝气量等。为了减少实验次数，又能说明问题，因此，每个因素选用 3 个水平。正交实验因素水平如表 1-3 所示。

表 1-3　正交实验因素水平表

水平	因素			
	催化剂/（mg/L）	pH	曝气量/（L/min）	光照强度/W
1	150	2	0.2	20
2	300	7	0.8	30
3	600	9	1.5	40

（3）选择正交表。根据以上所选择的因素与水平，确定 $L_9(3^4)$，建立 3 水平 4 因素正交表，如表 1-4 所示。

表 1-4　$L_9(3^4)$ 正交实验表

实验号	列号				实验号	列号			
	1	2	3	4		1	2	3	4
1	1	1	1	1	6	2	3	1	2
2	1	2	2	2	7	3	1	2	2
3	1	3	3	3	8	3	2	1	3
4	2	1	3	3	9	3	3	2	1
5	2	2	3	1					

（4）确定实验方案，做实验。根据已定的因素顺序入列，水平对号入座，列出实验条件，填写实验结果如表 1-5 所示。

表 1-5　正交实验方案表 $L_9(3^4)$

实验号	因子				实验号	因子			
	催化剂/(mg/L)	pH	光照强度/W	曝气量/(L/min)		催化剂/(mg/L)	pH	光照强度/W	曝气量/(L/min)
1	150	2	20	0.2	6	300	9	20	0.8
2	150	7	30	0.8	7	600	2	40	0.8
3	150	9	40	1.5	8	600	7	20	1.5
4	300	2	40	1.5	9	600	9	30	0.2
5	300	7	40	0.2					

（5）实验结果。实验结果及分析如表 1-6 所示。每列中的 K_i（$i=1$，2，3）表示该列中第 i 水平所对应的 COD_{Cr} 去除率之和，反映了该因素取第 i 水平时对实验结果的影响程度，K_i 表示与之对应的平均结果。极差 R 则分别为 K_i 最大值与最小值之差，它反映了各因素在实验中所起的作用程度的大小；极差大，则为主要影响因素，反之则为次要因素。

表 1-6　正交实验结果直观分析表

实验号	因子				
	催化剂/(mg/L)	pH	光照强度/W	曝气量/(L/min)	COD 去除率/%
1	150	2	20	0.2	30.2
2	150	7	30	0.8	29.25
3	150	9	40	1.5	39.28
4	300	2	40	1.5	36.46
5	300	7	40	0.2	34.73

续表

实验号	因子				COD 去除率/%
	催化剂/(mg/L)	pH	光照强度/W	曝气量/(L/min)	
6	300	9	20	0.8	32.81
7	600	2	40	0.8	28.95
8	600	7	20	1.5	41.41
9	600	9	30	0.2	31.86
K_1	97.55	107.89	91.78	96.61	
K_2	104	92.93	97.57	103.47	
K_3	102.22	102.95	114.42	103.69	
$\bar{K}_1$	32.52	35.96	30.59	32.20	
$\bar{K}_2$	34.67	30.98	32.52	34.49	
$\bar{K}_3$	34.07	34.32	38.14	34.56	
R	2.15	4.98	7.55	2.36	

（6）计算分析实验结果（数据），选取优化方案。由表 1-6 极差 R 大小可见，影响光催化效率的因素的主次顺序依次为：光照强度>pH>曝气量>催化剂用量。由各因素水平值的均值可见各因素中较佳的水平条件，即 K_i 值最大时，光照强度为 40W，pH=2，曝气量为 1.5L/min，催化剂用量为 300mg/L。

第二章 误差分析与数据处理

第一节 误差的基本概念

一、误差与准确度

真实值是试样中待测组分客观存在的真实含量。准确度是分析结果与真实值的相符程度。准确度通常用误差来表示,误差越小,表示分析结果的准确度越高。

测量值与真实值之间的差异称为误差。由于仪器、实验条件、环境等因素的限制,测量不可能无限精确,测量值与客观存在的真实值之间总会存在着一定的差异,这种差异就是测量误差。误差与错误不同,错误是应该而且可以避免的,而误差是不可能绝对避免的。

误差的大小可以用绝对误差 E_a(absolute error)和相对误差 E_r(relative error)来表示。绝对误差是分析结果与真值之差,表示为

$$E_a = x_i - T$$

式中,x_i 代表单次测定值。由于测定次数往往不止一次,因此通常用数次平行测定结果的算术平均值来表示分析结果。

此时:$E_a = \bar{x} - T$

相对误差是绝对误差和真值的百分比率

$$E_r = E_a/T \times 100\%$$

当测定值大于真值是时,误差为正,表明测定结果偏高;反之,误差为负,表明测定值偏低。在测定的绝对误差相同的条件下,待测组分含量越高,相对误差越小;反之,相对误差越大。也就是说,相对误差能反映误差在真实结果中所占的比例,这对于比较在各种情况下测定结果的准确度更为直观,因而使用更为普遍。

例 2-1:甲、乙、丙、丁 4 个同学在进行硫酸铵中 N 含量测定时,测得的结果如下(已知标准值为 21.16%)。

甲同学 3 次测定结果:21.14%,21.15%,21.16%,平均值:21.15%;

乙同学 3 次测定结果:19.65%,21.03%,22.78%,平均值:21.15%;

丙同学 3 次测定结果:20.14%,20.15%,20.16%,平均值:20.15%;

丁同学 3 次测定结果:18.62%,22.75%,20.29%,平均值:20.55%;

甲、乙:$E_a = \bar{x} - T = 21.15\% - 21.16\% = -0.01\%$

甲、乙：$E_r=E_a/T\times 100\%= -0.01\%/21.16\times 100\%= -0.059\%$
丙：$E_a = \bar{x} - T = 20.15\% - 21.16\% = -1.01\%$
丙：$E_r=E_a/T\times 100\%= -1.01\%/21.16\times 100\%= -4.8\%$
丁：$E_a = \bar{x} - T = 20.55\% - 21.16\% = -0.61\%$
丁：$E_r=E_a/T\times 100\%= -0.61\%/21.16\times 100\%= -2.9\%$

由此判断丙和丁同学的测定误差大，说明测定结果的准确度低。而甲、乙同学的测定误差相同，都比较小，那么是不是就说明甲、乙同学测定结果的准确度都高呢？从甲、乙同学的测定结果看，乙同学的测定结果明显比甲同学的测定结果分散，要衡量甲、乙同学测定结果的可信度，需要学习精密度与偏差的概念。

二、精密度与偏差

精密度是指在相同的条件下，多次平行分析结果相互接近的程度。它表明测定数据的再现性。精密度用偏差来表示。偏差数值越小，说明测定结果的精密度越高。

精密度与偏差主要内容如下。

（1）精密度：平行测量的各测量值间的相互接近程度。

（2）绝对偏差和相对偏差：它只能用来衡量单项测定结果对平均值的偏离程度，绝对偏差和相对偏差都有正负之分，单次测定的偏差之和等于零。

a. 绝对偏差：单次测量值与平均值之差。

$$d = x_i - \bar{x}$$

b. 相对偏差：绝对偏差占平均值的百分比。

$$\frac{d}{\bar{x}}\times 100\% = \frac{x_i - \bar{x}}{\bar{x}}\times 100\%$$

c. 平均偏差：绝对偏差的算术平均值，它表示多次测定数据整体的精密度。

$$\bar{d} = \frac{|d_1|+|d_2|+\cdots+|d_n|}{n} = \frac{\sum_{i=1}^{n}|x_i - \bar{x}|}{n}$$

d. 相对平均偏差：平均偏差占平均值的百分比。

$$\frac{\bar{d}}{\bar{x}}\times 100\%$$

e. 标准偏差：各次测量偏差的平方和平均值再开方，比平均偏差更灵敏地反映较大偏差的存在，在统计学上更有意义。

$$S = \sqrt{\frac{\sum_{i=1}^{n}(x_i - \bar{x})^2}{n-1}}$$

f. 相对标准偏差（变异系数）：标准偏差与平均值的比值。

$$\text{RSD}: S_r = \frac{S}{\bar{x}} \times 100\%$$

例 2-2：分析铁矿石中铁的质量分数，得到如下数据：37.45，37.20，37.50，37.30，37.25（%），计算测结果的平均值、平均偏差、相对平均偏差、标准偏差、变异系数。

解：$\bar{x} = 37.34\%$，每次测量的偏差分别是：$0.11, -0.14, -0.04, 0.16, -0.19$

$\bar{d} = (0.11 + 0.14 + 0.04 + 0.16 + 0.19)/5 = 0.13\%$

$\dfrac{\bar{d}}{\bar{x}} \times 100\% = 0.13/37.34 = 0.35\%$

$s = 0.13\%$

$\text{RSD} = 0.13 \times 100\% / 37.34 = 0.4\%$

三、极差（R）和公差

极差（range）：衡量一组数据的分散性。一组测量数据中最大值和最小值之差，也称全距或范围误差。

$$R = x_{\max} - x_{\min}$$

公差：即生产部门对分析结果误差允许的一种限量，如果误差超出允许公差范围，该项分析工作就应该重做。

例 2-3：一批黄铁矿样品中硫含量的测定结果为 25.25%，25.26%，25.22%，25.23%，25.21%，25.19%，25.20%，计算单次测定的平均偏差、相对平均偏差、标准偏差、相对标准偏差及极差。

解：$\bar{x} = \dfrac{(25.25 + 25.26 + 25.22 + 25.23 + 25.21 + 25.19 + 25.20)\%}{7} = 25.22\%$

$\bar{d} = \dfrac{\sum_{i=1}^{n}(x_i - \bar{x})}{7} = \dfrac{(0.03 + 0.04 + 0 + 0.01 + 0.01 + 0.03 + 0.02)\%}{7} = 0.02\%$

$\dfrac{\bar{d}}{\bar{x}} \times 100\% = \dfrac{0.02}{25.22} \times 100\% = 0.08\%$

$S = \sqrt{\dfrac{\sum_{i=1}^{n}(x_i - \bar{x})^2}{n-1}}$

$= \sqrt{\dfrac{(0.03\%)^2 + (0.04\%)^2 + (0.01\%)^2 + (0.01\%)^2 + (0.03\%)^2 + (0.02\%)^2}{7-1}} = 0.03\%$

$s_r = \dfrac{s}{\bar{x}} \times 100\% = \dfrac{0.03}{25.22} \times 100\% = 0.1\%$

$R = x_{\max} - x_{\min} = 25.26\% - 25.19\% = 0.07\%$

四、准确度与精密度的关系

准确度是测定值与真实值的接近程度,因此它与系统误差、偶然误差均有关。精密度是测定值之间的相互接近程度,在求测定值彼此间接近程度时抵消了系统误差的影响,因此只与偶然误差有关。

例 2-4:甲、乙、丙 3 人分析同一试样中某组分含量,分别得出 4 组数据(真实值为 30.39),你认为哪组数据更可靠,为什么?

甲	30.22	30.20	30.18	30.16
乙	30.20	30.30	30.25	30.35
丙	30.44	30.42	30.38	30.40

解:计算每组数据的平均值和平均偏差。

甲:$\bar{x}=30.19$ $\bar{d}=0.02$

乙:$\bar{x}=30.28$ $\bar{d}=0.05$

丙:$\bar{x}=30.41$ $\bar{d}=0.02$

数据展示图如下(图 2-1)。

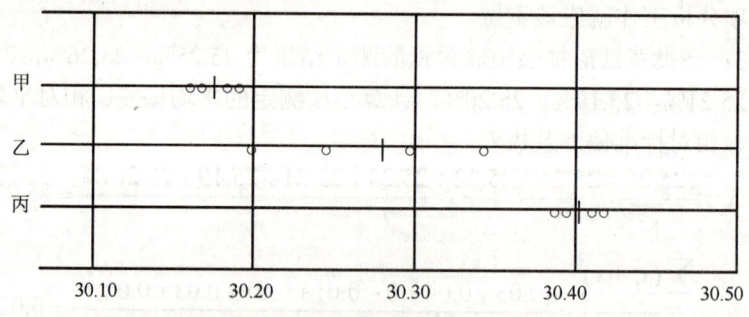

图 2-1 3 人测得数据展示图
真实值:30.39 ○表示个别测定值 |表示平均值

因此认为,丙组数据的精密度和准确度都较好,其结果相对于甲组、乙组更可靠,并得出以下结论。

(1)精密度好的分析结果,准确度不一定好。
(2)精密度不好的分析结果,准确度也不好。
(3)精密度和准确度都好的结果才是可靠的。

第二节 实验数据整理

在分析工作中,最后一步是处理分析数据,首先是在校正系统误差的基础上整理测定数据，剔除明显过失造成的数据，对可疑值可按 Q 检验法决定取舍；然后计算测定值的平均值、平均偏差或标准差。

一、显著性检验

1. t 检验法

检查分析数据是否存在较大的系统误差，可对标准试样进行若干次分析，再利用 t 检验法比较分析结果的平均值与标准试样的标准值之间是否存在显著性差异。进行 t 检验时，首先按下式计算出 t 值。

$$T = \bar{x} + \frac{tS}{\sqrt{n}} \qquad t = \frac{|\bar{x}-T|}{S}\sqrt{n}$$

将算得的 $t_{计算}$ 与指定置信度下相应的 $t_{表}$ 相比较，$|t_{计算}|>t_{表}$ 则二者有显著差异。通常以 95%的置信度为检验标准，即显著性水准为 5%（表 2-1）。

表 2-1　t 值表（双边）

f	置信度，显著性水准		
	P=0.90 α=0.10	P=0.95 α=0.05	P=0.99 α=0.01
1	6.31	12.71	63.66
2	2.92	4.30	9.92
3	2.35	3.18	5.84
4	2.13	2.78	4.60
5	2.02	2.57	4.03
6	1.94	2.45	3.71
7	1.90	2.36	3.50
8	1.86	2.31	3.36
9	1.83	2.26	3.36
10	12.81	2.23	3.25
20	1.72	2.09	2.84
∞	1.64	1.96	2.58

例 2-5：用一种新方法分析钢样中的铬含量，T=1.17%。5 次测定的结果分别是 1.12%，1.15%，1.13%，1.16%和 1.14%。问新方法是否可靠？（置信度 P=0.95 或显著性水平 α=0.05，α=1−P）

解：x=1.14%，s=0.016%，n=5

$$t = \frac{|1.14-1.17|}{0.016}\sqrt{5} = 4.19$$

由 t 分布表，得 α=0.05、f=4 时，$t_{表}$=2.78。

即 $t>t_{表}$，说明 x 与 T 之间有显著差异，新方法可能存在着系统误差，因而不够可靠。

2. F 检验法

比较两组数据的方差 S^2，以确定它们的精密度是否有显著性差异的方法。统计量 F 定义为两组数据的方差的比值，分子为大的方差，分母为小的方差（表2-2）。

$$F = \frac{S^2_{大}}{S^2_{小}}$$

两组数据的精密度相差不大，则 F 值趋近于 1；若两者之间存在显著性差异，F 值就较大。在一定的 P（置信度95%）及 f 时，$F_{计算} > F_{表}$，存在显著性差异，否则，不存在显著性差异。

表 2-2 置信度 95% 时 F 值（单边）

$f_{小}$ \ $f_{大}$	2	3	4	5	6	7	8	9	10	∞
2	19.00	19.16	19.25	19.30	19.33	19.36	19.37	19.38	19.39	19.50
3	9.55	9.28	9.12	9.01	8.94	8.88	8.84	8.81	8.78	8.53
4	6.94	6.59	6.39	6.26	6.16	6.09	6.04	6.00	5.96	5.63
5	5.79	5.41	5.19	5.05	4.95	4.88	4.82	4.78	4.74	4.36
6	5.14	4.76	4.53	4.39	4.28	4.21	4.15	4.10	4.06	3.67
7	4.74	4.35	4.12	3.97	3.87	3.79	3.73	3.68	3.63	3.23
8	4.46	4.07	3.84	3.69	3.58	3.50	3.44	3.39	3.34	2.93
9	4.26	3.86	3.63	3.48	3.37	3.29	3.23	3.18	3.13	2.71
10	4.10	3.71	3.48	3.33	3.22	3.14	3.07	3.02	2.97	2.54
∞	3.00	2.60	2.37	2.21	2.10	2.01	1.94	1.88	1.83	1.00

注：$f_{大}$ 为大方差数据的自由度；$f_{小}$ 为小方差数据的自由度

在用 F 检验时，要先确定这种检验属于单边检验还是双边检验。如果检验一组数据的方差是否优于另一组数据，则属于单边检验，应选择置信度为 95%（$P=0.95$ 或 $\alpha=0.05$）。如果检验两组数据的方差是不论谁的结果优于谁的结果，即一组数据的精密度大于、等于或小于另一组数据的精密度都有可能，则属于双边检验。此时显著性水平为单侧检验时的两倍，即 $\alpha=0.10$，此时的置信度为 $P=1-0.10=0.90$（90%）。

例 2-6：在吸光光度分析中，用一台旧仪器测定溶液的吸光度 6 次，得标准偏差 $s_1=0.055$；再用一台性能稍好的新仪器测定 4 次，得标准偏差 $s_2=0.022$。试问新仪器的精密度是否显著地优于旧仪器的精密度？

解：已知新仪器的性能较好，它的精密度不会比旧仪器的差，因此，这是属于单边检验问题。

已知　　　　　　$n_1=6$,　　$s_1=0.055$
　　　　　　　　$n_2=4$,　　$s_2=0.022$

查表，$f_{大}=6-1=5$，$f_{小}=4-1=3$，$F_{表}=9.01$，$F<F_{表}$，故两种仪器的精密度之间不存在显著性差异，即不能做出新仪器显著地优于旧仪器的结论。作出这种判断的可靠性达 95%。

例 2-7：采用两种不同的方法分析某种试样，用第一种方法分析 11 次，得标准偏差 $s_1=0.21\%$；用第二种方法分析 9 次，得标准偏差 $s_2=0.60\%$。试判断两种分析方法的精密度之间是否有显著性差异？

分析：不论是第一种方法的精密度显著地优于或劣于第二种方法的精密度，都认为它们之间有显著性差异，因此，这是属于双边检验问题。

解：　　　　　　$n_1=11$,　　$s_1=0.21\%$
　　　　　　　　$n_2=9$,　　$s_2=0.60\%$

查表，$f_{大}=9-1=8$，$f_{小}=11-1=10$，$F_{表}=3.07$，$F>F_{表}$，故认为两种方法的精密度之间存在显著性差异，作出此种判断的置信度为 90%。

二、可疑数据的取舍

在实验中得到一组数据，个别数据离群较远，这一数据称为异常值、可疑值或极端值，若是过失造成的，则这一数据必须舍去。否则异常值不能随意取舍特别是当测量数据较少时，处理方法有 4d 法、格鲁布斯（Grubbs）法和 Q 检验法。

1. Q 检验法

设一组数据，从小到大排列为：x_1, x_2, …, x_{n-1}, x_n。设 x_1、x_n 可能为异常值，则统计量 Q 为：①将测定值由小到大排列成序，可疑值往往是首项或末项。②求出可疑值与其最邻近的测定值之差的绝对值 $|x_{疑}-x_{邻}|$，然后除以极差（R），即得计算的 Q（计值）。

当 x_n 可疑时，则 $Q_{计算}=\dfrac{x_n-x_{n-1}}{x_n-x_1}$

式中，分子为异常值与其相邻的一个数值的差值，分母为整组数据的极差。Q 值越大，说明 x_n 离群越远。Q 称为"舍弃商"。当 $Q_{计算}>Q_{表}$ 时，异常值应舍去，否则应予保留。$Q_{表}$ 的数据见表 2-3。

表 2-3　不同置信度下舍弃可疑值 Q 值表

测定次数	3	4	5	6	7	8	9	10
$Q_{0.90}$	0.94	0.76	0.64	0.56	0.51	0.47	0.44	0.41
$Q_{0.95}$	0.98	0.85	0.73	0.64	0.59	0.54	0.51	0.48
$Q_{0.99}$	0.99	0.93	0.82	0.74	0.68	0.63	0.60	0.57

例 2-8：测定某药物中钴的含量（μg/g），得结果如下：1.25，1.27，1.31，1.40。试问 1.40 这个数据是否应保留（置信度 90%）？

$$Q_{计算} = (1.40-1.31)/(1.40-1.25) = 0.60$$

当 $n=4$ 时，查表 2-3 知 $Q_{0.9}=0.76$，$Q_{计算}<Q_{0.9}$，所以 1.40 这个数字应该保留。

2. 格鲁布斯（Grubbs）法

有一组数据，从小到大排列为：$x_1, x_2, \cdots, x_{n-1}, x_n$。设 x_1、x_n 可能为异常值，用格鲁布斯法判断时，首先计算出该组数据的平均值及标准偏差，再根据统计量 T 进行判断。

当 x_n 可疑时

$$G = \frac{x_n - \bar{x}}{s}$$

若 $G_{计算} > G_{p,n}$，则异常值应舍去，否则应保留（表 2-4）。

表 2-4 $G_{p,n}$ 值表

n	置信度（P）		
	95%	97.5%	99%
3	1.15	1.15	1.15
4	1.46	1.48	1.49
5	1.67	1.71	1.75
6	1.82	1.89	1.94
7	1.94	2.02	2.10
8	2.03	2.13	2.22
9	2.11	2.21	2.32
10	2.18	2.29	2.41
11	2.23	2.36	2.48
12	2.29	2.41	32.55
13	2.33	2.46	2.61
14	2.37	2.51	2.63
15	2.41	2.55	2.71
20	2.56	2.71	2.88

例 2-9：例 2-8 的实验数据，用格鲁布斯法判断时，1.40 这个数据应保留否（置信度 95%）？

由计算可得，平均值 $\bar{x}=1.31$，$s=0.066$

$$G = \frac{x_n - \bar{x}}{s} = \frac{1.40-1.31}{0.066} = 1.36$$

查表 $G_{0.95, 4}=1.46$，$T<G_{0.95, 4}$，故 1.40 这个数据应该保留。

格鲁布斯法的优点是引入了正态分布中的两个最重要的样本参数 x 及 S，故方法的准确性较好。缺点是需要计算 x 和 S，步骤稍麻烦。

三、有效数字

1. 有效数字概念

有效数字：具体地说，是指在分析工作中实际能够测量到的数字。能够测量到的是包括最后一位估计的，不确定的数字。我们把通过直读获得的准确数字叫做可靠数字；把通过估读得到的那部分数字叫做存疑数字。把测量结果中能够反映被测量大小的带有一位存疑数字的全部数字叫有效数字。数据记录时，我们记录的数据和实验结果真值一致的数据位便是有效数字。

例如：试样质量　　　　　0.2450 g　　　　4 位有效数字，分析天平称量
　　　溶液体积　　　　　20.20mL　　　　4 位有效数字，滴定管量取
　　　标准溶液浓度　　　0.1030 mol/L　　4 位有效数字
　　　离解常数　　　　　1.8×10^5　　　　2 位有效数字
　　　pH　　　　　　　　4.30　　　　　　2 位有效数字

从一个数的左边第一个非 0 数字起，到末位数字止，所有的数字都是这个数的有效数字。

例如，0.0109 前面两个 0 不是有效数字，后面的 1、0、9 均为有效数字（注意，中间的 0 也是）。

再如，0.0230 前面的两个 0 不是有效数字，后面的 2、3、0 均为有效数字（后面的 0 也是），1.20 有 3 位有效数字，1100.120 有 7 位有效数字。3.109×10^5（3.109 乘以 10 的 5 次方）中，3、1、0、9 均为有效数字，后面的 10 的 5 次方不是有效数字。

以 "0" 结尾的正整数，有效数字的位数不确定。例如，在 3600 中，一般看成是 4 位有效数字，但它可能是 2 位或 3 位有效数字，分别写 3.6×10^3，3.60×10^3 或 3.600×10^3 较好。

pH、PM、lg$K$ 等对数数值，其有效数字位数，只取决于小数部分的位数，整数部分只代表该数为 10 的多少次方，起定位作用。例如，pH=4.30，只有两位有效数字表示 $c(H^+)=5\times10^{-5}$mol/L，lg x=1.23 有效数字为 2、3，lg x=2.045 有效数字为 0、4、5。

由于有效数字的位数反映了测量结果的精确度，它直接与测量的精密度有关。因此，在科学实验和生产活动中正确记录有效数字，不能多写或少写，多写了不能正确反映测量精度，则该数据不真实，因而也就不可靠；少写损失测量精度。

2. 有效数字的修约规则

对某一表示测量结果的数值（拟修约数），根据保留位数的要求，将多余的数

字进行取舍，按照一定的规则，选取一个近似数（修约数）来代替原来的数，这一过程称为数值修约。

"四舍六入五成双"规则：当测量值中修约的那个数字等于或小于 4 时，该数字舍去；等于或大于 6 时，进位；等于 5 时（5 后面无数据或是 0 时），如进位后末位数为偶数则进位，舍去后末位数为偶数则舍去。5 后面有数时，进位。修约数字时，只允许对原测量值一次修约到所需要的位数，不能分次修约。

例如，将下组数据保留一位小数：

45.77≈45.8；43.03≈43.0；0.26647≈0.3；10.3500≈10.4

38.25≈38.2；47.15≈47.2；25.6500≈25.6；20.6512≈20.7

3. 有效数字的运算规则

在一个具体的测量过程中，一般都要经过多个测量的环节，而每个测量的环节都有具体的测量数据，如滴定实验时，滴定前滴定管的初始读数与滴定至终点时溶液体积的读数等。

（1）加减法：几个数相加减的结果，经修约后保留有效数字的位数，取决于绝对误差最大的数值，计算结果应以绝对误差最大（即小数点后位数最少）的数据为基准，来决定计算结果数据的位数。

例如，0.0121+25.64+1.05782=？

绝对误差　±0.0001　　±0.01　　±0.00001

在加和的结果中总的绝对误差值取决于 25.64，因它的绝对误差最大，所以 0.01+25.64+1.06=26.71。

（2）乘除法：当几个数据相乘除时，它们积或商的有效数字位数，应以有效数字位数最少的数据为依据，因有效数字位数最少的数据的相对误差最大。

例如，0.0121×25.64×1.05782=？

相对误差　　±0.8%　　±0.4%　　±0.009%

结果的相对误差取决于 0.0121，因它的相对误差最大，所以 0.0121×25.6×1.06=0.328。

（3）乘方或开方时，原数值有几位有效数字，计算结果就可以保留几位有效数字。若计算结果还要参与运算，则乘方或开方所得结果可比原数值多保留一位有效数字。

例如，$3.58^2=12.8614$，运算结果保留 3 位有效数字，为 12.9。

（4）在数值对数计算时，所取对数的小数点后的位数（不包括首数）应与真数的有效数字位数相同。换言之，对数有效数字的位数，只计小数点以后的数字的位数，而不计对数的整数部分。

如 $\lg(100.44)=\lg(1.0044×10^2)=2.0019067\cdots$

最后结果应为 2.00191，结果的有效数字位数是 5 位（小数后位数）而不是 6 位（整数位数加小数位数），因整数部分只说明该数的 10 的方次。

四、标准曲线的线性回归

在分析实验中,常用标准曲线法进行定量分析,通常情况下的标准工作曲线是一条直线。

1. 标准曲线

标准曲线的横坐标(x)表示可以精确测量的变量(如标准溶液的浓度),称为普通变量,纵坐标(y)表示仪器的响应值(也称测量值,如吸光度、电极电位等),称为随机变量。当 x 取值为 x_1, x_2, $\cdots$, x_n 时,仪器测得的 y 值分别为 y_1, y_2, $\cdots$, y_n。将这些测量点 x_i、y_i 描绘在坐标系中,用直尺绘出一条表示 x 与 y 之间的直线线性关系,这就是常用的标准曲线法。用作绘制标准曲线的标准物质,它的含量范围应包括试样中被测物质的含量,标准曲线不能任意延长。用作绘制标准曲线的绘图纸的横坐标和纵坐标的标度以及实验点的大小均不能太大或太小,应能近似地反映测量的精度。

由于误差不能完全避免,实验点完全落在工作曲线的情况是极少的,尤其是在误差较大时,实验点比较分散,它们通常并不在同一条直线上,这样凭直觉很难判断怎样才能使所连接的直线对于所有实验点来说误差是最小的,目前较好的方法是对实验点(数据)进行回归分析。

研究随机现象中变量之间相关关系的数理统计方法称为回归分析,当自变量只有一个或 x 与 y 在坐标图上的变化轨迹近似一直线时,称为一元线性回归。

$y_i = a + bx_i$ 即为一元线性回归方程,式中,x、y 分别为 x 和 y 的平均值,a 为直线的截距,b 为直线的斜率,它们的值确定之后,一元线性回归方程及回归直线就确定了。

其中,
$$a = \frac{\sum_{i=1}^{n} y_i - b\sum_{i=1}^{n} x_i}{n} = \bar{y} - b\bar{x}$$

$$b = \frac{\sum_{i=1}^{n}(x_i - \bar{x})(y_i - \bar{y})}{\sum_{i=1}^{n}(x_i - \bar{x})^2}$$

2. 相关系数

一组自变量与因变量之间,用回归的方法总可以配出一条直线,但也只有在自变量与因变量之间确实存在线性相关的关系时,回归方程才具有实际意义,因此得到的回归方程必须进行相关性检验。在分析测试中,一元回归分析通常采用

相关系数 r 这一统计量来检验 x 与 y 是否确实相关以及相关的程度如何。相关系数统计量 r 为

$$r = b \sqrt{\frac{\sum_{i=1}^{n}(x_i - \bar{x})}{\sum_{i=1}^{n}(y_i - \bar{y})}} = \frac{\sum_{i=1}^{n}(x_i - \bar{x})(y_i - \bar{y})}{\sqrt{\sum_{i=1}^{n}(x_i - \bar{x})^2 \sum_{i=1}^{n}(y_i - \bar{y})^2}}$$

相关系数的物理意义如下：当所有的认值都在回归线上时，$r=1$；当 y 与 x 之间完全不存在线性关系时，$r=0$；当 $0<r<1$ 时，表示 y 与 x 之间存在相关关系。r 越接近 1，线性关系就越好。

例 2-10：用吸光光度法测定合金钢中 Mn 的含量，吸光度与 Mn 的含量间有下列关系：

Mn 的质量/μg	0	0.02	0.04	0.06	0.08	0.10	10.12	未知样
吸光度/A	0.032	0.135	0.187	0.268	0.359	0.435	0.511	0.242

试列出标准曲线的回归方程并计算未知试样中 Mn 的含量。

解：此组数据中，组分浓度为零时，吸光度不为零，这可能是由于试剂中含有少量 Mn，或者含有其他在该测量波长下有吸光的物质。

设 Mn 含量值为 x，吸光度值为 y，计算回归系数 a，b 的值。

$a=0.038 \quad b=3.95$

标准曲线的回归方程为 $y=0.038+3.95x \quad r=0.9993$

标准曲线具有很好的线性关系，未知试样中含 Mn 0.052μg。

第三章 环境监测实验

实验1 水样色度、浊度、酸度和碱度的测定

一、目的和要求

(1) 了解色度、浊度、酸度和碱度的基本概念。
(2) 掌握色度、浊度、酸度和碱度的测定方法。

二、原理

水中色度、浊度、酸度和碱度是衡量水质的重要指标，现将它们的定义和测定方法简述如下。

1. 色度

色度是水样颜色深浅的度量。某些可溶性有机物、部分无机离子和有色悬浮物微粒均可使水着色。水样的色度应以除去悬浮物后为准。色度通常采用铂钴比色法测定，即把氯铂酸钾和氯化钴配成标准色列，与被测水样的颜色进行比较，并规定浓度为 1mg/L 的铂所产生的颜色为 1 度。

2. 浊度

浊度表示水中悬浮物对光线通过时所发生的阻碍程度。它与水样中存在颗粒物的含量、粒径大小、形状及颗粒表面对光散射特性等有关。水样中的泥沙、黏土、有机物、无机物、浮游生物和其他微生物等悬浮物和胶体物质都可使水体浊度增加。我国采用 1L 蒸馏水中含有 1mg 二氧化硅所产生的浊度为 1 度。

3. 酸度

酸度是指水中含有能与强碱发生中和作用的物质的总量，主要来自水样中存在的强酸、弱酸和强酸弱碱盐等物质。酸度采用氢氧化钠标准溶液滴定水样测得，通常把用甲基橙作为指示剂滴定的酸度（pH4.3）称为甲基橙酸度或强酸酸度；用酚酞作为指示剂滴定的酸度（pH 8.3）称为酚酞酸度或总酸度。

4. 碱度

碱度是指水中含有能与强酸发生中和作用的全部物质，主要来自水样中存在的碳酸盐、重碳酸盐及氢氧化物等。碱度可用盐酸标准溶液进行滴定，其反应为：

$$OH^- + H^+ \longrightarrow H_2O$$
$$CO_3^{2-} + H^+ \longrightarrow HCO_3^-$$
$$HCO_3^- + H^+ \longrightarrow H_2O + CO_2 \uparrow$$

用酚酞作为指示剂的滴定结果称为酚酞碱度，表示氢氧化物已经中和，CO_3^{2-}全部转化为 HCO_3^-。以甲基橙作为指示剂的滴定结果称为甲基橙碱度或总碱度。通过计算可以求出相应的碳酸盐、重碳酸盐和氢氧根离子的含量，但由于废水、污水等组分复杂，这种计算是没有实际意义的。

酸度和碱度单位常用 mg/L 表示，现在常以碳酸钙的 mg/L 表示。此时 1mg/L 的酸度或碱度相当于 50mg/L 的碳酸钙。

三、仪器与试剂

（1）无色度、浊度废水。将蒸馏水通过 0.2μm 滤膜过滤，弃去最初的 250mL，以后用这样的水配制色度和浊度的标准溶液。

（2）铂钴标准溶液。称取 1.246g 氯铂酸钾（K_2PtCl_6）及 1.000g 氯化钴（$CoCl_2 \cdot 6H_2O$）溶于 200mL 水中，加 100mL 浓盐酸，转入 1000mL 容量瓶后用水稀释至刻度，此标准溶液的色度相当于 500 度。

（3）二氧化硅浊度溶液。称取约 3g 纯白陶土置于研钵中，加入少量水充分研磨成糊状，移入 1000mL 量筒中加水至标线。充分搅拌后静置 24h，用虹吸法先弃去表面 5cm 深的液层，然后收集 500mL 中间层溶液。取 50mL 此悬浊液置于已恒重的蒸发皿中，在水浴上蒸干，随后置于 105℃烘箱内烘 2h，冷却，称量。求出每毫升悬浊液中含白陶土的质量（mg）。

边摇边振，吸取含 250mL 白陶土的悬浊液置于 1000mL 容量瓶中，加水至标线，此溶液振摇均匀后的浊度为 250 度。取此溶液 100mL 置于 250mL 容量瓶中，加水至标线，得到浊度为 100 度的标准溶液。在各标准溶液中加入 1g 氯化汞保存，防止菌类生长。

（4）碳酸钠标准溶液（0.0100mol/L）。溶解 1.060g 预先在 270～300℃干燥至恒重的基准无水碳酸钠（Na_2CO_3，优级纯），并转入 1000mL 容量瓶中，用无二氧化碳的水（即煮沸后的冷却水，下同）稀释至刻度。

（5）盐酸标准溶液（约 0.0200mol/L）。用水稀释 8.3mL 浓盐酸至 1000mL，得到 0.1mol/L 贮备溶液。取此溶液 200mL 用无二氧化碳的水稀释至 1000mL，并用碳酸钠标准溶液标定其精确浓度，以 c_{HCl} 表示。

（6）氢氧化钠标准溶液（0.0200mol/L）。用无二氧化碳的水稀释 20.0mL 1mol/L 的氢氧化钠至 1000mL，其精确浓度可用标准的 0.0200mol/L 的盐酸标定,以 c_{NaOH} 表示。

(7) 改良甲基橙溶液 (0.1%)。称取甲基橙 1.0g,用 500mL 水溶解,另称取 1.8g 蓝色染料二甲苯塞安路 FF 用 500mL 乙醇溶解,然后将两种指示剂混合均匀。在一定体积的 0.1mol/L 氢氧化钠溶液中加 2 滴此指示剂,再用 0.1mol/L 盐酸滴定,检查是否有鲜明的色度。如终点颜色呈蓝灰色,可滴加 0.1%甲基橙少许;如终点颜色为灰绿色带有红色,可滴加少许蓝色染料,直至有敏锐的终点(即从绿色变为淡灰色)。

(8) 酚酞指示剂 (0.5%)。称取 0.5g 酚酞溶于 50mL 95%乙醇中,然后用水稀释至 100mL。

四、实验步骤

1. 色度的测定

(1) 取色度为 500 度的标准溶液 1.00mL、2.00mL、3.00mL、4.00mL、5.00mL、6.00mL、7.00mL、8.00mL、9.00mL、10.00mL、12.00mL、14.00mL 置于 100mL 比色管中,用水稀释至标线。其色度分别为 5 度、10 度、15 度、20 度、25 度、30 度、35 度、40 度、45 度、50 度、60 度、70 度。若封住管口,可长期保存。

(2) 取 100mL 澄清水样(若浑浊,先经离心处理、吸取上层清夜)盛于 100mL 的比色管中,与标准铂钴色度系列做目视比色。比色应在自然光线下进行,比色管底部衬一张白色瓷板,比色管要稍微倾斜,使光线由液柱底部向上透过。如水样色度超过 70 度,可用水稀释后比色。

2. 浊度的测定

1) 浊度为 1～10mg/L 的水样

(1) 吸取浊度为 100mg/L 的标准溶液 0mL、1.00mL、2.00mL、4.00mL、6.00mL、8.00mL、10.00mL 置于 100mL 比色管中。加水至标线,混匀。其浊度依次为 0 度、1.0 度、2.0 度、4.0 度、6.0 度、8.0 度、10.0 度。

(2) 吸取 100mL 均匀水样置于 100mL 比色管,和(1)配置的标准系列在黑色底板上进行目视比色。

2) 浊度为 10～100mg/L 的水样

(1) 吸取浊度为 250mg/L 的标准溶液 0mL、10.0mL、20.0mL、30.0mL、40.0mL、50.0mL、60.0mL、70.0mL、80.0mL、90.0mL、100.0mL 置于 250mL 容量瓶中,加水至标线,混匀,即得浊度为 0 度、10 度、20 度、30 度、40 度、50 度、60 度、70 度、80 度、90 度、100 度的标准系列,转入 250mL 具塞的无色玻璃瓶中。

(2) 吸取 250mL 水样,置于 250mL 具塞的无色玻璃瓶中,摇匀。将瓶底放在有黑线的白纸上作为判别标志,眼睛从瓶前向后看,记录与水样有同样浊度的标准溶液度数。如水样浊度超过 100 度时，需稀释后再测定。

3. 酸度的测定

1) 酚酞酸度

取 100.0mL 水样于 250mL 锥形瓶中，加 2 滴酚酞指示剂，以 0.020mol/L 氢氧化钠溶液滴定至溶液粉红色不褪，准确读出消耗氢氧化钠溶液的毫升数（V_1）。

2) 甲基橙酸度

取 100.0mL 水样于 250mL 锥形瓶中，加入 2 滴改良甲基橙，用氢氧化钠溶液滴定至溶液由橙红色变为橙黄色，准确读出消耗氢氧化钠消液的毫升数（V_2）。

4. 碱度的测定

吸取 100.0mL 水样于 250mL 锥形瓶中，加入 2 滴酚酞指示剂。以 0.0200mol/L 盐酸滴定至溶液粉红色刚褪去，准确读出消耗盐酸溶液的毫升数（V_3），若加酚酞指示剂无色，则不需用盐酸标准溶液滴定，可直接加入 2 滴改良甲基橙指示剂，摇匀，用盐酸标准溶液滴定至溶液由黄色变为橙红色，准确读出消耗盐酸的毫升数（V_4）。

五、数据处理

1. 色度

$$C = \frac{M}{V} \times 500$$

式中，C 为水样的色度，单位为度；M 为相当于铂钴溶液用量，单位为 mL；V 为水样体积，单位为 mL。

2. 浊度

$$C = \frac{A \times (B+V)}{V}$$

式中，C 为水样的浊度，单位为度；A 为稀释后水样的浊度，单位为度；B 为稀释水体积，单位为 mL；V 为原水样体积，单位为 mL。

3. 酸度

$$\text{酚酞酸度（以 } CaCO_3 \text{ 计）(mg/L)} = \frac{V_1 \times c_{NaOH} \times 50.05 \times 1000}{V}$$

$$\text{甲基橙酸度（以 } CaCO_3 \text{ 计）(mg/L)} = \frac{V_2 \times c_{NaOH} \times 50.05 \times 1000}{V}$$

式中，V_1 为酚酞作为指示剂时，NaOH 标准溶液的耗用量，单位为 mL；V_2 为甲基橙作为指示剂时，NaOH 标准溶液的耗用量，单位为 mL；c_{NaOH} 为 NaOH 标准溶液浓度，单位为 mol/L；V 为水样体积，单位为 mL；50.05 为碳酸钙（$1/2\,CaCO_3$）摩尔质量，单位为 g/mol。

4. 碱度

$$酚酞碱度（以 CaCO_3 计）（mg/L） = \frac{V_3 \times c_{HCl} \times 50.05 \times 1000}{V}$$

$$总碱度（以 CaCO_3 计）（mg/L） = \frac{(V_3 + V_4) \times c_{HCl} \times 50.05 \times 1000}{V}$$

式中，V_3 为酚酞作为指示剂时，HCl 标准溶液的耗用量，单位为 mL；V_4 为甲基橙作为指示剂时，HCl 标准溶液的耗用量，单位为 mL；c_{HCl} 为 HCl 标准溶液浓度，单位为 mol/L；V 为水样体积，单位为 mL；50.05 为碳酸钙（$1/2\,CaCO_3$）摩尔质量，单位为 g/mol。

六、注意事项

1. 色度

（1）pH 对色度影响较大，pH 高时往往色度加深，故在测量色度时应测量溶液的 pH。

（2）当水体受污染，水样的颜色与标准色列不一致时，应用文字描述颜色。

（3）由于氯铂酸钾价格太贵，也可称取 0.5000g 铂丝，溶于适量王水中，于通风橱内，放在石棉网上加热使铂丝溶解生成氯铂酸，蒸发至干。加少许盐酸，加热使剩余的硝酸分解，如此反复处理数次。加入 1.000g 氯化钴（$CoCl_2 \cdot 6H_2O$）和 100mL 纯水，再加 100mL 盐酸，移入 1000mL 容量瓶内，用纯水定容。所得标准液的色度为 500 度。

2. 浊度

（1）配制浊度标准液所用的标准品有硅藻土和高岭土，它们的成分都以 Al_2O_3 及 SiO_2 为主。但 Al_2O_3 与 SiO_2 的比例却相差很大，而且与产地有关。用各种高岭土及硅藻土配制的浊度标准液的吸光度可相差 2~3 倍。

（2）水样的浊度也可用光度法进行测定，即在波长为 660nm 处，用 10mm 比色皿测定浊度标准溶液的吸光度，绘制标准曲线，然后在同样条件下测定水样的吸光度，在标准曲线上查得相应的浊度值。

（3）透明度的含义与浊度相反，但二者都反映水中杂质对透过光线的阻碍程度，当对浊度的精确度要求不高时，也可测定水样的透明度，通过透明度与浊度换算表查得浊度。

3. 酸度与碱度

（1）水样（尤其是废水和污染水）的酸度及碱度范围很广，测定时样品和试剂的用量、浓度不能统一规定。表 3-1 列出在不同酸度和碱度范围时，可供选择的样品量和标准溶液的浓度。

表 3-1　不同酸度和碱度范围下，可供选择的样品量和标准溶液浓度

样品范围（以 $CaCO_3$ 计）/（mg/L）	滴定标准溶液浓度/（mol/L）	样品量/mL
0~500	0.0200	100
400~1000	0.0200	50
500~1250	0.0500	100
1000~2500	0.0500	50
1000~2500	0.1000	100
2000~5000	0.1000	50
4000~10000	0.1000	25

（2）也可用电位滴定法进行酸度和碱度测定，结果以 pH 和酸、碱消耗量作图计算得到。此法不受余氯、色度、浊度的干扰并消除个人感官误差。

（3）水样若有余氯存在，会使甲基橙褪色，可加少量 0.1mol/L 硫代硫酸钠除去。

（4）以酚酞作为指示剂做酸度滴定时，若水样中存在硫酸铝（铁）可生成氢氧化铝（铁）沉淀物，使终点褪色造成误差。这时可加些氟化钾掩蔽或将水样煮沸 2min，趁热滴定至红色不褪。

（5）由于用甲基橙指示剂终点不够明显，故本实验采用改良甲基橙（pH3.8）代替甲基橙。

本实验的 4 项水质指标应做平行测定。

七、思考题

（1）采集的水样如不立即进行酸度和碱度测定而长期暴露于空气中，对测定有何影响？

（2）影响酸度和碱度测定的因素有哪些？

（3）浊度与悬浮物的质量浓度有无关系？为什么？

实验 2　废水化学需氧量（COD）的测定

一、目的和要求

（1）了解测定 COD 的意义和方法。

（2）学习重铬酸钾法测定 COD 的原理和方法。

二、原理

在强酸溶液中，一定量的重铬酸钾氧化水中还原性物质，过量的重铬酸钾以试亚铁灵作为指示剂，用硫酸亚铁铵标准溶液回滴，根据其用量算出水样中还原性物质消耗氧的量。

酸性重铬酸钾氧化性很强，可氧化大部分有机物，加入硫酸银做催化剂时，直链脂肪族化合物可完全被氧化，而芳香族有机物却不易被氧化，吡啶不被氧化，挥发性直链脂肪族化合物、苯等有机物存在于蒸气相，不能与氧化剂液体接触，氧化不明显。氯离子能被重铬酸盐氧化，并能与硫酸银作用产生沉淀，影响测定结果，故在回流前向水样中加入硫酸汞，使之成为络合物以消除干扰，氯离子含量高于2000mg/L的样品应先做定量稀释，使含量降低至2000mg/L以下，再进行测定。

用0.25mol/L浓度的重铬酸钾溶液可测定大于50mg/L的COD，用0.025mol/L浓度的重铬酸钾溶液可测定5~50mg/L的COD，但准确度较差。

三、仪器与试剂

（1）回流装置。带250mL锥形瓶的全玻璃回流装置（如取样量在30mL以上，采用500mL锥形瓶的全玻璃回流装置）。

（2）加热装置（电炉板或变阻电炉）。

（3）25mL或50mL酸式滴定管、锥形瓶、移液管、容量瓶等。

（4）重铬酸钾标准溶液（1/6 K_2CrO_7=0.2500mol/L）。称取预先在120℃烘干2h的基准或优级纯重铬酸钾12.258g溶于水中，移入1000mL容量瓶，稀释至标线，摇匀。

（5）试亚铁灵指示液。称取1.485g邻菲罗啉（$C_{12}H_8N_2·H_2O$）、0.695g硫酸亚铁（$FeSO_4·7H_2O$）溶于水中，稀释至100mL，储于棕色瓶中。

（6）硫酸亚铁铵标准溶液[$(NH_4)_2Fe(SO_4)_2·6H_2O$≈0.1mol/L]。称取39.5g硫酸亚铁铵溶于水中，边搅拌边缓慢加入20mL浓硫酸，冷却后移入1000mL容量瓶中，加水稀释至标线，摇匀。临用前，用重铬酸钾标准溶液标定。

标定方法：准确吸取10.00mL重铬酸钾标准溶液于500mL锥形瓶中，加水稀释至110mL左右，缓慢加入30mL浓硫酸，摇匀。冷却后，加入3滴试亚铁灵指示液（约0.15mL），用硫酸亚铁铵溶液滴定，溶液的颜色由黄色经蓝绿色至红褐色即为终点。

$$c_{(NH_4)_2Fe(SO_4)_2} = \frac{0.2500 \times 10.00}{V}$$

式中，$c_{(NH_4)_2Fe(SO_4)_2}$ 为硫酸亚铁铵标准溶液的浓度，单位为 mol/L；V 为硫酸亚铁铵标准溶液的用量，单位为 mL。

（7）硫酸-硫酸银溶液。于 2500mL 浓硫酸中加入 25g 硫酸银。放置 1～2d，不时摇动使其溶解（如无 2500mL 容器，可在 500mL 浓硫酸中加入 5g 硫酸银）。

（8）硫酸汞。结晶或粉末。

四、实验步骤

（1）取 20.00mL 混合均匀的水样（或适量水样稀释至 20.00mL）置于 250mL 磨口的回流锥形瓶中，准确加入 10.00mL 重铬酸钾标准溶液及数粒小玻璃珠或沸石，连接磨口回流冷凝管，从冷凝管上口慢慢地加入 30mL 硫酸-硫酸银溶液，轻轻摇动锥形瓶使溶液混匀，加热回流 2h（自开始沸腾计时）。

对于化学需氧量高的废水样，可先取上述操作所需体积的 1/10 的废水样和试剂于 ϕ15mm×150mm 硬质玻璃试管中，摇匀，加热后观察是否呈绿色。如果溶液呈绿色，再适当减少废水取样量，直至溶液不变绿色为止，从而确定废水样分析时应取用的体积。稀释时，所取废水样量不得少于 5mL，如果化学需氧量很高，则废水样应多次稀释。

废水中氯离子含量超过 30mg/L 时，应先把 0.4g 硫酸汞加入回流锥形瓶中，再加入 20.00mL 废水（或适量废水稀释至 20.00mL），摇匀。

（2）冷却后，用 90.00mL 水冲洗冷凝管壁，取下锥形瓶。溶液总体积不得少于 140mL，否则因酸度太大，滴定终点不明显。

（3）溶液再度冷却后，加 3 滴试亚铁灵指示液，用硫酸亚铁铵标准溶液滴定，溶液的颜色由黄色经蓝绿色至红褐色即为终点，记录硫酸亚铁铵标准溶液的用量。

（4）测定水样的同时，取 20.00mL 重蒸馏水，按同样操作步骤做空白实验。记录滴定空白时硫酸亚铁铵标准溶液的用量。

五、数据处理

$$COD_{Cr}(O_2, mg/L) = \frac{8 \times 1000(V_0 - V_1)c}{V}$$

式中，c 为硫酸亚铁铵标准溶液的浓度，单位为 mol/L；V_0 为滴定空白时硫酸亚铁铵标准溶液用量，单位为 mL；V_1 为滴定水样时硫酸亚铁铵标准溶液用量，单位为 mL；V 为水样的体积，单位为 mL；8 为氧（1/2O）的摩尔质量，单位为 g/mol。

六、注意事项

(1) 使用 0.4g 硫酸汞络合氯离子的最高量可达 40mg,如取用 20.00mL 水样,即最高可络合 2000mg/L 氯离子浓度的水样。若氯离子的浓度较低,也可少加硫酸汞,使保持硫酸汞：氯离子=10：1（质量分数）。若出现少量氯化汞沉淀,并不影响测定。

(2) 水样取用体积为 10.00~50.00mL,但试剂用量及浓度需按表 3-2 进行相应调整,也可得到满意的结果。

表 3-2　水样取用量和试剂用量表

水样体积/mL	0.2500mol/L $K_2Cr_2O_7$ 溶液/mL	H_2SO_4-Ag_2SO_4 溶液/mL	$HgSO_4$/g	[$(NH_4)_2Fe(SO_4)_2$]/(mol·L)	滴定前总体积/mL
10.0	5.0	15	0.2	0.050	70
20.0	10.0	30	0.4	0.100	140
30.0	15.0	45	0.6	0.150	210
40.0	20.0	60	0.8	0.200	280
50.0	25.0	75	1.0	0.250	350

(3) 对于化学需氧量小于 50mg/L 的水样,应改用 0.0250mol/L 重铬酸钾标准溶液。回滴时用 0.01mol/L 硫酸亚铁铵标准溶液。

(4) 水样加热回流后,溶液中重铬酸钾剩余量应为加入量的 1/5~4/5 为宜。

(5) 用邻苯二甲酸氢钾标准溶液检查试剂的质量和操作技术时,由于每克邻苯二甲酸氢钾的理论 COD_{Cr} 为 1.176g,所以溶解 0.4251g 邻苯二甲酸氢钾（$HOOCC_6H_4COOK$）于重蒸馏水中,转入 1000mL 容量瓶,用重蒸馏水稀释至标线,使之成为 500mg/L 的 COD_{Cr} 标准溶液。用时新配。

(6) COD_{Cr} 的测定结果应保留 3 位有效数字。

(7) 每次实验时,应对硫酸亚铁铵标准溶液进行标定,室温较高时尤其注意其浓度的变化。

七、思考题

(1) 为什么需要做空白实验?

(2) 化学需氧量测定时,有哪些影响因素?

实验3 水中溶解氧的测定

一、目的和要求

（1）通过对水中溶解氧含量的测定了解水体受有机物污染情况。
（2）学习利用滴定分析方法进行水质监测。
（3）掌握碘量法测定溶解氧的操作技术。

二、原理

溶解于水中的氧称为溶解氧，以每升水中含氧（O_2）的毫克数表示。水中溶解氧的含量与大气压力、空气中氧的分压及水的温度有密切的关系。在 $1.013×10^5 Pa$ 的大气压力下，空气中含氧气 20.9% 时，氧在不同温度的淡水中的溶解度也不同。

氧是大气组成的主要成分之一，地面水敞露于空气中，因而清洁的地面水中所含的溶解氧常接近于饱和状态。在水中有大量藻类繁殖时，由于植物的光合作用而放出氧，有时甚至可以含有饱和的溶解氧。如果水体被易于氧化的有机物污染，那么，水中所含溶解氧就会减少。当氧化作用进行得太快，而水体又不能从空气中吸收氧气来补充氧的消耗，溶解氧不断减少，有时甚至会接近于零。在这种情况下，厌氧细菌繁殖并活跃起来，有机物发生腐败作用，水体产生臭味。因此，水体中溶解氧的变化情况，在一定程度上反映了水体受污染的程度。溶解氧的测定对于了解水体的自净作用和受污染的情况，有极其重要的关系。

碘量法测定溶解氧的原理为：氢氧化亚锰在碱性溶液中，被水中溶解氧氧化成四价锰的水合物 H_4MnO_4，但在酸性溶液中四价锰又能氧化 KI 而析出 I_2。析出碘的物质的量与水中溶解氧的当量数相等，因此可用硫代硫酸钠的标准溶液滴定。

$$2MnSO_4 + 4NaOH \longrightarrow 2Mn(OH)_2 \downarrow (白色) + 2Na_2SO_4$$

$$2Mn(OH)_2 + O_2 \longrightarrow 2H_2MnO_3 (棕色) \downarrow$$

$$H_2MnO_3 + Mn(OH)_2 \longrightarrow MnMnO_3 (棕色) \downarrow + 2H_2O$$

加入浓硫酸使棕色沉淀（$MnMnO_3$）与溶液中所加入的碘化钾发生反应而析出碘，溶解氧越多，析出的碘也越多，溶液的颜色也就越深。

$$2KI + H_2SO_4 \longrightarrow 2HI + K_2SO_4$$

$$Mn_2O_3 + 2H_2SO_4 + 2HI \longrightarrow 2MnSO_4 + I_2 + 3H_2O$$

$$I_2 + 2Na_2S_2O_3 \longrightarrow 2NaI + Na_2S_4O_6$$

根据硫代硫酸钠的用量,可计算出水中溶解氧的含量。

三、仪器与试剂

1. 仪器

具塞碘量瓶(250mL);锥形瓶(250mL);酸式滴定管(25mL);移液管(50mL)。

2. 药品

(1) 硫酸锰溶液。溶解 480g 分析纯硫酸锰（$MnSO_4·H_2O$）溶于蒸馏水中,过滤后稀释成 1L。

(2) 碱性碘化钾溶液。取 500g 分析纯氢氧化钠溶解于 300～400mL 蒸馏水中（如氢氧化钠溶液表面吸收二氧化碳生成了碳酸钠,此时如有沉淀生成,可过滤除去）。另称取 150g 碘化钾溶解于 200mL 蒸馏水中。将上述两种溶液合并,加蒸馏水稀释至 1L,储于塑料瓶内,用黑纸包裹避光。

(3) 浓硫酸。

(4) 3mol/L 硫酸溶液。

(5) 1%淀粉溶液。称取 1g 可溶性淀粉,用少量水调成糊状,然后加入刚煮沸的 100mL 水（也可加热 1～2min）。冷却后加 0.1g 水杨酸或 0.4g 氯化锌防腐。

(6) 0.025mol/L 重铬酸钾标准溶液。精确称取 7.3548g 在 105～110℃干燥 2h 的分析纯重铬酸钾,溶于蒸馏水中,移入 1L 的容量瓶中,稀释至刻度。

(7) 0.025mol/L 硫代硫酸钠标准溶液。溶解 6.2g 分析纯硫代硫酸钠（$Na_2S_2O_3·5H_2O$）于煮沸放冷的蒸馏水中,然后在加入 0.2g 无水碳酸钠,移入 1L 的容量瓶中,加入蒸馏水至刻度,使用前用 0.0250mol/L 重铬酸钾标准溶液标定。标定方法如下:在 250mL 的锥形瓶中加入 1g 固体碘化钾及 100mL 蒸馏水。用滴定管加入 5.00mL 0.0250mol/L 重铬酸钾溶液,再加入 5mL 3mol/L 的硫酸溶液,此时发生下列反应。

$$K_2CrO_7+6KI+7H_2SO_4 \longrightarrow 4K_2SO_4+Cr_2(SO_4)_3+3I_2+7H_2O$$

在暗处静置 5min 后,由滴定管滴入硫代硫酸钠溶液至溶液呈浅黄色,加入 1%淀粉溶液 1mL,继续滴定至蓝色刚褪去为止,记下硫代硫酸钠溶液的用量。标定应做 3 个平行样,求出硫代硫酸钠的准确浓度 c_1。

$$c_1 = \frac{6 \times c_2 \times V_2}{V_1}$$

式中,c_2 为重铬酸钾标准溶液的物质的量浓度;V_1 为消耗的硫代硫酸钠溶液的体积;V_2 为重铬酸钾标准溶液的体积。

四、实验步骤

1. 水样的采集与固定

（1）用溶解氧瓶取水面下 20～50cm 的河水、池塘水、湖水或海水，使水样充满 250mL 的磨口瓶中，用尖嘴塞慢慢盖上，不留气泡。

（2）在河岸边取下瓶盖，用移液管吸取硫酸锰溶液 1mL 插入瓶内液面下，缓慢放出溶液于溶解氧瓶中。

（3）取另一只移液管，按上述操作往水样中加入 2mL 碱性碘化钾溶液，盖紧瓶塞，将瓶颠倒振摇使之充分摇匀。此时，水样中的氧被固定生成锰酸锰（$MnMnO_3$）棕色沉淀。将固定了溶解氧的水样带回实验室备用。

2. 酸化

往水样中加入 2mL 浓硫酸，盖上瓶塞，摇匀，直至沉淀物完全溶解为止（若没全溶解还可再加少量的浓酸）。此时，溶液中有碘产生，将瓶在阴暗处放 5min，使碘全部析出来。

3. 用标准硫代硫酸钠溶液滴定

用 50mL 移液管从瓶中取水样于锥形瓶中。用标准硫代硫酸钠溶液滴定至浅黄色。向锥形瓶中加入 1%淀粉溶液 2mL。继续用硫代硫酸钠标准溶液滴定至蓝色变成无色为止。记下消耗硫代硫酸钠标准溶液的体积，按上述方法平行测定 3 次。

五、数据处理

$$\rho_{溶解氧} = c_{Na_2S_2O_3} \times V_{Na_2S_2O_3} \times \frac{32}{4} \times \frac{1000}{V_水}$$

式中，$\rho_{溶解氧}$ 为水样中溶解氧的质量浓度，单位为 mg/L；$c_{Na_2S_2O_3}$ 为硫代硫酸钠物质的量浓度，单位为 0.0250mol/L；$V_{Na_2S_2O_3}$ 为硫代硫酸钠体积，单位为 mL；$V_水$ 为水样的体积，单位为 mL。

$$O_2 \longrightarrow 2Mn(OH)_2 \longrightarrow MnMnO_3 \longrightarrow 2I_2 \longrightarrow 4Na_2S_2O_3,$$

即 1mol 的 O_2 和 4mol 的 $Na_2S_2O_3$ 相当，用硫代硫酸钠的物质的量乘以氧的物质的量除以 4 可得到氧的质量（mg），再乘 1000 可得每升水样所含氧的毫克数。

六、注意事项

（1）水样呈强酸或强碱时，可用氢氧化钠或盐酸溶液调至中性后测定。

（2）水样中游离氯大于 0.1mg/L 时，应先加入硫代硫酸钠除去，方法如下：250mL 的碘量瓶装满水样，加入 5mL 3mol/L 硫酸和 1g 碘化钾，摇匀，此时应有碘析出，吸取100.0mL该溶液于另一个150mL碘量瓶中，用硫代硫酸钠标准溶液滴定至浅黄色，加入1%淀粉溶液1.0mL，再滴至蓝色刚好消失。根据计算得到的氯离子浓度，向待测水样中加入一定量的硫代硫酸钠溶液，以消除游离氯的影响。

（3）水样采集后，应加入硫酸锰和碱性碘化钾溶液以测定溶解氧，当水样含有藻类、悬浮物和氧化还原性物质时，必须进行预处理。

实验4　生物化学需氧量的测定——BOD_5

一、目的和要求

（1）了解BOD_5测定的意义及稀释法测定BOD_5的基本原理。

（2）掌握本方法操作技能，如稀释水的制备、稀释倍数选择、稀释水的校核和溶解氧的测定等。

二、原理

生物化学需氧量是指在好氧条件下，微生物分解有机物质的生物化学过程中所需要的溶解氧量。

根据参加反应的物质和最终生成的物质，可用下列的反应式来概括生物化学反应过程：

$$6C_6H_{12}O_6 + 16O_2 + 4NH_3 \xrightarrow{\text{酶}} 4C_5H_7O_2N + 16CO_2 + 28H_2O$$

$$\text{有机污染物} \xrightarrow{O_2} CO_2 + H_2O + NH_3$$

微生物分解有机物是一个缓慢的过程，要把可分解的有机物全部分解掉常需要20d以上的时间。微生物的活动与温度有关，所以测定生化需氧量时，常以20℃作为测定的标准温度。一般来说，在第5天消耗的氧量大约是总需氧量的70%，为便于测定，目前国内外普遍采用20℃培养5d所需要的氧作为指标，以氧的mg/L表示，简称BOD_5。

水体发生生物化学过程必须具备以下3个条件。

（1）水体中存在能降解有机物的好氧微生物。对易降解的有机物，如碳水化合物、脂肪酸、油脂等，一般微生物均能将其降解，但对不易降解的有机物如硝基或磺酸基取代芳烃等，则必须进行生物菌种驯化。

（2）有足够的溶解氧。为此，实验用的稀释水要充分曝气以达到氧的饱和或接近饱和。稀释还可以降低水中有机污染物的浓度，使整个分解过程在有足够溶解氧的条件下进行。

（3）有微生物生长所需的营养物质。本实验加入了一定量的无机营养物质，如磷酸盐、钙盐、镁盐和铁盐等。

稀释法测定 BOD_5 是将水样经过适当稀释后，使其中含有足够的溶解氧供微生物 5d 生化需氧的要求，将此水样分成两份。一份测定培养前的溶解氧；另一份放入 20℃ 恒温箱内培养 5d 后测定溶解氧，两者的差值即为 BOD_5。

水中有机污染物的含量越高，水中溶解氧消耗越多，BOD_5 也越高，水质越差。BOD_5 是一种量度水中可被生物降解部分有机物（包括某些无机物）的综合指标，常用来评价水体有机物的污染程度，并已成为污水处理过程中的一项基本指标。

三、仪器与试剂

（1）恒温培养箱[（20±1）℃]。

（2）20L 细口玻璃瓶。

（3）抽气泵（或无油压缩泵）。

（4）特制搅拌棒。在玻棒下端装一个厚 2mm、大小和量筒相匹配的有孔橡皮片。

（5）250～300mL 碘量瓶。

（6）氯化钙溶液。称取 27.5g 无水氯化钙，溶于水中，稀释至 1L。

（7）三氯化铁溶液。称取 0.25g 三氯化铁（$FeCl_3 \cdot 6H_2O$），溶于水中，稀释至 1L。

（8）硫酸镁溶液。称取 22.5g 硫酸镁（$MgSO_4 \cdot 7H_2O$），溶于水中，稀释至 1L。

（9）磷酸盐溶液。称取 8.5g 磷酸二氢钾（KH_2PO_4）、21.75g 磷酸氢二钾（K_2HPO_4）、33.4g 磷酸氢二钠（$Na_2HPO_4 \cdot 7H_2O$）和 1.7g 氯化铵（NH_4Cl），溶于水中，稀释至 1L，此溶液的 pH 应为 7.2。

（10）葡萄糖-谷氨酸溶液。分别称取 150mg 葡萄糖和谷氨酸（均于 130℃ 烘过 1h），溶于水中，稀释至 1L。

（11）1mol/L 盐酸溶液。

（12）1mol/L 氢氧化钠溶液。

（13）稀释水。在 20L 玻璃瓶内加入 18L 水，用抽气泵或无油压缩机通入清洁空气 2～8h，使水中溶解氧饱和或接近饱和（20℃ 时溶解氧大于 8mg/L）。使用前，每升水中加入氯化钙溶液、三氯化铁溶液、硫酸镁溶液和磷酸盐溶液各 1mL，混匀。稀释水 pH 应为 7.2，BOD_5 应小于 0.2mg/L。

（14）接种稀释水。取适量生活污水于 20℃ 放置 24～36h，上层清液即为接种液，每升稀释水中加入 1～3mL 接种液即为接种稀释水。对某些特殊工业废水最好加入专门培养驯化过的菌种。

（15）其他溶液。与碘量法测定溶解氧实验相同的硫酸锰溶液、碱性碘化钾溶液、浓硫酸、0.025mol/L 硫代硫酸钠标准溶液和 1%的淀粉溶液（详见第三章实验 3"水中溶解氧的测定"）。

四、实验步骤

1. 水样的采集、储存和预处理

（1）采集水样于适当大小的玻璃瓶中（根据水质情况而定），用玻璃塞塞紧，且不留气泡。采样后，需在 2h 内测定；否则，需在 4℃或 4℃以下保存，且应在采集后 10h 内测定。

（2）用 1mol/L 氢氧化钠或 1mol/L 盐酸溶液调节 pH 为 7.2。

（3）游离氯大于 0.10mol/L 的水样，加亚硫酸钠或硫代硫酸钠除去[见注意事项（1）]。

（4）确定稀释倍数[见注意事项（2）]。

2. 水样的稀释

根据确定的稀释倍数，用虹吸法把一定量的污水引入 1L 量筒中，再沿壁慢慢加入所需稀释水（接种稀释水），用特制搅拌棒在水面以下慢慢搅匀（不应产生气泡），然后沿瓶壁慢慢倾入两个预先编号、体积相同的（250mL）的碘量瓶中，直到充满后溢出少许为止。盖严并水封，注意瓶内不应有气泡。

用同样方法配制另两份稀释比水样。

3. 对照样的配制

另取两个有编号的碘量瓶加入稀释水或接种水作为空白。

4. 培养

将各稀释比的水样，稀释水（接种稀释水）空白各取一瓶放入（20±1）℃的培养箱内培养 5d，培养过程中需每天添加封口水。

5. 溶解氧的测定

参见实验 3"水中溶解氧的测定"。

(1)用碘量法测定未经培养的各份稀释比的水样和空白水样中的剩余溶解氧。

(2)用同样方法测定经培养 5d 后各份稀释水样和空白水样中的剩余溶解氧。

五、数据处理

根据公式计算 BOD_5，并以表格形式表示测定数据和结果。

$$c_{BOD_5}(以O_2计) = \frac{(D_1 - D_2) - (B_1 - B_2) \times f_1}{f_2}$$

式中，D_1 为稀释水样培养前的溶解氧量，单位为 mg/L；D_2 为稀释水样培养 5d 后残留溶解氧量，单位为 mg/L；B_1 为稀释水（或接种稀释水）培养前的溶解氧量，单位为 mg/L；B_2 为稀释水（或接种稀释水）经培养 5d 后残留溶解氧量，单位为 mg/L；f_1 为稀释水（或接种稀释水）在培养液中所占比例；f_2 为水样在培养液中所占比例。

六、注意事项

（1）为除去水样中游离氯而加入亚硫酸钠或硫代硫酸钠的量可用实验方法得到。取 100.0mL 待测水样于碘量瓶中，加入 1mL 1%硫酸溶液、1mL 10%碘化钾溶液，摇匀，以淀粉为指示剂，用标准硫代硫酸钠或亚硫酸钠溶液滴定，计算 100mL 水样所需硫代硫酸钠溶液的量，推算所用水样应加入的量。

（2）稀释比应根据水中有机物的含量来确定。①较为清洁的水样，不需稀释；②污染严重的水样，稀释 100～1000 倍；③常规沉淀过的污水，稀释 20～100 倍；④受污染的河水，稀释 0～4 倍；⑤性质不了解的水样，稀释倍数从 COD 估算，取大于酸性高锰酸盐指数值的 1/4，小于 COD_{Cr} 的 1/5。原则上，是以培养后减少的溶解氧占培养前溶解氧的 40%～70%为宜。

（3）本实验操作最好在 20℃左右室温下进行，实验用稀释水和水样应保持在 20℃左右。

（4）所用试剂和稀释水如发现浑浊有细菌生长时，应弃去重新配制，或用葡萄糖-谷氨酸标准溶液校核。当测定 2%稀释度的葡萄糖-谷氨酸标准溶液时，若 BOD_5 超过（200±37）mg/L 范围，则说明试剂或稀释水有问题或操作技术有问题。

七、思考题

（1）本实验误差的主要来源是什么?如何使实验结果更准确？

（2）BOD_5 在环境评价中有何作用?有何局限性？

实验 5　水中总有机碳（TOC）的测定

一、目的和要求

（1）掌握 TOC 的测定原理。

（2）了解日本岛津 TOC-5000 TOC 分析仪的使用方法。

二、原理

水中总有机碳（TOC），是以碳的含量表示水体中有机物质总量的综合指标。测定 TOC 采用燃烧法，能将有机物全部氧化，因此 TOC 比 BOD_5 或 COD 更能直接表示有机物的总量，因此 TOC 经常被用来评价水体中有机物污染的程度。

近年来，同内外已研制成各种类型的 TOC 分析仪。按工作原理的不同，可分为燃烧氧化-非色散红外吸收法、电导法、气相色谱法、湿法氧化非色散红外吸收法等。其中，燃烧氧化-非色散红外吸收法只需一次性转化，流程简单、重现性好、灵敏度高，因此这种 TOC 分析仪被国内外广泛采用。

1. 差减法测定 TOC 的方法原理

将试样连同净化空气（干燥并除去二氧化碳）分别导入高温燃烧管（680℃）和低温反应管（160℃）中，经高温燃烧管的水样受高温催化氧化，使有机化合物和无机碳酸盐均转化成为二氧化碳，经低温反应管的水样受酸化而使无机碳酸盐分解成二氧化碳。其所生成的二氧化碳依次引入非色散红外线检测器。由于一定波长的红外线被二氧化碳选择吸收，在一定浓度范围内二氧化碳对红外线吸收的强度与二氧化碳的浓度成正比，故可对水样总碳（TC）和无机碳（IC）进行定量测定。TC 与 IC 的差值，即为 TOC。

2. 直接法测定 TOC 的方法原理

将水样酸化后曝气，将无机碳酸盐分解生成二氧化碳驱除、再注入高温燃烧管中，可直接测定 TOC。但由于在曝气过程中会造成水样中挥发性有机物的损失而产生测定误差，因此，其测定结果只是不可吹出的有机碳值。

地面水中常见共存离子 SO_4^{2-} 超过 400mg/L、Cl^- 超过 400mg/L、NO_3^- 超过 100mg/L、PO_4^{3-} 超过 100mg/L、S^{2-} 超过 100mg/L 时，对测定有干扰，应做适当的前处理，以消除对测定的干扰影响。水样中含大颗粒悬浮物时，由于水样受注射器针孔的限制，测定结果往往不包括全部颗粒态碳。

三、仪器与试剂

（1）日本岛津 TOC-5000 TOC 分析仪。

（2）无二氧化碳蒸馏水。将重蒸馏水在烧杯中煮沸蒸发（蒸发量 10%），稍冷后装入插有碱石灰管的下口瓶中备用。

（3）邻苯二甲酸氢钾（$KHC_8H_4O_4$），优级纯；无水碳酸钠（Na_2CO_3），优级纯；碳酸氢钠（$NaHCO_3$），优级纯，存放于干燥器中。

（4）总碳标准贮备溶液（$c=1000$mg/L）。称取邻苯二甲酸氢钾（预先在 110～120℃干燥 2h，置于干燥器中冷却至室温）2.125g，溶解于水（1）中，移入 1000mL 容量瓶内，用水（1）稀释至标线，混匀，在低温（4℃）冷藏条件下可保存 48d。

（5）总碳标准溶液（$c=200$mg/L）。准确吸取 10.00mL 总碳标准贮备溶液，置于 50mL 容量瓶内，用水（1）稀释至标线混匀。此溶液用时现配。

（6）无机碳标准贮备溶液（$c=1000$mg/L。称取碳酸氢钠（预先在干燥器中干燥）3.500g 和无水碳酸钠（预先在 105℃干燥 2h，置于干燥器中，冷却至室温）4.410g，溶解于水（1）中，转入 1000mL 容量瓶内，用水（1）稀释至标线，混匀。

（7）无机碳标准溶液（$c=200$mg/L）。准确吸取 10.00mL 无机碳标准贮备溶液，置于 50mL 容量瓶中，用水（1）稀释至标线，混匀。此溶液用时现配。

四、实验步骤

1. 校准曲线的绘制

在一组 7 个 10mL 具塞比色管中，分别加入 0.00mL、0.50mL、1.50mL、3.00mL、4.50mL、6.00mL 及 7.50mL 有机碳标准溶液、无机碳标准溶液，用蒸馏水稀释至标线，混匀。配制成 0.0mg/L、4.0mg/L、12.0mg/L、24.0mg/L、36.0mg/L、48.0mg/L 及 60.0mg/L 的有机碳和无机碳标准系列溶液。然后按步骤 2 操作。从测得的标准系列溶液吸收峰峰高，减去空白实验吸收峰峰高，得校正吸收峰峰高，由标准系列溶液浓度与对应的校正吸收峰峰高绘制有机碳和无机碳校准曲线。也可按线性回归方程的方法，计算出校准曲线的直线回归方程。

2. 水样的测定

（1）差减测定法。经酸化的水样，在测定前应以氢氧化钠溶液中和至中性。过滤处理后，用 TOC-5000 TOC 分析仪测定。重复进行 2～3 次，使测得相应的总碳（TC）和无机碳（IC）值相对偏差在 10%以内。

（2）直接测定法。把已酸化的约 25mL 水样移入 50mL 烧杯中［加酸量为每 100mL 水样中加 0.04mL（1∶1）硫酸，已酸化的水样可不用再加］，在磁力搅拌器上剧烈搅拌几分钟或向烧杯中通入无二氧化碳的氮气，以除去无机碳。用 TOC-5000 TOC 分析仪测定，重复进行两三次，使测得相应的 TC 和 IC 相对偏差在 10%以内。

五、数据处理

1. 差减测定法

根据所测试样吸收峰峰高，减去空白实验吸收峰峰高的校正值，从校准曲线上查得或由校准曲线回归方程算得 TC IC，TC 与 IC 之差即为样品 TOC。

$$TOC(mg/L)=TC(mg/L)-IC(mg/L)$$

2. 直接测定法

根据所测试样吸收峰峰高，减去空白实验吸收峰峰高的校正值，从校准曲线上查得或由校准曲线回归方程算得 TC，即为样品 TOC。

$$TOC(mg/L)=TC(mg/L)$$

进样体积为 20.0μL，其结果以一位小数表示。

六、注意事项

（1）按仪器厂家说明书规定，按时更换二氧化碳吸收剂、高温燃烧管中的催化剂和低温反应管中的分解剂等。

（2）根据文献报道，当地面水中无机碳含量远高于总有机碳时，会影响有机碳的测定精度。对含无机碳和有机碳的合成样品（其中无机碳与总有机碳的倍数关系与我国南北方的某些地面水中的倍数关系相接近，一般为几倍）进行的回收结果（96.2%～103.5%）表明，用差减法测定地面水中 TOC，对测定精度的影响是可以接受的。

（3）水样采集后，必须储存于棕色玻璃瓶中。常温下水样可保存 24h，如不能及时分析，水样可加硫酸将其 pH 调至≤2，于 4℃冷藏，可保存 7d。

（4）水样中常见共存离子含量超过干扰允许值时，会影响红外线的吸收。这种情况下，必须用无二氧化碳蒸馏水稀释水样，至诸共存离子含量低于其干扰允许浓度后，再行分析。

（5）日本岛津 TOC-5000 TOC 分析仪的使用方法。

a. 开机

①开氧气钢瓶总阀，调节分压至 5～6kg/cm^2（1kg/cm^2=9.80665×10^{4}Pa，下同）。②接通电源，待电压稳定后，打开仪器的开关，进入主菜单。③调节仪器内的载气分压为 4～5kg/cm^2，流速为 150mL/min。④在主菜单中，进入 "General Condition" 菜单，选择炉温为 on。⑤待炉温升至 680℃，仪器稳定，"Ready" 灯亮后，可进行样品分析。

b. 样品分析

从主菜单中，进入 "Calibration" 菜单，按照提示分别作不同浓度的 TC 和 IC 标准曲线。

退回主菜单中，进入 "Sample Measurement" 菜单，选择合适的 TC 和 IC 标准曲线，测定样品 TC 和 IC 浓度，从"Data Report"中读取数据。

c. 关机

退回主菜单中，进入 Standby Options 菜单，按照仪器的提示关机。

七、思考题

用差减法测定 TOC 时有时会出现负值的原因是什么？

实验 6　水中挥发酚的测定

一、目的和要求

（1）了解酚污染对水环境的影响。
（2）掌握用萃取比色法和直接光度法测定酚的原理和操作技术。

二、原理

酚是水体中的重要污染物，会影响水生生物的正常生长，使水产品发臭，水中酚含量超过 0.3mg/L 时，可引起鱼类的回避。水体中酚的种类较多，部分酚可以挥发，本实验仅测定可被蒸馏的挥发酚。

在碱性条件和氧化剂铁氰化钾作用下，酚类与 4-氨基安替比林反应，生成橘红色的吲哚酚安替比林染料，在 510nm 波长处有最大吸收。若用氯仿萃取此染料，可以增加颜色的稳定性，提高灵敏度，在 460nm 波长处有最大吸收。

该方法可测定苯酚及邻、间位取代的酚，但不能测定对位有取代基的酚，由于样品中各种酚的相对含量不同，因而不能提供一个含酚混合物的通用标准。通常选用苯酚作标准，任何其他酚在反应中产生的颜色都看做是苯酚的结果。取代酚一般会降低响应值，因此，用该方法测出的值仅代表水样中挥发酚的最低浓度。

三、仪器与试剂

（1）500mL 全玻璃蒸馏器。
（2）722 型分光光度计及 1cm 和 3cm 比色皿。
（3）无酚水：本实验用水应为无酚，制备方法如下。

在 1L 水中加入 0.2g 经 200℃活化 0.5h 的活性炭粉末，充分振摇后，放置过夜。用双层中速滤纸过滤，或加入氢氧化钠使水呈强碱性，并滴加高锰酸钾溶液至紫红色，移入蒸馏瓶中加热蒸馏，收集馏出液备用。注：无酚水应储于玻璃瓶中，取用时应避免与橡胶制品（橡皮塞或乳胶管）接触。

（4）硫酸铜溶液：称取 50g 硫酸铜（$CuSO_4 \cdot 5H_2O$）溶于水，稀释至 500mL。

（5）磷酸溶液：量取 50mL 磷酸（密度 20℃=1.69g/mL），用水稀释至 500mL。

（6）甲基橙指示液：称取 0.05g 甲基橙溶于 100mL 水中。

（7）苯酚标准贮备液：称取 1.00g 无色苯酚溶于水，移入 1000mL 容量瓶中，稀释至标线。至冰箱内保存，至少稳定一个月。标定方法如下。

a. 吸 10.00mL 酚贮备液于 250mL 碘量瓶中，加水稀释至 100mL，加 10.0mL 0.02mol/L 溴酸钾-溴化钾溶液，立即加入 5mL 盐酸，盖好瓶盖，轻轻摇匀，于暗处放置 10min。加入 1g 碘化钾，密塞，再轻轻摇匀，放置暗处 5min。用 0.0250mol/L 硫代硫酸钠标准滴定溶液滴定至淡黄色，加入 1mL 淀粉溶液，继续滴定至蓝色刚好褪去，记录用量。

b. 同时以水代替苯酚贮备液做空白实验，记录硫代硫酸钠标准溶液滴定溶液用量。

c. 苯酚贮备液浓度 $\rho_{苯酚}$ 由下式计算：

$$\rho_{苯酚}(mg/mL) \frac{15.67 \times c \times (V_1 - V_2)}{V}$$

式中，V_1 为空白实验中硫代硫酸钠标准滴定溶液用量，单位为 mL；V_2 为滴定苯酚贮备液时，硫代硫酸钠标准溶液滴定溶液用量，单位为 mL；V 为取用苯酚贮备液体积，单位为 mL；c 为硫代硫酸钠标准滴定溶液浓度，单位为 mol/L；15.67 为 $1/6\, C_6H_5OH$ 摩尔质量，单位为 g/mol。

（8）苯酚标准中间液：取适量苯酚贮备液，用水稀释至每毫升含 0.010mg 苯酚。使用时当天配制。

（9）溴酸钾-溴化钾标准参考溶液（$c_{1/6KBrO_3}$=0.02mol/L）：称取 3.2g 溴酸钾（$KBrO_3$）溶于水，加入 10g 溴化钾（KBr），使其溶解，移入 1000mL 容量瓶中，稀释至标线。

（10）碘酸钾标准参考溶液（$c_{1/6KIO_3}$=0.0125mol/L）：称取预先经 180℃烘干的碘酸钾 0.4458g 溶于水，移入 1000mL 容量瓶中，稀释至标线。

（11）硫代硫酸钠标准溶液（$c_{Na_2S_2O_3 \cdot 5H_2O}$≈0.025mol/L）：称取 6.2g 硫代硫酸钠溶于煮沸放冷的水中，加入 0.4g 碳酸钠，稀释至 1000mL，临用前，用碘酸钾溶液标定。

标定方法：取 10.00mL 碘酸钾溶液置 250mL 容量瓶中，加水稀释至 100mL，加 1g 碘化钾，再加 5mL（1+5）硫酸，加塞，轻轻摇匀。置暗处放置 5min，用硫代硫酸钠溶液滴定至淡黄色，加 1mL 淀粉溶液，继续滴定至蓝色刚褪去为止，记录硫代硫酸钠溶液用量。按下式计算硫代硫酸钠溶液浓度（mol/L）。

$$c_{Na_2S_2O_3 \cdot 5H_2O} = \frac{0.0125V_4}{V_3}$$

式中，V_3 为硫代硫酸钠标准溶液消耗量，单位为 mL；V_4 为移取碘酸钾标准参考溶液量，单位为 mL；0.0125 为碘酸钾标准参考溶液浓度，单位为 mol/L。

（12）淀粉溶液：称取 1g 可溶性淀粉，用少量水调成糊状，加沸水至 100mL，冷后，置冰箱内保存。

（13）缓冲溶液（pH 约为 10）：称取 20g 氯化铵（NH_4Cl）溶于 100mL 氨水中，加塞，置冰箱中保存。

注：应避免氨挥发所引起 pH 的改变，注意在低温下保存和取用后立即加塞盖严，并根据使用情况适量配置。

（14）2%（质量浓度）4-氨基安替比林溶液：称取 4-氨基安替比林（$C_{11}H_{13}N_3O$）2g 溶于水，稀释至 100mL，置于冰箱中保存，可使用一周。注：固体试剂易潮解、氧化，宜保存在干燥器中。

（15）8%（质量浓度）铁氰化钾溶液：称取 8g 铁氰化钾 $\{K_3[Fe(CN)_6]\}$ 溶于水，稀释至 100mL，置于冰箱内保存，可使用一周。

四、实验步骤

1. 水样预处理

（1）量取 250mL 水样置蒸馏瓶中，加数粒小玻璃珠以防暴沸，再加 2 滴甲基橙指示液，用磷酸溶液调节至 pH=4（溶液呈橙红色），加 5.0mL 硫酸铜溶液（如采样时已加过硫酸铜，则补加适量）。

如加入硫酸铜溶液后产生较多量的黑色硫化铜沉淀，则应摇匀后放置片刻，待沉淀后，再滴加硫酸铜溶液，至不产生沉淀为止。

（2）连接冷凝器，加热蒸馏，至蒸馏出约 225mL 时，停止加热，放冷。向蒸馏瓶中加入 25mL 水，继续蒸馏至馏出液为 250mL 为止。

蒸馏过程中，如发现甲基橙的红色褪去，应在蒸馏结束后，再加 1 滴甲基橙指示液。如发现蒸馏后残液不呈酸性，则应重新取样，增加磷酸加入量，进行蒸馏。

2. 标准曲线的绘制

于一组 8 支 50mL 比色管中，分别加入 0mL、0.50mL、1.00mL、3.00mL、5.00mL、7.00mL、10.00mL、12.50mL 酚标准中间液。加 0.5mL 缓冲溶液，混匀，此时 pH 为 10.0±0.2，加 4-氨基安替比林 1mL，混匀，加 1mL 铁氰化钾，再混匀。最后用水稀释到 50mL。放置 15min 后，于 510nm 波长处，用 1cm 比色皿，以空白试剂为参比，测量吸光度。经空白校正后，绘制吸光度对苯酚含量（mg）的标准曲线。

3. 水样的测定

分取适量的馏出液放入 50mL 比色管中，稀释至 50mL 标线。用与绘制标准曲线相同的步骤测定吸光度，最后减去空白实验所得吸光度。

4. 空白实验

以水代替水样，经蒸馏后，按水样测定步骤进行测定，以其结果作为水样测定的空白校正值。

五、数据处理

$$\rho_{挥发酚} = \frac{1000m}{V}$$

式中，$\rho_{挥发酚}$ 为水样中挥发酚的质量浓度（以苯酚计），单位为 mg/L；m 为由水样的校正吸光度，从标准曲线上查得的苯酚含量，单位为 mg；V 为移取馏出液体积，单位为 mL。

六、注意事项

（1）水样中的酚不稳定、易挥发和氧化，并受微生物作用而损失，因此，水样采集后应加氢氧化钠保存剂，并尽快测定。

（2）氧化剂。还原剂物质、金属离子及芳香胺类化合物对测定有干扰作用，预蒸馏可除去大多数干扰物，但对污染严重的水样，蒸馏前要用下述方法消除干扰物：①除氧化剂。在水样中加入碘化钾和酸后如游离出碘，说明有氧化剂存在。这时可用过量的硫酸亚铁和亚砷酸钠除去。②除硫化物。用磷酸调节水样，使 pH 为 4。搅拌曝气，除去二氧化硫及硫化氢。③除油类。用浓氢氧化钠溶液调节水样。使 pH 在 12～13，以四氯化碳提取油类，弃去有机相，加热蒸去水样中残余的四氯化碳。

（3）一次蒸馏足以净化样品。若出现馏出液浑浊，需用磷酸酸化后再蒸馏。

（4）样品和标准溶液中加入缓冲液和 4-氨基安替比林后，要混匀才能加入铁氰化钾，否则结果偏低。

（5）萃取比色法中，试剂空白以氯仿为参比的吸光度应在 0.10 以下，否则 4-氨基安替比林溶液应重新配制或采用新出厂氯仿产品。

（6）当苯酚溶液呈红色时，则需对苯酚精制。方法如下：取在水浴上熔化后的苯酚，置于适量的蒸馏瓶中，插入 25℃温度计，加热蒸馏，空气冷凝，注意保温，收集 182～184℃的馏分。精制的苯酚冷却后应为无色，低温下析出结晶，储于暗处。

七、思考题

（1）当预蒸馏两次，馏出液仍浑浊时如何处理？

(2) 还有哪些其他方法可用于酚的测定？

实验 7　水中氨氮、亚硝酸盐氮和硝酸盐氮的测定

一、目的和要求

(1) 了解水中 3 种形态氮测定的意义。
(2) 掌握水中 3 种形态氮的测定方法与原理。

二、原理

氮是蛋白质、核酸、酶、纤维素等有机物中的重要组分；纯净天然水体中的含氮物质是很少的，水体中含氮物质的主要来源是生活污水和某些工业废水。当含氮有机物进入水体后，由于微生物和氧的作用，可以逐步分解或氧化为无机氮（NH_3）、铵（NH_4^+）、亚硝酸盐（NO_2^-）和最终产物（NO_3^-）。

$$含氮有机物 \xrightarrow{微生物} 蛋白质、氨基酸、氨等$$
$$NH_3(NH_4^+) \xrightarrow{亚硝酸菌} NO_2^- \xrightarrow{硝酸菌} NO_3^-$$

氨和铵中的氮称为氨氮。亚硝酸盐中的氮称为亚硝酸盐氮。硝酸盐中的氮称为硝酸盐氮。这 3 种形态氮的含量都可以作为水质指标，分别代表有机氮转化为无机氮的各个不同阶段。随着含氮物质的逐渐氧化分解，水体中的微生物和其他有机污染物也被分解破坏，因而达到净化水体的作用。

水中有机氮、氨氮、亚硝酸盐氮和硝酸盐氮等几项指标的相对含量，在一定程度上反映了含氮有机物水体的时间长短，从而对探讨水体污染历史、它们的分解趋势和水体自净状况有一定参考价值（表 3-3）。

表 3-3　水体中 3 种形态氮检出的环境化学意义

NH_3-N	NO_2^--N	NO_3^--N	环境化学意义
−	−	−	洁净水
+	−	−	水体受到新近污染
+	+	−	水体受到污染不久，且污染物正在分解中
−	+	−	污染物已经分解，但未完全自净
−	+	+	污染物已基本分解完毕但未自净
−	−	+	污染物已无机化，水体已基本自净
+	−	+	有新近污染，在此之前的污染已基本自净
+	+	+	以前受到污染，正在自净过程中，且又有新污染

注：表中"+"表示检出，"−"表示无检出

三种氮的测定方法如下。

1. 氨氮的测定——纳氏比色法

氨氮与纳氏试剂反应生成棕色沉淀,当含量很低时呈浅黄色或棕色,因而可以比色测定。

$$2K_2[HgI_4]+3KOH+NH_3 \longrightarrow [Hg_2O\cdot NH_2]I+2H_2O+7KI$$

2. 亚硝酸盐氮的测定——盐酸 α-萘胺比色法

在 pH 为 2.0~2.5 时,水中亚硝酸盐与对氨基苯磺酸生成重氮盐,当与盐酸 α-萘胺发生偶联后生成红色燃料,其色度与亚硝酸盐含量成正比。

3. 硝酸盐氮的测定——紫外分光光度法

硝酸根离子在紫外区有强烈吸收,在 220nm 波长处的吸光度可定量测定硝酸盐氮,而其他氮化物在此波长不干扰测定。本法适用于测定自来水、井水、地下水和洁净地面水中的硝酸盐氮,浓度范围为 0.04~0.08mg/L。

三、仪器与试剂

(1)紫外可见分光光度仪。

(2)500~1000mL 全玻璃磨口蒸馏装置。

(3)2%硼酸溶液。

(4)磷酸盐缓冲液(pH 为 7.4)。用不含氮的水溶解 14.3g 磷酸二氢钾,稀释至 1000mL,配制后用 pH 计测定其 pH,并用磷酸二氢钾或磷酸氢二钾调节 pH 至 7.4。

(5)浓硫酸。

(6)纳氏试剂。称取碘化钾 5g,溶于 5mL 无氨水中,分次少量加入氯化汞溶液(2.5g 氯化汞溶解于 10mL 热的无氨水中),不断搅拌至有少量沉淀为止,冷却后,加入 30mL 氢氧化钾溶液(含 15g 氢氧化钾),用无氨水稀释至 100mL,再加入 0.5mL 氯化汞溶液,静置 1d,将上层清液储于棕色瓶内,盖紧橡皮塞于低温处保存,有效期为 1 个月。

(7)50%酒石酸钾钠溶液。

(8)铵标准液。称取氯化铵 3.8190g 溶于无氨水中,转入 1000mL 容量瓶内,用无氨水稀释至刻度,摇匀,吸取该溶液 10.00mL 于 1000mL 容量瓶内,用无氨水稀释至制度,其浓度为 10μg/mL 氨氮。

(9)0.01mol/L 高锰酸钾溶液。溶解 1.6g 高锰酸钾于 1.2L 水中、煮沸 30~60min,使体积减少至约 1000mL,放置过夜,用 G3 号熔结玻璃漏斗过滤,储于棕色瓶中。标定方法见(10)的内容。

(10)亚硝酸钠标准贮备液。称取 1.232g 亚硝酸钠溶于水中,稀释至 1000mL 后,加入 1mL 氯仿保存。由于亚硝酸盐氮在潮湿环境中易氧化,所以贮备液在测定时需标定。标定方法如下：在 250mL 具塞锥形瓶内依次加入 50.00mL 的 0.01mol/L 高锰酸钾溶液，5mL 浓硫酸及 50.00mL 亚硝酸钠贮备液（加此溶液时应将吸管插入高锰酸钾溶液液面以下），混匀，在水浴上加热至 70~80℃后，加入 0.025mol/L 草酸钠标准溶液，使溶液紫红色褪去并过量。再以 0.01mol/L 高锰酸钾溶液滴定过量的草酸钠，至溶液呈微红色，记录高锰酸钾的量。再以 50mL 不含亚硝酸盐的水代替亚硝酸钠贮备液，并按上述步骤操作，用草酸钠标准溶液标定 0.01mol/L 高锰酸钾溶液，得

$$A = \frac{5 \times B \times c - 2 \times D \times E}{F} \times 7000 \tag{3-1}$$

式中，A 为亚硝酸钠贮备液浓度（以 N 计），单位为 mg/L；B 为所用高锰酸钾溶液总量，单位为 mL；c 为高锰酸钾浓度的物质的量浓度[式(3-2)]，单位为 mol/L；D 为所加草酸钠标准溶液总量，单位为 mL；E 为草酸钠标准溶液的物质的量浓度；F 为滴定时亚硝酸钠贮备液用量，单位为 mL。

式 (3-1) 中 c 的值，根据标定结果为

$$c = \frac{E \times G}{H} \times \frac{5}{2} \tag{3-2}$$

式中，G 为滴定时草酸钠标准溶液的用量，单位为 mL；H 为所加高锰酸钾溶液的总量，单位为 mL。

（11）亚硝酸钠标准溶液。临用时将标准贮备液稀释为 1.0μg/mL 的使用液。

（12）0.0250mol/L 草酸钠标准溶液。称取 3.350g 经 105℃干燥过的草酸钠溶于水中，转入 1000mL 容量瓶内加水稀释至刻度。

（13）氢氧化铝悬浮液。溶解 125g 硫酸铝钾[$AlK(SO_4)_2 \cdot 12H_2O$]，化学纯于 1L 水中，加热到 60℃。在不断搅拌下慢慢加入 55mL 氨水，放置约 1h 后、用水反复洗涤沉淀至洗出液中不含氨氮化物、硝酸盐和亚硝酸盐。待澄清后，倾出上层清液，只留悬浮液，最后加入 100mL 水。使用前振荡均匀。

（14）对氨基苯磺酸溶液。称取 0.6g 对氨基苯磺酸于 80mL 热水中，冷却后加 20mL 浓盐酸，摇匀。

（15）乙酸钠溶液。称取 16.4g 乙酸钠溶液溶解于水中，稀释至 100mL。

（16）盐酸 α-萘胺溶液。称取 0.6g α-萘胺溶于含有 1mL 浓盐酸的水中，并加水稀释至 100mL，如溶液浑浊，则应过滤，溶液储于棕色瓶内并保存与冰箱中。

（17）硝酸钾标准溶液。称取 0.721g 硝酸钾（经 105~110℃烘 4h）溶于水中，稀释至 1L，其浓度为 100mg/L。

（18）1mol/L 盐酸。

四、实验步骤

（一）氨氮的测定

1. 制备无氨水

（1）蒸馏法。每升水加入 0.1mL 浓硫酸进行蒸馏，馏出水接收于玻璃容器中。
（2）离子交换法。使蒸馏水通过弱酸性阳离子树脂柱。

2. 水样蒸馏

先在蒸馏瓶中加 200mL 无氨水，10mL 磷酸盐缓冲液和数粒玻璃珠，加热至馏出物中不含氨。冷却，然后将蒸馏液倾出（留下玻璃珠）。取水样 200mL 置于蒸馏瓶中，加入 10mL 磷酸盐缓冲液，以一只盛有 50mL 吸收液的 250mL 锥形瓶收集馏出液，收集时应将冷凝管的导管末端浸入吸收液，其蒸馏速度为 6～8mL/min，至少收集 150mL 馏出液。蒸馏结束前 2～3min 应把锥形瓶放低，使吸收液面脱离冷凝管，并再蒸馏片刻以洗净冷凝管和导管，用无氨水稀释至 250mL 备用。

3. 测定

（1）水样。如为清洁水样，可直接取 50mL 置于 50mL 比色管中。一般水样则用上述方法蒸馏，收集馏出液并稀释至 50mL。若氨氮含量很高，也取适量水样稀释至 50mL。

（2）制备标准系列。取浓度为 10mg/mL 氨氮的铵标准溶液 0mL、0.50mL、2.00mL、3.00mL、5.00mL，分别加入 50mL 比色管中，以无氨水稀释至刻度。

（3）测定。在水样及标准系列中分别加入 1mL 酒石酸钾钠，摇匀，再加 1mL 纳氏试剂，摇匀，放置 10min 后，在 $\lambda=425nm$ 处，用 1cm 比色皿，测定吸光度。

（二）亚硝酸盐氮的测定

1. 制备不含亚硝酸盐的水

在水中加入少许高锰酸钾晶体，再加氢氧化钙或氢氧化钡，使之呈碱性。重蒸馏后，弃去 50mL 初滤液，收集中间 70%的无亚硝酸馏分。

2. 水样制备

水样如有颜色和悬浮物，可以每 1000mL 水样中加入 2mL 氢氧化铝悬浮液搅拌，静置过滤，弃去 25mL 初滤液，取 50.00mL 滤液测定。如亚硝酸盐含量高，可适量少取水样，用无亚硝酸盐的水稀释至 50mL。如水样清澈，则直接取 50mL。

3. 制备标准系列

取 50mL 比色管 7 支,分别加入亚硝酸盐氮 1μg/mL 的标准溶液 0mL、0.50mL、1.00mL、2.00mL、3.00mL、4.00mL 和 5.00mL,用无氨水稀释至刻度。

4. 显色测定

向上述各比色管中分别加 1.0mL 对氨基苯磺酸,摇匀。2~8min 后,各加 1.0mL 乙酸钠溶液及 1.0mL 盐酸 α-萘胺溶液,摇匀。放置 30min 后,于 $\lambda=520$nm 处,用 1cm 比色皿测定吸光度,绘制标准曲线,查出水样中亚硝酸盐氮的含量。

(三)硝酸盐氮的测定

1. 水样

浑浊水样应过滤:如水样有颜色,应在每 100mL 水样中加入 4mL 氢氧化铝悬浮液,在锥形瓶中搅拌 5min 后过滤。取 25mL 经过滤或脱色的水样于 50mL 容量瓶中,加入 1mL 1mol/L 盐酸溶液,用无氨水稀释至刻度。

2. 制备标准系列

将浓度为 100mg/L 的硝酸钾标准溶液稀释 10 倍后,分别取 1.00mL、2.00mL、4.00mL、10.00mL、15.00mL、20.00mL 和 40.00mL 于 50mL 容量瓶内,各加入 1mL 1mol/L 盐酸溶液,用无氨水稀释至刻度。

3. 比色测定

在 $\lambda=220$nm 处,用 1cm 比色皿分别测定标准系列样和水样的吸光度。由标准系列可得到标准曲线,水平的吸收度可从标准曲线上查得对应的浓度,此值乘以稀释倍数即得水样中硝酸盐氮值。

若水样中存在有机物对测定有干扰作用,可同时在 $\lambda=275$nm 处测定吸光度。并得到校正吸光度:$A_{校} = A_{220nm} - A_{275nm}$。

五、数据处理

$$氨氮浓度(或亚硝酸盐氮、硝酸盐氮)(以N计)(mg/L) = \frac{测定的氨氮量(或亚硝酸盐氮、硝酸盐氮)}{水样体积}$$

六、注意事项

(1)在氨氮测定时,水样中若含钙、镁、铁等金属离子会干扰测定,可加入络合剂或预蒸馏消除干扰。纳氏试剂显色后的溶液颜色会随时间而变化,所以必须在较短时间内完成比色操作。

（2）亚硝酸盐是含氮化合物分解过程中的中间产物，很不稳定，采样后的水样应尽快分析。

（3）可溶性有机物、亚硝酸盐、+6价铬和表面活性剂均干扰硝酸盐氮的测定。可溶性有机物用校正法消除；亚硝酸盐干扰可用氨基磺酸法消除；+6价铬和表面活性剂可制备各自的校正曲线进行校正。

七、思考题

（1）如何通过3种形态氮的测定来研究水体的自净作用？

（2）在3种形态氮的测定中，要求水中不含 NH_3、NO_2^-、NO_3^-，如何快速检测？

（3）测定水样氨氮时，为什么要先对200mL无氨水蒸馏？

实验8　水中氟化物的测定
（离子选择电极法）

水中氟化物的含量是衡量水质的重要指标之一，生活饮用水水质限值为1.0mg/L。测定氟化物的方法有氟离子选择电极法、离子色谱法、比色法和容量滴定法，前两种方法应用普遍。本实验采用氟离子选择电极法测定游离态氟离子浓度，当水样中含有化合态（如氟硼酸盐）、络合态的氟化合物时，应预先蒸馏分离后测定。

一、实验目的和要求

（1）掌握用离子活度计或pH计、晶体管毫伏计及氟离子选择电极测定氟化物的原理和测定方法，分析干扰测定的因素和消除方法。

（2）复习教材第二章中的相关内容；在预习报告中列出被测原电池，简要说明测定方法原理和影响测定的因素。

二、仪器

（1）氟离子选择电极（使用前在去离子水中充分浸泡）。

（2）饱和甘汞电极。

（3）精密pH计或离子活度计、晶体管毫伏计，精确到0.1mV。

（4）磁力搅拌器和塑料包裹的搅拌子。

（5）容量瓶：100mL、50mL。

（6）移液管或吸液管：10.00mL、5.00mL。

(7) 烧杯：50mL、100mL。

三、试剂

所用水为去离子水或无氟蒸馏水。

(1) 氟化物标准贮备液：称取 0.2210g 基准氟化钠（NaF）（预先于 105～110℃烘干 2h 或者于 500～650℃烘干约 40min，冷却)，用水溶解后转入 1000mL 容量瓶中，稀释至标线，摇匀。储存在聚乙烯瓶中。此溶液每毫升含氟离子 100μg。

(2) 乙酸钠溶液：称取 15g 乙酸钠（CH_3COONa）溶于水，并稀释至 100mL。

(3) 盐酸溶液：2mol/L。

(4) 总离子强度调节缓冲溶液（TISAB）：称取 58.8g 二水合柠檬酸钠和 85g 硝酸钠，加水溶解，用盐酸调节 pH 至 5～6，转入 1000 mL 容量瓶中，稀释至标线，摇匀。

(5) 水样 1，水样 2。

四、测定步骤

1. 仪器准备和操作

按照所用测量仪器和电极使用说明，首先接好线路，将各开关置于"关"的位置，开启电源开关，预热 15min，以后操作按说明书要求进行。

2. 氟化物标准溶液制备

用氟化钠标准贮备液、吸液管和 100mL 容量瓶制备每毫升含氟离子 10μg 的标准溶液。

3. 标准曲线绘制

用吸液管取 1.00mL、3.00mL、5.00mL、10.00mL、20.00mL 氟化物标准溶液，分别置于 5 只 50mL 容量瓶中，加入 10mL 总离子强度调节缓冲溶液，用水稀释至标线，摇匀。分别移入 100mL 聚乙烯杯中，放入一只塑料搅拌子，按浓度由低到高的顺序，依次插入电极，连续搅拌溶液，读取搅拌状态下的稳态电位值（E）。在每次测量之前，都要用水将电极冲洗净，并用滤纸吸去水分。在半对数坐标纸上绘制 E-lg[F] 标准曲线，浓度标于对数分格上，最低浓度标于横坐标的起点线上。

4. 水样测定

用无分度吸液管吸取适量水样，置于 50mL 容量瓶中，用乙酸钠或盐酸溶液调节至近中性，加入 10mL 总离子强度调节缓冲溶液，用水稀释至标线，摇匀。将其移入 100mL 聚乙烯杯中，放入一只塑料搅拌子，插入电极，连续搅拌溶液，待电位稳定后，在继续搅拌下读取电位值（E_x）。在每次测量之前，都要用水充分洗涤电极，并用滤纸吸去水分。根据测得的毫伏数，由标准曲线上查得试液氟化物的浓度,再根据水样的稀释倍数计算其氟化物含量。

5. 空白实验

用去离子水代替水样,按测定样品的条件和步骤测量电位值,检验去离子水和试剂的纯度,如果测得值不能忽略,应从水样测定结果中减去该值。

当水样组成复杂时,宜采用一次标准加入法,以减小基体的影响。其操作是:先按步骤 4 测定出试液的电位值(E_1),然后向试液中加入与试液中氟含量相近的氟化物标准溶液(体积为试液的 1/10~1/100),在不断搅拌下读取稳态电位值(E_2),按下式计算水样中氟化物的含量。

$$c_x = \frac{c_s \cdot V_s}{V_x + V_s} \left(10^{\frac{\Delta E}{S}} - \frac{V_x}{V_x + V_s} \right)^{-1}$$

式中,c_x 为水样中氟化物(F^-)浓度,单位为 mg/L;V_x 为水样体积,单位为 mL;c_s 为 F^- 标准溶液的浓度,单位为 mg/L;V_s 为加入 F^- 标准溶液的体积,单位为 mL;ΔE 等于 E_1-E_2(对阴离子选择性电极),其中,E_1 为测得水样试液的电位值,单位为 mV,E_2 为试液中加入标准溶液后测得的电位值,单位为 mV;S 为氟离子选择性电极实测斜率。

如果 $V_s \leqslant V_x$,则上式可简化为

$$c_s = \frac{c_x \cdot V_s}{V_x} \left(10^{\frac{\Delta E}{S}} - 1 \right)^{-1}$$

五、结果处理

(1)绘制 E-lg[F^-]标准曲线。
(2)计算水样中氟化物的含量。
(3)分析测定方法中采取的控制或消除各种干扰因素的措施。

实验 9 水中六价铬的测定

一、实验目的

(1)学会六价铬的水样采集保存、预处理及测定方法。
(2)学会各种标准溶液的配制方法和标定方法。

二、概述

铬(Cr)的化合物常见的价态有三价和六价。在水体中,六价铬一般以 CrO_4^{2-}、

$HCrO_4^-$ 两种阴子形式存在,受水中 pH、有机物、氧化还原物质、温度及硬度等条件影响,三价铬和六价铬的化合物可以互相转化。

铬是生物体所必需的微量元素之一。铬的毒性与其存在价态有关,通常认为六价铬的毒性比三价铬高 100 倍,六价铬更易为人体吸收而且在体内蓄积。但即使是六价铬,不同化合物的毒性也不相同。当水中六价铬浓度为 1mg/L 时,水呈淡黄色并有涩味;三价铬浓度为 1mg/L 时,水的浊度明显增加;三价铬化合物对鱼的毒性比六价铬大。

铬的工业来源主要是含铬矿石的加工、金属表面处理、皮革鞣制、印染等行业。

三、水样保存

水样应用瓶壁光洁的玻璃瓶采集。如测总铬水样采集后,加入硝酸调节 pH<2;如测六价铬,水样采集后,加 NaOH 使 pH 为 8～9;均应尽快测定,如放置,不得超过 24h。

四、干扰及清除

含铁量大于 1mg/L 时水样显黄色,六价钼和汞也和显色剂反应生成有色化合物,但在本方法的显色酸度下反应不灵敏。钼和汞达 200mg/L 不干扰测定。钒有干扰,其含量高于 4mg/L 即干扰测定。但钒与显色剂反应后 10min,可自行褪色。

氧化性及还原性物质,如 ClO^-、Fe^{2+}、SO_3^{2-}、$S_2O_3^{2-}$ 等,以及水样有色或浑浊时,对测定均有干扰,须进行预处理。

五、方法的选择

铬的测定可采用二苯碳酰二肼分光光度法、原子吸收分光光度法和滴定法。清洁的水样可直接用二苯碳酰二肼分光光度法测六价铬。如测总铬,用高锰酸钾将三价铬氧化成六价铬,再用二苯碳酰二肼分光光度法测定。

六、测定方法(二苯碳酰二肼分光光度法)

1. 实验原理

在酸性溶液中,六价铬离子与二苯碳酰二肼反应,生成紫红色络合物,其最大吸收波长为 540nm,吸光度与浓度的关系符合比尔定律。反应式如下

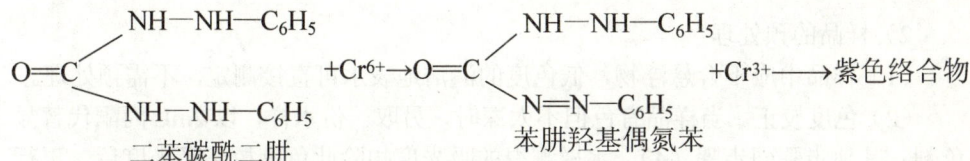

二苯碳酰二肼　　　　　　　苯肼羟基偶氮苯

如果测定总铬,需先用高锰酸钾将水样中的三价铬氧化为六价铬,再用本法测定。

2. 仪器和试剂

1)仪器

容量瓶、可见分光光度计、实验室常用仪器。

2)试剂

(1)丙酮。

(2)(1:1)磷酸溶液。

(3)(1:1)磷酸溶液。将磷酸(H_3PO_4,优级纯,ρ=1.69g/mL)与水等体积混合。

(4)4g/L 氢氧化钠溶液。

(5)氢氧化锌共沉淀剂。用时将 100mL 80g/L 硫酸锌($ZnSO_4 \cdot 7H_2O$)溶解和 120mL 20g/L 氢氧化钠溶液混合。

(6)40g/L 高锰酸钾溶液。称取高锰酸钾($KMnO_4$)4g,在加热和搅拌下溶于水,最后稀释至 100mL。

(7)铬标准贮备液。称取于 110℃干燥 2h 的重铬酸钾($K_2Cr_2O_7$,优级纯)(0.2829±0.0001)g,用于溶解后,移入 1000mL 容量瓶中,用水稀释至标线,摇匀。此溶液 1mL 含 0.10mg 六价铬。

(8)铬标准溶液 A。吸取 5.00mL 铬标准贮备液置于 500mL 容量瓶中,用水稀释至标线,摇匀。此溶液 1mL 含 1.00μg 六价铬。使用当天配制。

(9)铬标准溶液 B。吸取 25.00mL 铬标准贮备液置于 500mL 容量瓶中,用水稀释至标线,摇匀。此溶液 1mL 含 5.00μg 六价铬。使用当天配制。

(10)200g/L 尿素溶液。将[$(NH_2)_2CO$]20g 溶于水并稀释至 100mL。

(11)20g/L 亚硝酸钠溶液。将亚硝酸钠($NaNO_2$)2g 溶于水并稀释至 100mL。

(12)显色剂 A。称取二苯碳酰二肼($C_{13}N_{14}H_4O$)0.2g,溶于 50mL 丙酮中,加水稀释到 100mL,摇匀,储于棕色瓶,置冰箱中(色变深后不能使用)。

显色剂 B,称取二苯碳酰二肼 1g,溶于 50mL 丙酮中,加水稀释到 100mL 同上操作。

3. 操作步骤

1)采样

按采样方法采取具有代表性水样,实验室样品应该用玻璃容器采集。采集时,加入氢氧化钠,调节 pH 约为 8。并在采集后尽快测定,如放置,不要超过 24h。

2）样品的预处理

（1）样品中应不含悬浮物，低色度的清洁地表水可直接测定，不需预处理。

（2）色度校正。当样品有色但不太深时，另取一份水样，以 2mL 丙酮代替显色剂，其他步骤同步骤（4）。水样测得的吸光度扣除此色度校正吸光度后，再行计算。

（3）对浑浊、色度较深的样品可用锌盐沉淀分离法进行前处理。取适量水样（含六价铬少于 100μg）于 150mL 杯中，加水至 50mL。滴加氢氧化钠溶液，调节溶液 pH 为 7~8。在不断搅拌下，滴加氢氧化锌共沉淀剂至溶液 pH 为 8~9。将此溶液转移至 100mL 容量瓶中，用水稀释至标线。用慢速滤纸过滤，弃去 10~20mL 初滤液，取其中 50.0mL 滤液供测定。

（4）二价铁、亚硫酸盐、硫代硫酸盐等还原性物质的消除。取适量水样（含六价铬少于 50μg）于 50mL 比色管中，用水稀释至标线，加入 4mL 显色剂 B 混匀，放置 5min 后，加入 1mL 硫酸溶液摇匀。5~10min 后，在 540nm 波长处，用 10mm 或 30mm 光程的比色皿，以水做参比，测定吸光度。扣除空白实验测得的吸光度后，从校准曲线查得六价铬含量。用同法作校准曲线。

（5）次氯酸盐等氧化性物质的消除。取适量水样（含六价铬少于 50μg）于 50mL 比色管中，用水稀释至标线，加入 0.5mL 硫酸溶液、0.5mL 磷酸溶液、1.0mL 尿素溶液，摇匀，逐滴加入 1mL 亚硝酸钠溶液，边加边摇，以除去由过量的亚硝酸钠与尿素反应生成的气泡，待气泡除尽后，按步骤（4）（免去加硫酸溶液和磷酸溶液）的方法进行操作。

3）空白实验

按与水样完全相同的处理步骤进行空白实验，仅用 50mL 蒸馏水代替水样。

4）水样测定

取适量（含六价铬少于 50μg）无色透明水样，置于 50mL 比色管中，用水稀释至标线。加入 0.5mL 硫酸溶液和 0.5mL 磷酸溶液，摇匀。加入 2mL 显色剂 A，摇匀放置 5~10min 后，在 540nm 波长处，用 10 或 30mm 的比色皿，以水作参比，测定吸光度，扣除空白实验测得的吸光度后，从校准曲线上查得六价铬含量（如经锌盐沉淀分离、高锰酸钾氧化法处理的样品，可直接加入显色剂测定）。

5）校准曲线制作

向一系列 50mL 比色管中分别加入 0mL、0.20mL、0.50mL、1.00mL、2.00mL、4.00mL、6.00mL、8.00mL 和 10.00mL 铬标准溶液 A 或铬标准溶液 B（如经锌盐沉淀分离法前处理，则应加倍吸取），用水稀释至标线。然后按照测定样品预处理的步骤（4）进行处理。

以测得的吸光度减去空白实验的吸光度后所得的数据，绘制以六价铬的量对吸光度的校准曲线。

七、数据处理

按下式计算水样中六价铬含量 $\rho_{Cr^{6+}}$ (mg/L)。

$$\rho_{Cr^{6+}} (\text{mg/L}) = \frac{m}{V}$$

式中，m 为由校准曲线查得的水样含六价铬质量，单位为μg；V 为水样的体积，单位为 mL。

六价铬含量以 3 位有效数字表示。

八、注意事项

(1) 氧化性、还原性物质均有干扰，水样浑浊时也不便测定。
(2) 所有玻璃仪器容器不能用铬酸洗液洗涤。
(3) 有机物有干扰，可加高锰酸钾氧化后再测定。

九、思考题

(1) 怎样保存测定六价铬的水样？为什么？
(2) 在测定水样中的六价铬时，加入硫酸和磷酸溶液的目的分别是什么？

实验 10　大气中二氧化硫含量的测定
（甲醛缓冲溶液吸收盐酸副玫瑰苯胺分光光度法）

一、目的和要求

(1) 掌握大气采样器及吸收液采集大气样品的操作技术。
(2) 学会用比色法测定二氧化硫的方法。

二、原理

二氧化硫被甲醛缓冲溶液吸收后，生成稳定的羟基甲基磺酸加成化合物。在样品溶液中加氢氧化钠使加成化合物分解，释放出的二氧化硫与盐酸副玫瑰苯胺作用，生成紫红色化合物，根据颜色深浅，用分光光度法测定。

实验中的主要干扰物为氮氧化物、臭氧及某些重金属元素，加入氨磺酸钠溶液可消除氮氧化物的干扰；采样后放置一段时间可使臭氧自行分解；加入磷酸及环己二胺四乙酸二钠盐可以消除或减少某些金属离子的干扰。10mL 样品溶液中含 50μg 钙、镁、铁、镍、镉、铜、锌等离子时，不干扰测定。10mL 样品溶液中，含 5μg 二价锰离子时，使吸光度降低 2.7%；含 10μg 时降低 4.1%，空气中锰含量一般不会超过 0.09mg/m^3（相当于 5μg/10mL），不致影响二氧化硫的测定。

本法检出限为 0.2μg/10mL（按与吸光度 0.01 相对应的浓度计），当用 10mL 吸收液采气样 10L 时，最低检出浓度为 0.020mg/m^3；当用 50mL 吸收液，24h 采气样 300L，取出 10mL 样品溶液测定时，最低检出浓度为 0.003mg/m^3。

三、仪器与试剂

（1）多孔玻璃吸收管，用于短时间采样；多孔玻璃吸收瓶（具 50mL 标线），用于 24h 采样。

（2）10mL 具塞比色管。

（3）恒温水浴。广口冷藏瓶内装 150mm 圆柱形比色架，瓶盖上插 0～50℃酒精温度计 1 支，其误差应不大于 0.5℃。

（4）空气采样器：流量 0～1L/min 或 24h 恒温、恒湿自动连续空气采样器，流量为 0.2～0.3L/min。

（5）分光光度计。

（6）0.05mol/L 环己二胺四乙酸二钠溶液（CDTA-2Na）。称取 1.82g 反式-1,2 环己二胺四乙酸（CDTA），溶解于 6.5mL 1.50mol/L 氢氧化钠溶液，用水稀释至 100mL。

（7）吸收液贮备液。吸取 36%～38%甲醛 5.5mL、0.05mol/L CDTA-2Na 溶液 20.0mL，称取 2.04g 邻苯二甲酸氢钾，溶解于少量水，将 3 种溶液合并，用水稀释至 100mL，储存于冰箱，可保存 10 年。

（8）吸收液。使用时，用水将吸收液贮备液稀释 100 倍。此溶液含甲醛为 0.2mg/mL。

（9）1.50mol/L 氢氧化钠溶液（NaOH）。

（10）0.60%氨基磺酸铵溶液。称取 0.60g 氨基磺酸铵（$H_2NSO_3NH_4$），加入 1.5mol/L 氢氧化钠溶液 4mL，用水稀释至 100mL，现用现配。

（11）0.05%盐酸副玫瑰苯胺使用液。吸取 0.25%盐酸副玫瑰苯胺贮备液 20.00mL 于 100mL 容量瓶中，加 85%磷酸溶液 30mL、浓盐酸 10.0mL，用水稀释至标线，至少放置 24h 方可使用。存放暗处，可稳定 9 个月。

（12）碘贮备液（$c_{1/2I_2}$=0.10mol/L）。称取 12.7g 碘于烧杯中，加入 40g 碘化钾和 25mL 水，搅拌至全部溶解后，用水稀释至 1000mL，储于棕色试剂瓶中。

（13）碘使用液（$c_{1/2I_2}$=0.05mol/L）。量取 250mL 碘贮备液，用水稀释至 500mL，储于棕色试剂瓶中。

（14）0.5%淀粉指示剂：称取 0.50g 可溶性淀粉，用少量水调成糊状（可加 0.2g 二氧化锌防腐），慢慢倒入 100mL 沸水中，继续煮沸至溶液澄清，冷却后储于试剂瓶中。

（15）碘酸钾标准溶液（$c_{1/6KIO_3}$=0.1000mol/L）。称取 3.5668g 碘酸钾（KIO_3，优级纯，105～110℃烘干 2h），溶解于水，移入 1000mL 容量瓶中，用水稀释至标线，摇匀。

（16）盐酸溶液（c_{HCl}=1.2mol/L）[或磷酸溶液（1：9）]。量取 100mL 浓盐酸，用水稀释至 1000mL。

（17）硫代硫酸钠贮备液（$c_{Na_2S_2O_3}$≈0.10mol/L）。称取 25.0g 硫代硫酸钠（$Na_2S_2O_3 \cdot 5H_2O$），溶解于 1000mL 新煮沸并已冷却的水中，加入 0.2g 无水碳酸钠，储于棕色瓶中，放置一周后标定其浓度。若溶液呈现浑浊时，应该过滤。

标定方法：吸取碘酸钾标准溶液 10.00mL，至于 250mL 碘量瓶中，加 80mL 新煮沸并已冷却的水，加 1.2g 碘化钾，振荡至完全溶解后，再加 1.2mol/L 盐酸溶液 10.0mL。立即盖好瓶塞，混匀。在暗处放置 5min 后，用硫代硫酸钠贮备液滴定至淡黄色，加淀粉指示剂 2mL，继续滴定至蓝色刚好消失。按下式计算硫代硫酸钠溶液的浓度。

$$c_{Na_2S_2O_3} = 10.00 \times 0.1000 / V$$

式中，V 为消耗硫代硫酸钠溶液的体积，单位为 mL；$c_{Na_2S_2O_3}$ 为硫代硫酸钠溶液浓度，单位为 mol/L。

（18）硫代硫酸钠标准溶液。取 250.00mL 标定后的硫代硫酸钠贮备液于 500mL 容量瓶中，用新煮沸并已冷却的水稀释至标线，计算其准确浓度。

（19）亚硫酸钠标准溶液。称取 0.200g 亚硫酸钠（Na_2SO_3）溶解于 0.05% CDTA-2Na 溶液 200mL（用新煮沸并已冷却的水配制），轻轻摇匀（避免振荡，以防充氧）。放置 2～3h 后标定。此溶液每毫升相当于含 320～400μg 二氧化硫。

标定方法：取 4 个 250mL 碘量瓶（A_1、A_2、B_1、B_2），分别加入 0.050mol/L 碘溶液 20.00mL 及冰乙酸 1.0mL。在 A_1、A_2、B_1、B_2 瓶内各加 50mL 新煮沸并已冷却的水，在 B_1、B_2 瓶内加 20.00mL 亚硫酸钠标准溶液，盖好瓶塞。A_1、A_2、B_1、B_2 4 瓶于暗处放置 5min 后，用 0.01mol/L 硫代硫酸钠标准溶液滴定至浅黄色，

加 5mL 淀粉指示剂,继续滴定至蓝色刚好褪去。平行滴定所用硫代硫酸钠溶液体积之差应不大于 0.05mL。

所配 100mL 容量瓶中的亚硫酸钠标准溶液相当于二氧化硫的浓度由下式计算。

$$c_{SO_2}(\mu g/mL) = [(V_0 - V) \times c_{Na_2S_2O_3} \times 32.02 \times 1000] / 20.00$$

式中,V_0、V 分别为滴定 A 瓶、B 瓶时所用硫代硫酸钠标准溶液体积的平均值,单位为 mL;$c_{Na_2S_2O_3}$ 为硫代硫酸钠标准溶液的准确浓度,单位为 mol/L;32.02 相当于 1mmol/L 硫代硫酸钠溶液的二氧化硫（1/2 SO_2）的质量,单位为 mg。

标定出准确浓度后,立即用吸收液稀释成 1.00mL 含 10μg 二氧化硫的标准贮备液,临用时,再用吸收液稀释为 1.00mL 含 1.0μg 二氧化硫的标准使用溶液。

四、测定步骤

1. 采样

（1）短时间采样：用内装 5mL 或 10mL 吸收液的多孔玻璃吸收管,以 0.4L/min 流量采样 10～20L。采样时吸收液温度应保持在 23～29℃。

（2）24h 采样：测定 24h 平均浓度时,用内装 50mL 吸收液的多孔玻璃吸收管,以 0.2～0.3L/min 流量采样 24h。采样时吸收液温度应保持在 23～29℃。

采样、运输和储存过程中,应避免阳光直接照射样品溶液,当气温高于 30℃时,采样如不当天测定,可将样品溶液储于冰箱。

2. 标准曲线的绘制

取 14 支 10mL 具塞比色管,分成 A、B 两组,每组各 7 支,分别对应编号,A 组按表 3-4 所示。

表 3-4 亚硫酸钠标准系列

管号	0	1	2	3	4	5	6
标准使用溶液/mL	0.00	0.50	1.00	2.00	5.00	8.00	10.00
吸收液/mL	10.00	9.50	9.00	8.00	5.00	2.00	0.00
二氧化硫含量/μg	0.00	0.50	1.00	2.00	5.00	8.00	10.00

B 组各管中加入 0.05%盐酸副玫瑰苯胺使用溶液 1.00mL。A 组各管中分别加入 0.60%氨磺酸钠溶液 0.50mL 和 1.5mol/L 氢氧化钠溶液 0.50mL,混匀,再逐管倒入对应的盛有 PRA 使用溶液的 B 管中,立即混匀放入恒温水浴中显色。显色温度与室温之差应不超过 3℃。可根据不同季节的室温选择显色温度和时间,如表 3-5 所示。

表 3-5 显色温度与时间

显色温度/℃	10	15	20	25	30
显色时间/min	40	25	20	15	5
稳定时间/min	35	25	20	15	10

在 $\lambda=577\text{nm}$ 处，用 1cm 比色皿，以水为参比。测定吸光度，以吸光度对二氧化硫含量（μg）绘制标准曲线，或者用最小二乘法计算回归方程式。

$$Y = bX + a$$

式中，Y 为标准溶液吸光度（A）与试剂空白液吸光度（A_0）之差，即 $Y = A - A_0$；X 为二氧化硫含量；b 为回归方程式的斜率（吸光度/SO_2）；a 为回归方程式的截距，相关系数应大于 0.999。

3. 样品测定

（1）样品溶液中若有浑浊物，应离心分离除去。

（2）采样后样品放置 20min，以使臭氧分解。

（3）短时间采集样品，将吸收管中样品溶液全部移入 10mL 比色管中，用吸收液稀释至 10mL 标线，加 0.60%氨基磺酸铵溶液 0.50mL，摇匀，放置 10min，以除去氮氧化物的干扰。以下步骤同标准曲线的绘制。

（4）24h 采集样品：将采集样品后的吸收液移入 50mL 容量瓶（或比色管）中，用少量吸收液洗涤吸收瓶，洗涤液并入容量瓶中，使溶液总体积为 50.00mL，摇匀。吸取适量样品溶液置于 10mL 具塞比色管中，用吸收液定容为 10.00mL，加 0.60%氨基磺酸铵溶液 0.50mL，摇匀，放置 10min，以除去氮氧化物的干扰。以下步骤同标准曲线的绘制。

样品测定时与绘制标准曲线时温度之差不超过 2℃。随每批样品应测定试剂空白液、标准控制样品或加标回收样品各 1~2 个，以检查试剂空白值和校正因子。

五、数据处理

$$\rho_{SO_2}(\text{mg}/\text{m}^3) = \frac{(A - A_0) \times B_s \times V_t}{V_n \times V_a} = \frac{[(A - A_0) - a] \times V_t}{V_n \times b \times V_a}$$

式中，A 为样品溶液的吸光度；A_0 为试剂空白溶液的吸光度；B_s 为校正因子（$1/b$，SO_2 吸光度）；b 为回归式的斜率（吸光度/SO_2）；a 为回归方程的截距；V_t 为样品溶液总体积；V_a 为测定时所取样品溶液体积；V_n 为标准状态下的采样体积。

六、注意事项

采样时吸收液应保持在 23～29℃。用二氧化硫标准气体进行吸收实验,23～29℃时吸收率为 100%。10～15℃时吸收效率比 23～29℃时低 5%;高于 33℃及低于 9℃时,比 23～29℃时吸收效率低 10%。

进行 24h 连续采样时,进气口为倒置的玻璃或聚乙烯漏斗,以防止雨、雪进入。漏斗水要紧靠监测亭采气管管口,以免吸入部分从监测亭排出的气体。若监测亭内温度高于气温,采气管形成"烟囱"排出的气体中包括从采样泵排出的气体,会使测定结果偏低。

采样时应注意检查采样系统的气密性、流量、温度,及时更换干燥剂及限流孔前的过滤膜,用皂膜流量计校准流量,做好采样记录。一般用 50mL 吸收液采样,空气相对湿度大时,可少加 2～5mL 吸收液,采样后定容至 50mL。若空气中二氧化硫浓度较低,可用 25mL 吸收液采样,定容后吸取 10.00mL 样品溶液测定,或者加大采样流量到 0.3～0.4L/min。

短时间采样,应采取加热保温或冷水降温等办法维护吸收液温度为 23～29℃。若空气中二氧化硫浓度较低,可用 5mL 吸收液采样、测定,各种试剂用量都减半。绘制标准曲线时,标准系列溶液体积为 5.00mL,其中,含二氧化硫 0μg、0.50μg、1.00μg、2.00μg、3.00μg、4.00μg 及 5.00μg,显色后总体积为 6.00mL。

显色温度、显色时间的选择及操作时间的掌握是本实验成败的关键;应根据实验室条件、不同季节的室温选择适宜的显色温度及时间。操作中严格控制各反应条件。比色管放在恒温水浴中显色时,注意使水浴水面高度超过比色管中溶液的液面高度,否则会影响测定的准确度。当在温度为 25～30℃显色时,应事先做好各项准备工作,测定吸光度时,操作应准确、敏捷,不要超过颜色的稳定时间,以免测定结果偏低。

显色反应需在酸性溶液中进行,故应将含样品(或标准)溶液、氨磺酸钠的溶液(A 管)倒入强碱性的 PRA 使用溶液(B 管)中,如果按一般的操作顺序,将 PRA 溶液加到碱性的 A 管溶液中测定的精密度很差,无法进行。应使 A 溶液以较快的速度倒入 PRA 溶液中,使混合液中瞬间呈酸性,以利于显色反应的进行,倒完后空干片刻,否则测定的精密度会下降。

为消除氮氧化物的干扰,需加入氨磺酸钠,不能用氨基磺酸胺代替,因铵离子会与氢氧化钠结合为氢氧化铵(弱碱),不利于分解羟基甲磺酸加成化合物,释放出二氧化硫。

用稀 CDTA-2Na 溶液配制亚硫酸钠溶液,浓度较为稳定。因亚硫酸根离子被水中溶解氧氧化为硫酸根离子,受水及试剂中痕量+3 价铁离子的催化,CDTA-2Na 掩蔽+3 价铁离子后亚硫酸根的氧化速度减慢。

氢氧化钠固体试剂及溶液易吸收空气中的二氧化硫,使试剂空白值升高,应密封保存。显色用各试剂溶液配制后最好分装成小瓶用,操作中注意保持各溶液的纯净,防止"交叉污染"。

因+6 价铬能使紫红色化合物褪色,使测定结果偏低,应避免用硫酸铬酸洗液洗涤玻璃仪器。若已洗,可用(1∶1)盐酸溶液泡 1h 后,用水充分洗涤,烘干备用。

用过的比色皿及比色管应及时用酸洗涤,否则红色难于洗落。具塞比色管用(1∶1)盐酸溶液洗涤,比色皿用(1∶4)盐酸溶液加 1/3 体积乙醇的混合液洗涤。

在甲醛缓冲溶液中二氧化硫溶液浓度很稳定。标准溶液在室温下放置 3 个月,浓度无明显变化;1.0μg/mL 的二氧化硫标准溶液 50mL、用清洁空气以 0.2L/min 流量吹气 24h,再测定吸光度无明显变化;吸收液 50mL,用高纯氮气以 0.2L/min 流量吹气 24h,其吸光度也无明显变化。说明本法在样品溶液保存及 24h 连续采样方面都是稳妥可行的。

七、思考题

(1)实验过程中存在哪些干扰?应该如何消除?
(2)多孔玻板吸收管的作用是什么?

实验 11 大气中总悬浮颗粒物的测定
(重量法)

一、目的和要求

(1)学习和掌握质量法测定大气中总悬浮颗粒物(TSP)的测定。
(2)掌握中流量 TSP 采样器基本技术及采样方法。

二、原理

用重量法测定大气中总悬浮颗粒物的方法一般分为大流量(1.1~1.7m³/min)和中流量(0.05~0.15m³/min)采样法。其原理基于:抽取一定体积的空气,使之通过已恒重的滤膜，则悬浮微粒被阻留在滤膜上，根据采样前后滤膜重量之差及采气体积，即可计算总悬浮颗粒物的质量浓度。

本实验采用中流量采样法测定。

三、仪器与试剂

（1）KC-120E 型智能中流量采样器：流量 50～150L/min，滤膜直径 8～10cm。
（2）流量校准装置：经过罗茨流量计校准的孔口校准器。
（3）气压计、温度计。
（4）滤膜：超细玻璃纤维或聚氯乙烯滤膜。
（5）滤膜储存袋及储存盒。
（6）分析天平：感量 0.1mg。

四、实验步骤

1. 采样器的流量校准

采样器每月用孔口校准器进行流量校准。

2. 采样

（1）每张滤膜使用前均需用光照检查，不得使用有针孔或有任何缺陷的滤膜采样。

（2）迅速称重在平衡室内已平衡 24h 的滤膜，读数准确至 0.1mg，记下滤膜的编号和重量，将其平展地放在光滑洁净的纸袋内，然后储存于盒内备用。采样前，滤膜不能弯曲或折叠。天平放置在平衡室内，平衡室温度在 20～25℃，温度变化小于±3℃，相对湿度小于 50%，湿度变化小于 5%。天平室温度应维持在 15～30℃。

（3）采样时，将已恒重的滤膜用小镊子取出，"毛"面向上，平放在采样夹的网托上，拧紧采样夹，按照规定的流量采样。

（4）采样 5min 后和采样结束前 5min，各记录一次 U 形压力计压差值，读数准确至 1mm。若有流量记录器，则可直接记录流量。测定日平均浓度一般从 8：00 开始采样至第二天 8：00 结束。若污染严重，可用几张滤膜分段采样，合并计算日平均浓度。

（5）采样后，用镊子小心取下滤膜，使采样"毛"面朝内，以采样有效面积的长边为中线对叠好，放回表面光滑的纸袋并储于盒内。将有关参数及现场温度、大气压力等记录填写在表 3-6 中。

表 3-6　总悬浮物颗粒物采样记录

＿＿＿＿＿市（县）＿＿＿＿＿监测点

月、日	时间	采样温度/K	采样气压/kPa	采样器编号	滤膜编号	压差值/cm 水柱			流量/(m³/min)		备注
						开始	结束	平均	Q_2	Q_n	

3. 结果

将采样后的滤膜在平衡室内平衡 24h，迅速称重，读数准确至 0.1mg，结果及有关参数记录于表 3-7 中。

表 3-7　总悬浮颗粒物浓度测定记录

＿＿＿＿＿市（县）＿＿＿＿＿监测点

月、日	时间	滤膜编号	流量 Q_n /(m³/min)	采样体积/m³	滤膜重量/g			总悬浮颗粒物浓度/(mg/m³)
					采样前	采样后	样品重	

分析者＿＿＿＿＿审核者＿＿＿＿＿

五、数据处理

$$总悬浮颗粒物（TSP，mg/m^3）= \frac{W}{Q_n \cdot t}$$

式中，W 为采样在滤膜上的总悬浮颗粒物质量，单位为 mg；t 为采样时间，单位为 min；Q_n 为标准状态下的采样流量，单位为 m³/min，按下式计算：

$$Q_n = \frac{Q_2[(T_3/T_2)(p_2/p_3)]^{1/2}(273 \times p_3)}{101.3 \times T_3}$$
$$= Q_2[(p_2/T_2)(p_3/T_3)]^{1/2}(273/101.3)$$
$$= 2.69 \times Q_2[(p_2/T_2)(p_3/T_3)]^{1/2}$$

式中，Q_2 为现场采样流量，单位为 m³/min；p_2 为采样器现场校准时大气压力，单位为 kPa；p_3 为采样时大气压力，单位为 kPa；T_2 为采样器现场校准时空气温度，单位为 K；T_3 为采样时的空气温度，单位为 K。

若 T_3、p_3 与采样器校准时的 T_2、p_2 相近，可用 T_2、p_2 代替。

六、注意事项

（1）滤膜称重时的质量控制：取清洁滤膜若干张，在平衡室内平衡 24h，称重。每张滤膜称 10 次以上，则每张滤膜的平均值为该张滤膜的原始质量，此为"标准滤膜"。每次称清洁或样品滤膜的同时，称量两张"标准滤膜"，若称出的重量在原始重量±5mg 范围内，则认为该批样品滤膜称量合格，否则应检查称量环境是否符合要求，并重新称量该批样品滤膜。

（2）要经常检查采样头是否漏气。当滤膜上颗粒物与四周白边之间的界线逐渐模糊，则表明应更换面板密封垫，否则测定结果会偏低。

（3）取采样后的滤膜时应注意滤膜是否出现物理性损伤及采样过程中是否穿孔漏气现象，若发现有损伤、穿孔漏气现象，应作废，重新取样。称量不带衬纸的聚氯乙烯滤膜时，在取放滤膜时，用金属镊子触一下天平盘，以消除静电的影响。

七、思考题

（1）采样点如何选择？
（2）滤膜在恒重称量时应注意哪些问题？

实验 12　环境噪声监测

一、目的和要求

（1）掌握环境噪声的监测方法。
（2）熟悉声级计的使用。
（3）掌握对非稳态的无规噪声监测数据的处理方法。

二、原理

对环境噪声监测的测点选择如下。

1. 城市区域环境噪声的监测

将全区域划分为不少于 100 个网络，监测点选在网络中心，若中心点不宜测量，可移至附近能测量的位置。

2. 城市交通噪声的监测

每两个交通路口之间的交通线上先设一个测点,在马路边人行道上(一般距马路边沿 20cm),所测噪声可代表两个路口之间的该段马路的交通噪声。

3. 城市环境噪声的长期监测

根据可能条件决定测点数目,一般不少于 7 点。例如,繁华市区 1 点,典型居民区 1 点,交通干线 2 点,工厂区 1 点,混合区 2 点。

4. 工业企业噪声监测

在测量工业企业噪声时,应将传声器放在操作人员的耳朵位置(人离开)。若车间内各处 A 声级相差不大(小于 3dB),则只需在车间内选择 1~3 个测点。若车间各处声级波动较大(大于 3dB),只需按声级大小,将车间分成若干区域,任意两个区域的声级差应大于或等于 3dB,每个区域内的声级波动必须小于 3dB,每个区域取 1~3 个测点。这些区域必须包括所有工人经常工作和活动的地点和范围。

5. 机动车辆噪声的测量

(1)车外噪声的测量。测试话筒应于 20m 跑道中心点 O 两侧,各距中线 7.5m,距地面高度 1.5m,话筒平行于地面,其轴线垂直于车辆行驶方向(图 3-1)。

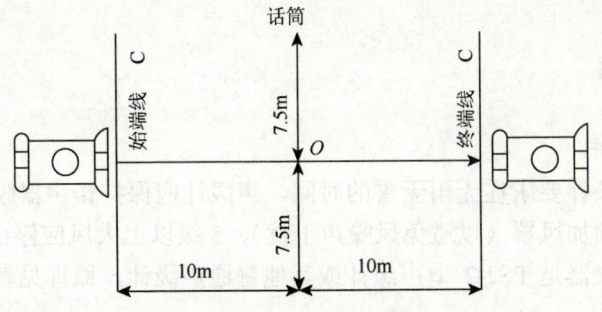

图 3-1 机动车辆噪声测量示意图

(2)车内噪声测量。车内噪声测点通常设在人耳附近。驾驶室内噪声测点可选择在离驾驶员的椅子(750±10)mm 的高度上。载客车室内噪声测点选在车厢中部和最后一排座位的中间位置。

三、仪器与试剂

HY104 型声级计的使用方法。

1. 校准

HY104 型声级计用 HY602 型声级校准器外部基准信号源进行声学校准,这种校准是对包括传声器在内的声级计的整机校准。HY602型声级校准器产生一个频率为1000Hz、94dB的稳定信号。校准程序有5步。

（1）取下HY104头部的一个小橡胶盖，里面即是一个供调整仪器灵敏度用的电位器。将HY104型声级计的量程选择"60-105"挡；时间计权选择"F"挡；读数标志选择"3s"或"5s"。

（2）将电源开关置于"开"，此时显示器上有数字显示，预热"60s"。

（3）将声级校准器套在传声器上，启动校准器。

（4）用小螺丝刀调整灵敏度调节器，使显示值为93.8dB。

（5）小心取下校准器，盖上小橡胶盖。

2. 测量

（1）根据被测声音大小将量程置于合适挡位，如无法估计其大小，应先将量程置于"85-130"挡。

（2）将时间计权开关置于测量标准所规定的位置。如测量方法中无规定，则按下述原则处理：声音较稳定用"F"挡；声音变化大用"S"挡。

（3）将读数标志开关置于"5s"或"3s"。

（4）将电源开关置于"开"，仪器开始工作并显示数字，记录测量结果。

（5）将电源开关置于"关"。

四、实验步骤

1. 测量条件

（1）天气条件要求在无雨无雪的时间，声级计应保持传声器膜片清洁，风力在3级以上必须加风罩（以避免风噪声干扰），5级以上大风应停止测量。

（2）使用仪器是PSJ-2型声级计或其他普通声级计，原理见教材，使用方法参看附录。

（3）手持仪器测量，传声器要求距离地面1.2m。

2. 测量步骤

（1）将学校（或某一地区）划分为25m×25m的网格，测量点选在每个网格的中心，若中心点的位置不宜测量，可移到旁边能够测量的位置。

（2）每组三人配置一台声级计，顺序到各网点测量，时间从8：00～17：00，每一网格至少测量4次，时间间隔尽可能相同。

（3）读数方式用慢档，每隔5s读一个瞬时A声级，连续读取200个数据。读数同时要判断和记录附近主要噪声来源（如交通噪声、施工噪声、工厂或车间噪声、锅炉噪声……）和天气条件。

五、数据处理

环境噪声是随时间而起伏的无规律噪声,因此测量结果一般用统计值或等效声级来表示,本实验用等效声级表示。

(1) 有关符号的定义和含义。L_{10} 为表示有 10% 的时间超过的噪声级,相当于噪声的平均峰值。L_{50} 为表示有 50% 的时间超过的噪声级,相当于噪声的平均值。L_{90} 为表示有 90% 的时间超过的噪声级,相当于噪声的本底值。

(2) 将各测点的测量数据由大到小顺序排列,找出 L_{10}、L_{50} 及 L_{90},并求出等效声级 L_{eq}。

$$L_{eq} = 10 \times \lg(\frac{1}{100} \sum_{i=1}^{100} 10^{L_i/10})$$

再将该网点一整天的各次 L_{eq} 值求出算术平均值,作为该网点的环境噪声评价量。以 5dB 为一等级,用不同颜色或阴影线绘制学校(或某一地区)噪声污染表(表 3-8)。

表 3-8 噪声污染表

噪声带	颜色	阴影线
35dB	浅绿色	小点,低密度
36~40dB	绿色	中点,中密度
41~45dB	深绿色	大点,高密度
46~50dB	黄色	垂直线,低密度
51~55dB	褐色	垂直线,中密度
56~60dB	橙色	垂直线,高密度
61~65dB	朱红色	交叉线,低密度
66~70dB	洋红色	交叉线,中密度
71~75dB	紫红色	交叉线,高密度
76~80dB	蓝色	宽条垂直线
81~85dB	深蓝色	全黑

六、注意事项

(1) 声级计使用的电池电压不足时应更换。更换时,电源开关应置于"关",长时间不用应将电池取出。

(2) 每次测量前均应仔细校准声级计。

(3) 在测量中改变任何开关位置后都必须按一下复位按钮,以消除开关换挡时可能引起的干扰。

(4) 在读取最大值时,若出现过量程或欠量程标志,应改变量程开关的挡位,重新测量。

(5) 测量天气应无雨雪,为防止风噪声对仪器的影响,在户外测量时要在传声器上装上风罩,风力超过 4 级以上时应停止测量。传声器的护理不能随意拆下。

(6) 注意反射对测量的影响,一般应使传声器远离反射面 2~3m,手持声级计应尽量使身体离开话筒,传声器离地面 1.2m,距人体至少 50cm。

(7) 快挡"F"用于稳态噪声,如表头指示数字超过 4dB,则用慢挡"S"。读数不稳时可读中间值。

(8) HY602 有自动切断开关。按一次启动按钮,约 30s 后自动停机。如 30s 内未校准好声级计,需再按一次校准器启动按钮。校准时要确保校准器与传声器密合。

七、思考题

(1) 等效声级的意义是什么?

(2) 影响噪声测定的因素有哪些?如何注意?

第四章 污染控制实验

实验 1 混凝沉淀实验

一、目的和要求

（1）观察混凝现象及过程，了解混凝的净水机理及影响混凝的重要因素。
（2）确定某水样的最佳投药量及其相应的 pH。
（3）测定计算反应过程的 G 值和 GT 值，是否在适宜的范围内。

二、原理

水中的胶体颗粒，主要是带负电的黏土颗粒。胶体间的静电斥力，胶粒的布朗运动及胶粒表面的水化作用，使得胶粒具有分散稳定性，三者中以静电斥力影响最大。因此，胶体颗粒靠自然沉淀是不能除去的。向水中投加混凝剂能提供大量的正离子，压缩胶团的扩散层，使 ξ 电位降低，静电斥力减少。此时，布朗运动由稳定因素转变为不稳定因素，也有利于胶粒的吸附凝聚。水化胶中的水分子与胶粒有固定联系，具有弹性和较高的黏度，把这些分子排挤出去需要克服特殊的阻力，阻碍胶粒直接接触。有些水化膜的存在决定于双电层状态，投加混凝剂降低 ξ 电位，有可能使水化作用减弱，混凝剂水解后形成的高分子物质或直接加入水中的高分子物质一般具有链状结构，在胶粒与胶粒间起吸附架桥作用。即使 ξ 电位没有降低或降低不多，胶粒不能相互接触，通过高分子锭状物吸附胶粒，也能形成絮凝体。

投加了混凝剂的水中，胶体颗粒脱稳后相互聚结，逐渐变成大的絮凝体。这时，水流速度梯度 G 值的大小起着主要的作用，具体计算见有关教材。

三、仪器与试剂

（1）无级调速六联搅拌机。
（2）pH 酸度计 1 台。
（3）光电浊度计 1 台。
（4）温度计 1 支，秒表一块。

(5) 1000mL，烧杯 6 个。
(6) 1000mL 量筒 1 个。
(7) 1mL、2mL、5mL 和 10mL 移液管各 1 支。
(8) 200mL 烧杯 1 个，吸耳球等。
(9) 1%$FeCl_3$ 溶液 500mL。
(10) 实验用原水（配制）。
(11) 注射针筒。
(12) 10%的 NaOH 溶液和 10% HCl 溶液 500mL 各 1 瓶。

四、实验步骤

(1) 熟悉搅拌机、浊度计的使用。

(2) 用 1000mL 量筒量取 6 份水样至 6 个 1000mL 烧杯中，另量取 200mL 水样放在 200mL 的烧杯中。

(3) 测定原水的浊度、pH 和水温。

(4) 确定在原水中能形成矾花的近似最小混凝剂量。方法是将搅拌机开关扳到手动位置，慢速搅拌烧杯中 200mL 的原水，用移液管每次增加 0.5mL 的混凝剂，直至出现矾花为止。这时的混凝剂量作为形成矾花的最小投加量。

(5) 确定实验时的混凝剂投加量。根据步骤（4）得出的形成矾花最小混凝剂投加量，取其 1/4 作为 1 号烧杯的混凝剂投加量，其 2 倍作为 6 号烧杯的混凝剂投加量。用依次增加混凝剂量相等的方法求出 2～5 号烧杯及混凝剂投加量。把混凝剂移到与烧杯号相对应的搅拌机投药试管中。

(6) 将 6 个水样放在搅拌叶片下，保持各烧杯中各叶片的依置相同，将搅拌机开关扳到自动位置，启动搅拌机。转动试管架转轴将混凝剂加入所对应的烧杯中。快速搅拌（120～150r/min）3min；慢速搅拌（40～80r/min）20min。

(7) 搅拌过程中，注意观察并记录矾花形成的过程、矾花大小和密实程度。

(8) 搅拌过程完成后，轻轻提起搅拌叶片（注意不要再搅拌水样）。静置沉淀 15min，并观察记录矾花沉淀情况。

(9) 沉降时间到达后，用注射器分别抽出各烧杯中的上清液，并测其浊度及相应的 pH。

(10) 测量计算水样慢速搅拌过程的速度梯度 G 值和 GT 值所需数据。

五、数据处理

(1) 把原水特征、混凝剂投加情况、沉淀后的水样浊度及 pH 记入表格。

（2）以沉淀后水样浊度为纵坐标，混凝剂投加量为横坐标，给出浊度与投药量关系曲线，并在图上求出最佳混凝剂投加量。

（3）以沉淀后水样 pH 为纵坐标，混凝剂投加量为横坐标，给出 pH 与投药量曲线，分析其规律性。

（4）计算水样慢速搅拌过程的速度梯度 G 值及 GT 值，分析是否在合适的范围。

（5）实验记录参考格式。

实验小组名单_____　　　　　实验日期_____
快速搅拌转速_____　　　　　慢速搅拌转速_____
混凝剂名称_____　　　　　　混凝剂浓度_____
原水浊度_____　　　　　　　原水 pH_____
废水中能形成矾花的近似最小混凝剂量/mL_____相当于/（mg/L）_____

（6）实验结果记入表 4-1。

表 4-1　混凝剂沉淀实验记录

水样编号		1	2	3	4	5	6
水样温度							
投药量	/mL						
	/（mg/L）						
初矾花时间							
矾花沉淀情况							
剩余浊度							
沉淀后 pH							
备注							

六、注意事项

（1）电源电压应稳定，如有条件，应配用一台稳压装置。

（2）取水样时，所取水样要搅拌均匀，要一次量取以尽量减少所取水样浓度上的差别。

（3）移取烧杯中沉淀水上层清液时，要在相同条件下取上层清液，不要把沉下去的矾花搅起来。

七、思考题

（1）为什么在最大投药量时，混凝效果不一定好？

（2）当无六联搅拌机时，试利用 0.618 法设计测定最佳 pH 实验过程（可参考求最佳投药量的实验步骤）。

（3）本实验与水处理实际情况有哪些差别？如何改进？

实验 2　颗粒自由沉淀实验

一、目的和要求

（1）加深对自由沉淀特点、基本概念及沉淀规律的理解。

（2）掌握颗粒自由沉淀实验的方法，并能对实验数据进行分析、整理、计算和绘制颗粒自由沉淀曲线。

二、原理

浓度较稀的、粒状颗粒的沉淀属于自由沉淀。其特点是静沉过程中颗粒互不干扰、等速下沉，其沉速在层流区符合 Stokes（斯托克斯）公式。但是由于水中颗粒的复杂性，颗粒粒径、颗粒密度很难或无法准确地测定，因而沉淀效果、特性无法通过公式求得而是通过静沉实验确定。

由于自由沉淀时颗粒是等速下沉，下沉速度与 i 沉淀高度无关，因而自由沉淀可在一般沉淀柱内进行，但其直径应足够大，一般应使 $D \geq 100$mm，以免颗粒沉淀受柱壁干扰。

具有大小不同颗粒的悬浮物静沉总去除率 E 与截留速度 μ_0、颗粒质量分数的关系如下

$$E = (1 - P_0) + \int_0^{P_0} \frac{\mu_s}{\mu_0} dP \tag{4-1}$$

此种计算方法也称为悬浮物去除率的累积曲线计算法。

设在一水深为 H 的沉淀柱内进行自由沉淀实验，如图 4-1 所示。实验开始，沉淀时间为 0，此时沉淀柱内悬浮物分布是均匀的，即每个断面上颗粒的数量与粒径的组成相同，悬浮物浓度为 c_0（mg/L），此时去除率 $E=0$。

实验开始后，不同时间 t_i，颗粒最小沉淀速度 μ_i 相应为

$$\mu_i = \frac{H}{t_i} \tag{4-2}$$

此即为 t_i 时间内从水面下沉到池底（此处为取样点）

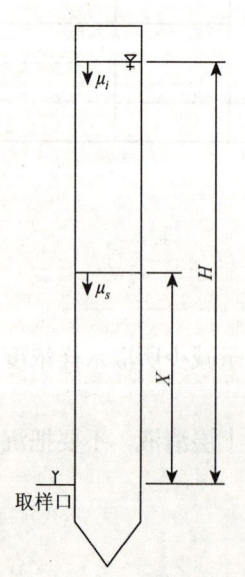

图 4-1　自由沉淀示意图

的最小颗粒 d_i 所具有的沉速。此时取样点处水样悬浮物浓度为 c_i，则

$$\frac{c_0 - c_i}{c_0} = 1 - \frac{c_i}{c_0} = 1 - P_i = E_0 \tag{4-3}$$

此时去除率 E_0，表示具有沉速 $\mu \geq \mu_i$（粒径 $d \geq d_i$）的颗粒去除率，而

$$P_i = \frac{c_i}{c_0} \tag{4-4}$$

则反映了 t_i 时，未被去除的颗粒即 $d \leq d_i$ 的颗粒所占的百分比。

实际上沉淀时间 t_i 内，由水中沉至池底的颗粒由两部分颗粒组成。即沉速 $\mu \geq \mu_i$ 的那一部分颗粒能全部沉至池底；除此之外，颗粒沉速 $\mu_s < \mu_i$ 的那一部分颗粒，也有一部分能沉至池底。这是因为，这部分颗粒虽然粒径很小，沉速 $\mu_s < \mu_i$，但是这部分颗粒并不都在水面，而是均匀地分布在整个沉淀柱的高度内。因此只要在水面下，它们下沉至池底所用的时间能少于或等于具有沉速 μ_i 的颗粒由水面降至池底所用的时间 t_i，那么这部分颗物也能从水中被除去。

沉速 $\mu_s < \mu_i$ 的那部分颗粒虽然有一部分能从水中去除，但其中也是粒径大的沉到池底的多，粒径小的沉到池底的少，各种粒径颗粒去除率并不相同。因此若能分别求出各种粒径的颗粒占全部颗粒的百分比，并求出该粒径颗粒在时间 t_i 内能沉至池底的颗粒占本粒径颗粒的百分比，则二者乘积即为此种粒径颗粒在全部颗粒中的去除率。如此分别求出 $\mu_s < \mu_i$ 的那些颗粒的去除率，并相加后，即可得出这部分颗粒的去除率。

为了推求其计算式，我们首先绘制 P-μ 关系曲线，其横坐标为颗粒沉速 μ，纵坐标为未被去除颗粒的百分比 P，如图 4-2 所示。

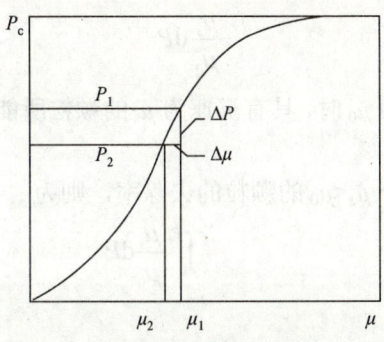

图 4-2 P-μ 关系图

$$\Delta P = P_1 - P_2 = \frac{c_1}{c_0} - \frac{c_2}{c_0} = \frac{c_1 - c_2}{c_0} \tag{4-5}$$

故 ΔP 是当选择的颗粒沉速由 μ_1 降至 μ_2 时，整个水中所能多去除的那部分颗

粒的去除率，也就是所选择的要去除的颗粒粒径由 d_1 减到 d_2 时水中所能多去除的，即粒径在 $d_1 \sim d_2$ 的那部分颗粒所占的百分比。因此当 ΔP 间隔无限小时，则 dP 代表了直径为小于 d_i 的某一粒径 d 的颗粒占全部颗粒的百分比。这些颗粒能沉至池底的条件，应是在水中某一点沉至池底所用的时间，必须等于或小于具有沉速为 μ_i 的颗粒由水面沉至池底所用的时间，即应满足

$$\frac{x}{\mu_x} \leqslant \frac{H}{\mu_i} \qquad x \leqslant \frac{H\mu_x}{\mu_i}$$

由于颗粒均匀分布，又为等速沉淀，故沉速 $\mu_x < \mu_i$ 的颗粒只有在 x 水深以内才能沉到池底。因此能沉至池底的这部分颗粒占这种粒径的百分比为 $\frac{x}{H}$，如图 4-1 所示，而

$$\frac{x}{H} = \frac{\mu_x}{\mu_i}$$

此即为同一粒径颗粒的去除率。取 $\mu_0 = \mu_i$，且为设计选用的颗粒沉速；$\mu_s = \mu_x$，则有

$$\frac{\mu_x}{\mu_i} = \frac{\mu_s}{\mu_0}$$

由上述分析可见，dP_s 反映了具有沉速 μ_s 的颗粒占全部颗粒的百分比，而 $\frac{\mu_s}{\mu_0}$ 则反映了在设计沉速为 μ_0 的前提下，具有沉速 μ_s（$<\mu_0$）的颗粒去除量占本颗粒总量的百分比。故

$$\frac{\mu_s}{\mu_0} dP \tag{4-6}$$

正是反映了在设计沉速为 μ_0 时，具有沉速为 μ_s 的颗粒所能去除的部分占全部颗粒的比率。

利用积分求解这部分 $\mu_s < \mu_0$ 的颗粒的去除率，则为

$$\int_0^{P_0} \frac{\mu_s}{\mu_0} dP \tag{4-7}$$

故颗粒的去除率为

$$E = (1 - P_0) + \int_0^{P_0} \frac{\mu_s}{\mu_0} dP \tag{4-8}$$

工程中常用下式计算

$$E = (1 - P_0) + \frac{\sum \Delta P \mu_i}{\mu_0} \tag{4-9}$$

三、仪器与试剂

（1）有机玻璃管沉淀柱一根，内径 $D \geqslant 100mm$．高 1.5m。工作水深即由溢流口至取样口距离，共两种，$H_1=0.9m$，$H_2=1.2m$。每根沉降柱上设溢流管、取样管、进水及放空管。

（2）配水及投配系统包括钢板水池、搅拌装置、水泵、配水管、循环水管和计量水深用标尺，如图 4-3 所示。

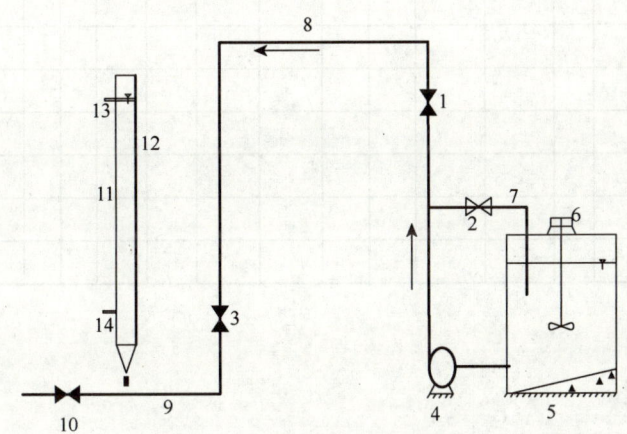

图 4-3　自由沉淀静沉实验装置

1，3—配水管上闸门；2—水泵循环管上闸门；4—水泵；5—水池；6—搅拌机；7—循环管；8—配水管；9—进水管；10—放空管闸门；11—沉淀柱；12—标尺；13—溢流管；14—取样口

（3）计时用秒表或手表。

（4）玻璃烧杯、移液管、玻璃棒、瓷盘等。

（5）悬浮物定量分析所需设备：1/10000 天平、带盖称量瓶、干燥皿、烘箱、抽滤装置、定量滤纸等。

（6）水样可用煤气洗涤污水、轧钢污水、天然河水或人工配制水样。

四、实验步骤

（1）将实验用水倒入水池内，开启循环管路闸门 2，用泵循环或机械搅拌装置搅拌，待池内水质均匀后，从池内取样，测定悬浮物浓度，此即为 C_0 值。

（2）开启闸门 1、3，关闭闸门 2，水经配水管进入沉淀管内，当水上升到溢流口，并流出后，关闭闸门 3，停泵。记录时间，沉淀实验开始。

（3）隔 5min、10min、20min、30min、60min、120min 由取样口取样，记录沉淀柱内液面高度。

（4）观察悬浮颗粒沉淀特点及现象。

（5）测定水样悬浮物含量。

（6）实验记录用表，如表 4-2 所示。

表 4-2 颗粒自由沉淀实验记录

静沉时间/min	滤纸编号	称量瓶号	称量瓶+滤纸质量/g	取样体积/mL	瓶纸+SS 质量/（mg/L）	水样 SS 质量/g	c_0	c_i	沉淀高度 H/cm
0									
5									
10									
20									
30									
60									
120									

五、数据处理

（1）实验基本参数整理。

实验日期：　　　　　水样性质及来源：

沉淀柱直径 d：　　　柱高 H：

水温/℃：　　　　　　原水悬浮物浓度 c_0/（mg/L）：

绘制沉淀柱草图及管路连接图。

（2）实验数据整理。将实验原始数据按表 4-3 整理，以备计算分析之用。

表 4-3 实验原始数据整理表

沉淀高度/cm						
沉淀时间/min						
实测水样 SS/（mg/L）						
计算用 SS/（mg/L）						
未被移除颗粒百分比 P_i						
颗粒沉速 u/（min/s）						

表中不同沉淀时间 t_i 时，沉淀管内未被移除的悬浮物的百分比及颗粒沉速分别按下式计算。

未被移除悬浮物的百分比

$$P_i = \frac{c_i}{c_0} \times 100\%$$

式中，c_0 为原水中 SS 浓度值，单位为 mg/L；c 为某沉淀时间后，水样中 SS 浓度值，单位为 mg/L。

相应颗粒沉速

$$\mu_i = \frac{H_i}{t_i} (mm/s)$$

（3）以颗粒沉速 μ 为横坐标，以 P 为纵坐标，在普通格纸上绘制 μ-P 关系曲线。

（4）利用图解法列表（表 4-4）计算不同沉速时，悬浮物的去除率。

表 4-4 悬浮物去除率 E 的计算

序号	μ_0	P_0	$1-P_0$	ΔP	μ_s	$\mu_s \cdot \Delta P$	$\sum \mu_s \cdot \Delta P$	$\dfrac{\sum \mu_s \cdot \Delta P}{\mu_0}$	$E = (1-P_0) + \dfrac{\sum \Delta P \mu_i}{\mu_0}$

$$E = (1-P_0) + \frac{\sum \Delta P \mu_i}{\mu_0}$$

（5）根据上述计算结果，以 E 为纵坐标，分别以 μ 及 t 为横坐标，绘制 μ-E、t-E 关系曲线。

六、注意事项

（1）向沉淀柱内进水时，速度要适中。既要较快完成进水，以防进水中一些较重颗粒沉淀；又要防止速度过快造成柱内水体紊动，影响静沉实验效果。

（2）取样前，一定要记录管中水面至取样口距离 H_0（cm）。

（3）取样时，先排除管中积水而后取样，每次取 300~400mL。

（4）测定总悬浮物时，因颗粒较重，从烧杯取样要边搅边吸，以保证两平行水样的均匀性。贴于移液管壁上细小的颗粒一定要用蒸馏水洗净。

七、思考题

（1）自由沉淀中颗粒沉速与絮凝沉淀中颗粒沉速有何区别。

(2) 绘制自由沉淀静沉曲线的方法及意义。

(3) 沉淀柱高分别为 1.2m 和 0.9m 时,两组实验成果是否一样,为什么?

(4) 利用上述实验资料,按 $E = \dfrac{c_0 - c_i}{c_0} \times 100\%$ 计算不向沉淀时间 t 的沉淀效率 E,绘制 $E\text{-}t$ 及 $E\text{-}\mu$ 静沉曲线,并和上述整理结果加以对照与分析,指出上述两种整理方法结果的适用条件。

实验 3 过滤实验

过滤也是给水处理的基础实验之一,被广泛地用于科研、教学、生产之中。通过过滤实验不仅可以研究新型过滤工艺,还可研究滤料的级配、材质、过滤运行最佳条件等。本实验包括以下三个内容。

一、滤料筛分及孔隙率测定实验

实验目的

(1) 测定天然河砂的颗粒级配。

(2) 绘制筛分级配曲线,求 d_{10}、d_{80} 和 K_{80}。

(3) 按设计要求对上述河砂进行再筛选。

(4) 求定滤料孔隙率。

(一) 滤料筛分实验

1. 实验原理

滤料级配是指将不同大小粒径的滤料按一定比例加以组合,以取得良好的过滤效果。滤料是带棱角的颗粒,其粒径是指把滤料颗粒包围在内的球体直径(这是一个假想直径)。

在生产中简单的筛分方法是用一套不同孔径的筛子筛分滤料试样,选取合适的粒径级配。我国现行规范是以筛孔孔径 0.5mm 及 1.2mm 两种规格的筛子过筛,取其中段。这虽然简便易行,但不能反映滤料粒径的均匀程度,因此还应考虑级配情况。

能反映级配状况的指标是通过筛分级配曲线求得的有效粒径 d_{10}、d_{80} 和不均匀系数 K_{80}。d_{10} 是表示通过滤料质量 10% 的筛孔孔径,它反映滤料中细颗粒尺寸,即产生水头损失的"有效"部分尺寸;d_{80} 系指通过滤料质量 80% 的筛孔孔径,它反映粗颗粒尺寸;K_{80} 为 d_{80} 与 d_{10} 之比,即 $K_{80} = d_{80}/d_{10}$。K_{80} 越大表示粗细颗粒尺寸相差越大,滤料粒径越不均匀,这样的滤料对过滤及反冲均不利。尤其是反冲时,为了满足滤料粗颗粒的膨胀要求,就会使细颗粒因过大的反冲强度而被冲走;反之,若为满足细颗粒不被冲走的要求而减小反冲强度,粗颗粒可能因冲不起来而得不到充分清洗。故滤料需经过筛分级配。

2. 仪器与试剂

(1) 圆孔筛一套,直径 0.177~1.68mm,筛孔尺寸如表 4-5 所示。

(2) 托盘天平,称量 300g,感量 0.1g。

(3) 烘箱。

(4) 带拍摇筛机,如果没有,则人工手摇。

(5) 浅盘和刷(软、硬)。

(6) 1000mL 量筒。

3. 实验步骤

(1) 取样。取天然河砂 300g,取样时要先将取样部位的表层铲去,然后取样。将取样器中的砂样洗净后放在浅盘中,将浅盘置于 105℃恒温箱中烘干,冷至室温备用。

(2) 称取冷却后的砂样 100g,选用一组筛子过筛。筛子按筛孔大小顺序排列,砂样放在最上面的一只筛(1.68mm 筛)中。

(3) 将该组套筛装入摇筛机,摇筛约 5min,然后将套筛取出,再按筛孔大小顺序在洁净的浅盘上逐个进行手筛,直至每分钟的筛出量不超过试样总量的 0.1% 时为止。通过的砂颗粒并入下一筛号一起过筛,这样依次进行直至各筛号全部筛完。若无摇筛机,可直接用手筛。

(4) 称量在各个筛上的筛余试样的质量(精确至 0.1g)。所有各筛余质量与底盘中剩余试样质量之和与筛分前的试样总质量相比,其差值不应超过 1%。

上述所求得的各项数值填入表 4-5。

表 4-5 筛分记录表

筛号	筛孔直径/mm	留在筛上的砂量		通过该号筛的砂量	
		质量/g	/%	质量/g	/%
10	1.68				
12	1.41				
14	1.19				
16	1.00				
24	0.71				
32	0.50				
60	0.25				
80	0.177				

4. 数据处理

（1）分别计算留在各号筛上的筛余百分率，即各筛号上的筛余量除以试样总质量的百分比率（精确至0.1）。

（2）计算通过各号筛的砂量百分率。

（3）根据表4-5数值，以通过筛孔的砂量百分率为纵坐标，以筛孔孔径（mm）为横坐标，绘制滤料筛分级配曲线，如图4-4所示。

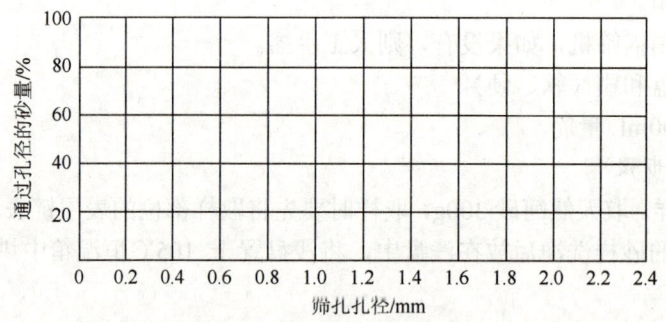

图4-4　级配曲线坐标图

由图中所绘筛分曲线上可求得 d_{10}、d_{80} 和 K_{80}。如求得的不均匀系数 K_{80} 大于设计要求，则需根据设计要求筛选滤料。

（4）滤料的再筛选。滤料的再筛选是根据在筛分级配曲线上作图求得的数值进行的，方法如下。

例如，设计要求 d_{10}=0.60mm，K_{80}=1.80 时，则 d_{80}=1.80×0.60mm＝1.08mm，按此要求筛选。

①先自横坐标 0.60mm 和 1.08mm 两点各作一垂线与筛分曲线相交，自两交点作与横坐标相平行的两条线与右边纵坐标轴线相交于上下两点。

②再以上面之点作为新的 d_{80}，以下面之点作为新的 d_{10} 重新建立新坐标。

③找出新坐标原点和100%点，由此两点向左方作平行于横坐标的直线，并与筛分曲线相交，在此两条平行线内所夹面积是所选滤料，其余全部筛除。

（二）孔隙率测定

1. 实验原理

滤料孔隙率大小与滤料颗粒的形状、均匀程度及级配等有关。均匀的或形状不规则的颗粒孔隙率大，反之则小。对于石英砂滤料，要求孔隙率为42%左右，如孔隙率太大将影响出水水质，孔隙率太小则影响滤速及过滤周期。

孔隙率为滤料体积内孔隙体积所占的百分数。孔隙体积等于自然状态体积与绝对密实体积之差。孔隙率的测定要先借助于比重瓶测出密度，然后经过计算求出孔隙率。

2. 仪器与试剂

（1）托盘天平，称量100g，感量0.1g。

（2）李氏比重瓶，容量250mL。

（3）烘箱。

（4）烧杯，容量500mL。

（5）浅盘、干燥器、料勺、温度计。

3. 实验步骤

（1）试样制备。将试样在潮湿状态下用四分法缩至120g左右，在（105±5）℃的烘箱中烘干至恒重，并在干燥器中冷却至室温，分成两份备用。

所谓四分法是将试样堆成厚2cm之圆饼，用木尺在圆饼上划一十字分为4份，去掉不相邻的两份，剩下的两份试样混合重拌、再分。重复上述步骤，直至缩分后的质量略大于实验所要求的质量为止。

（2）向比重瓶中注入冷开水至一定刻度，擦干瓶颈内部附着水，记录水的体积（V_1）。

（3）称取烘干试样 50g（m_0）徐徐装入盛水的比重瓶中，直至试样全部装入为止，瓶中水不宜太多，以免装入试样后溢出。

（4）用瓶内水将黏附在瓶颈及瓶内壁上的试样全部洗入水中，摇转比重瓶以排除气泡。24h后记录瓶中水面升高后的体积（V_2）。至少测两个试样，取其平均值，记入表4-6。

表 4-6　用比重瓶测滤料密度记录表

瓶上刻度体积	试样			
	I	II	III	平均值
V_1/cm³				
V_2/cm³				

4. 数据处理

（1）求定滤料密度 ρ，按下式计算。

$$\rho = \frac{m_0}{V_2 - V_1} (g/cm^3) \tag{4-10}$$

式中，m 为试样的烘干质量，单位为 g；V_1 为水的原有体积，单位为 cm³；V_2 为投入试样后水和试样的体积，单位为 cm³。

（2）求定孔隙率。将测定密度之后的滤料放入过滤柱中，用清水过滤一段时间，然后测量滤料层体积，并按下式求出滤料孔隙率 ε。

$$\varepsilon = 1 - \frac{m}{\rho V} \qquad (4\text{-}11)$$

式中，m 为烘干后滤料的质量，单位为 g；V 为滤料体积，单位为 cm^2；ρ 为滤料密度，单位为 g/cm^3。

5. 注意事项

（1）四分法时试样不能太混。

（2）比重瓶中冷开水应适量。

6. 思考题

（1）为什么 d_{10} 称"有效粒径"？K_{80} 过大或过小各有何利弊？

（2）我国用 d_{min}、d_{max} 衡量滤料。与用 d_{10}、d_{80} 相比，有什么优缺点？

（3）孔隙率大小对过滤有什么影响？

二、过滤实验

1. 实验目的

（1）熟悉普通快滤池过滤、冲洗的工作过程。

（2）加深对滤速、冲洗强度、油层膨胀车、韧滤水浊度的变化、冲洗强度与滤层膨胀率关系以及滤速与清洁滤层水头损失的关系的理解。

2. 实验原理

快滤池滤料层能截留粒径远比滤料孔隙小的水中杂质，主要通过接触絮凝作用，其次为筛滤作用和沉淀作用。要想过滤出水水质好，除了滤料组成须符合要求外，沉淀前或滤前投加混凝剂也是必不可少的。

当过滤水头损失达到最大允许水头损失时，滤池需进行冲洗。少数情况下，虽然水头损失未达到最大允许值，但如果滤池出水浊度超过规定，也需进行冲洗。冲洗强度需满足底部滤层恰好膨胀的要求。根据运行经验，冲洗排水浊度降至 10～20 度以下可停止冲洗。

快滤池冲洗停止时，池中水杂质较多且未投药，故初滤水浊度较高。滤池运行一段时间（5～10min 或更长）后，出水浊度始符合要求。时间长短与原水浊度、出水浊度要求、药剂投量、滤速、水温以及冲洗情况有关。如初滤水历时短，初滤水浊度比要求的出水浊度高不了多少，或者说初滤水对滤池过滤周期汽水平均浊度影响不大时，初滤水可以不排除。

清洁滤层水头损失计算公式采用卡曼-康采尼（Carman—Kozony）公式

$$h_0 = 180 \frac{v}{g} \frac{(1-\varepsilon_0)^2}{\varepsilon_0^3} \left(\frac{1}{\varphi \cdot d_0}\right)^2 L_0 v$$

式中，h_0 为水流通过清洁滤层水头损失，单位为 cm；v 为水的运动黏度，单位为

cm²/s；g 为重力加速度，单位为 980cm/s²；ε_0 为滤料孔隙率；d_0 为与滤料体积相同的球体直径，单位为 cm；L_0 为滤层厚度，单位为 cm；v 为滤速，单位为 cm/s；φ 为滤料颗粒球度系数；天然砂滤料一般采用 0.75～0.80。

当滤速不高，清洁滤层中水流属层流时，水头损失与滤速成正比，即二者成直线关系；当滤速较高时，计算结果偏低，即水头损失增长率超过滤速增长率。

为了保证滤池出水水质，常规过滤的滤池进水浊度不宜超过 10～15 度。本实验采用投加混凝剂的直接过滤，进水浊度可以高达几十度以至百度以上。因原水加药较少，混合后不经反应直接进入滤池，形成的矾花粒径小、密度大，不易穿透，故允许进水浊度较高。

3. 仪器与试剂

（1）过滤装置 1 套，如图 4-5 所示。

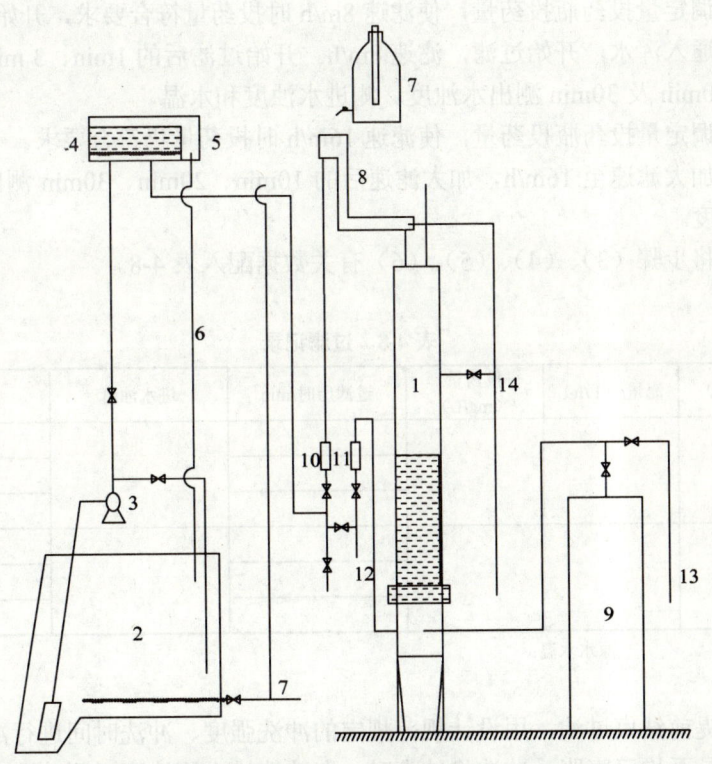

图 4-5　过滤装置

1—滤柱；2—原水水箱；3—水泵；4—高位水箱；5—空气管；6—溢流管；7—定量投药瓶；
8—跌水混合槽；9—清砂箱；10—滤柱进水转子流量计；11—冲洗水转子流量计；12—自来水管；
13—初滤水排水管；14—冲洗水排水管

（2）GDS—3 型光电式浑浊度仪 1 台。

（3）200mL 烧杯 2 个，取水样测浊度用。

（4）20mL 量筒 1 个，秒表 1 块，测投药量用。
（5）2000mm 钢卷尺 1 个。

4. 实验步骤

（1）将滤料进行一次冲洗，冲洗强度逐渐加大到 12～15L/（m²·s），时间几分钟，以便去除滤层内的气泡。

（2）冲洗毕，开初滤水排水阀门，降低柱内水位。将滤柱有关数据记入表 4-7。

表 4-7 滤柱有关数据

滤柱内径/mm	滤料名称	滤料粒径/cm	滤料厚度/cm

（3）调定量投药瓶投药量，使滤速 8m/h 时投药量符合要求，开始投药。

（4）通入浑水，开始过滤，滤速 8m/h。开始过滤后的 1min、3 min、5 min、10min、20min 及 30min 测出水浊度。测进水浊度和水温。

（5）调定量投药瓶投药量，使滤速 16m/h 时投药量仍符合要求。

（6）加大滤速至 16m/h，加大滤速后的 10min、20min、30min 测出水浊度。测进水浊度。

（7）将步骤（3）、（4）、（5）、（6）有关数据配入表 4-8。

表 4-8 过滤记录

滤速/(m/h)	流量/(L/h)	投药量/(mg/L)	过滤历时/min	进水浊度	出水浊度

混凝剂： 原水水温：

（8）提前结束过滤，用设计规范规定的冲洗强度、冲洗时间进行冲洗，观察整个滤层是否均已膨胀。冲洗将结束时，取冲洗排水测浊度，测冲洗水温，将有关数据记入表 4-9。

表 4-9 冲洗记录

冲洗强度/[L/(m²·s)]	冲洗流量/(L/h)	冲洗时间/min	冲洗水温/℃	滤层膨胀情况

(9) 做冲洗强度与滤层膨胀率关系实验。测不同冲洗强度[3L/（m²·s）、6L/（m²·s）、9L/（m²·s）、12L/（m²·s）、14L/（m²·s）、16L/（m²·s）]时的滤层膨胀后厚度，停止冲洗，测滤层厚度。将有关数据记入表 4-10。

表 4-10 冲洗将结束时冲洗排水浊度、冲洗强度与滤层膨胀率关系

冲洗强度/[L/（m²·s）]	冲洗流量/（L/h）	滤层厚度/cm	滤层膨胀后厚度/cm	滤层膨胀率/%

（10）做滤速与清洁滤层水头损失的关系实验。通入清水，测不同滤速（4m/h、6 m/h、8m/h、10m/h、12m/h、14m/h、16m/h）时滤层顶部的测压管水位和滤层底部附近的测压管水位，测水温。将有关数据记入表 4-11。停止冲洗，结束实验。

表 4-11 滤速与清洁滤层水头损失的关系　　　　　　　　水温：

滤速/（m/h）	流量/（L/h）	清洁滤层顶部的测压管水位/cm	清洁滤层顶部的测压管水位/cm	清洁滤层的水头损失/cm

5. 数据处理

（1）根据表 4-8 实验数据，以过滤历时为横坐标，出水浊度为纵坐标，绘滤速 8m/h 时的初滤水浊度变化曲线。设出水浊度不得超过 3 度，问滤柱运行多少分钟出水浊度才符合要求？绘滤速 16m/h 时的出水浊度变化曲线。

（2）根据表 4-10 实验数据，以冲洗强度为横坐标，滤层膨胀率为纵坐标，绘冲洗强度与滤层膨胀率关系曲线。

（3）根据表 4-11 实验数据，以滤速为横坐标，清洁水层水头损失为纵坐标，绘滤速与清洁滤层水头损失关系曲线。

6. 注意事项

（1）滤柱用自来水冲洗时，要注意检查冲洗流量，因给水管网压力的变化及其他的滤柱进行冲洗都会影响冲洗流量，应及时调节冲洗自来水阀门开启度，尽量保持冲洗流量不变。

（2）加药直接过滤时，不可先开自来水阀门后投药，以免影响过滤水质。

7. 思考题

（1）滤层内有空气泡时对过滤、冲洗有何影响？

（2）当原水浊度一定时，采取哪些措施能降低初滤水出水浊度？
（3）冲洗强度为何不宜过大？

三、滤池冲洗实验

实验目的
（1）验证水反洗理论，加深对教材内容的理解。
（2）了解并掌握气、水反冲洗方法，以及由实验确定最佳气、水反冲洗强度与反冲洗时间的方法。
（3）通过水反洗及气、水联合反冲洗加深对气、水反冲洗效果的认识。
（4）观察反冲洗全过程，加深感性认识。

（一）水反洗强度验证实验

1. 实验原理

当滤池的水头损失达到顶定极限（一般为 2.5～3.0m）或水质恶化时，就需要进行反冲洗。滤层的膨胀率对反洗效果影响很大，对于给定的滤层，在一定水温下的滤层膨胀率决定于冲洗强度。滤层的冲洗强度一般可按下式求出

$$q = 28.7 \frac{d_e^{1.31}}{\mu^{0.54}} \cdot \frac{(e+\varepsilon_0)^{2.31}}{(1+e)^{1.77}(1-\varepsilon_0)^{0.54}} \qquad (4\text{-}12)$$

式中，q 为冲洗强度，单位为 L/（m²·s）；d_e 为滤层的校准孔径，单位为 cm；μ 为动力黏度，单位为 Pa·s；e 为滤层膨胀率，单位为%；ε_0 为滤层原来的孔隙率。

本实验的具体目的是验证在相同条件下，即实验与式（4-12）一样的水温、同一滤料和膨胀率下，计算 q 值与实验 q 值是否一致。

2. 仪器与试剂

用气、水反冲洗的成套设备（图 4-6），空压机除外。

3. 实验步骤

（1）反冲洗实验开始前 4～6h，在 4 个滤柱中开始过滤作业，以便为反洗实验做好准备，使反洗效果更好地体现出来。

过滤中所用硫酸铝与聚丙烯酰胺的投药量，是根据对原水水样的过滤性实验得出的。当浊度为 30 度的原水直接过滤时，硫酸铝最佳投药量为 14mg/L。浊度为 100 度的原水投药量为 18mg/L，300 度的原水则为 30mg/L。聚丙烯酰胺助滤剂的投量为 0.1～0.5 mg/L（最大不超过 1 mg/L），均可取得较好效果。如实验原水

由水库底泥加自来水配制而成，一般可用上述数值，但如实验所用原水性质与此不同，投药量可自行调整。

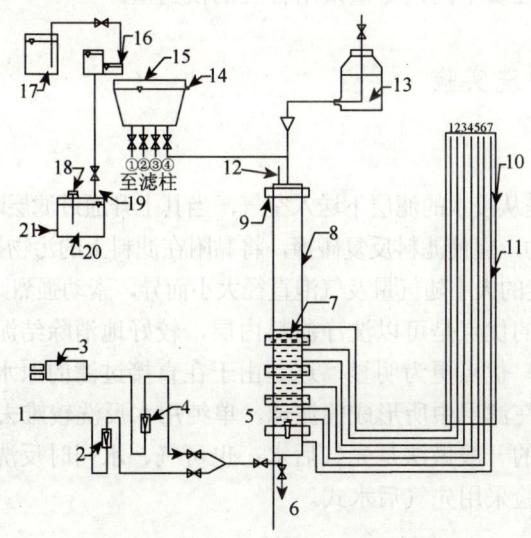

图 4-6 气、水反冲洗实验装置

1—自来水；2—转子流量计；3—空压机；4—气转子流量计；5—滤头；6—过滤出水；7—滤料；8—滤柱；9—反洗排水；10—测压板；11—测压管；12—排气管；13—高分子助滤剂；14—溢流管；15—投配槽；16—混合槽；17—混凝剂；18—搅拌机；19—泵；20—原水箱；21—原水来水

（2）当滤柱水头损失达 2.1～3.0m 时，开始反冲洗。打开反洗进水阀门，调整水量到膨胀率 e 与按式（4-12）计算 q 中所选用的 e 相等时，稳定 1～2min，然后读反洗水量数并记入表 4-12。

表 4-12 水反冲洗记录表

滤柱号	反冲洗时间/min	反冲洗水量/L	滤层膨胀率 e/%		反冲洗强度/[L/(m²·s)]		
			计算 e	实验 e	计算	实验	二者差值/%
1							
2							
3							
4							

4. 数据处理

（1）根据表及原始数据、计算反洗强度和膨胀率。
（2）计算实验时反洗强度与计算值的差值与百分数。
（3）分析 $q_{实}$ 与 $q_{计}$ 相差的原因。

5. 注意事项

(1) 注意保证滤层实验条件基本相同。

(2) 根据原水性质不同,尽量采用合理的投药量。

(二) 气、水反冲洗实验

1. 实验原理

气、水反冲洗是从浸水的滤层下送入空气,当其上升通过滤层时形成若干气泡,使周围的水产生紊动,促使滤料反复碰撞,将黏附在滤料上的污物搓下,再用水冲出黏附污物。紊动程度的大小随气量及气泡直径大小而异,紊动强烈则滤层搅拌激烈。

气、水反冲洗的优点是可以洗净滤料内层,较好地消除结泥球现象且省水。当用于直接过滤时,优点更为明显,这是由于在直接过滤的原水中,一般都投加高分子助滤剂,它在滤层中所形成的泥球,单纯用水反洗较难去。

气、水反冲洗的一般做法是先气后水;也可气、水同时反洗,但此种方法滤料容易流失。本实验采用先气后水式。

2. 仪器与试剂

1) 设备

(1) 有机玻璃柱。规格为 $J=150mm$,$L=2.5\sim3m$,4 根。

柱内盛煤、砂滤料,规格为煤滤料粒径 $d=1\sim2mm$,厚 30cm;砂滤料粒径 $d=0.5\sim1.0mm$,厚 $40\sim50cm$。

(2) 长柄滤头,无锡产标准规格,4 只。

(3) 水箱,规格 100cm×75cm×35cm,1 只。

(4) 混合槽,规格 $D=200mm$,$H=160mm$,1 只。

(5) 混凝剂溶液箱,规格 40 cm×40 cm×45cm,1 只。

(6) 投配槽,容积以 1mm 流量为准,1 只。

(7) 助滤剂投配瓶,容积 500mL,1 个。

(8) 空气压缩机 1 台。

(9) 1000mL 量筒 1 只。

(10) 50mL 移液管 1 只。

(11) 200mL 烧杯 15 只。

(12) 配套设备、减压阀、小型循环水泵、搅拌器等。

2) 仪器

(1) 光电式浊度仪 1 台。

(2) 气体、水转子流量计各 1 台。

(3) 秒表 1 只。

（4）压力表：水、气各 1 只。

实验装置如图 4-6 所示。

3）水样及药剂

（1）水样。用自来水及水库底泥人工配制成浑浊度 300 度左右的原水。水量原则上应维持 4 个滤柱 4h 左右的一次过滤所需量。如无水库底泥也可以其他泥取代。（若条件允许，可一次配够，全部用水量应为 3 次过滤水量之和。）

（2）药剂。①硫酸铝，浓度 1%。②聚丙烯酰胺，浓度 0.1%。

3. 实验步骤

（1）用正交法安排气、水反冲洗实验 影响气、水反冲洗实验结果的因素很多，如气反冲洗时间、气反冲洗强度、水反冲洗时间、水反冲洗强度等。本实验采用正交表 $L_9(3^4)$ 安排实验，如表 4-13 所示。

表 4-13 滤池先气后水反冲洗正交分析表

序号	因素 反冲洗时间 t/min	反冲洗膨胀率 e/%	实验结果评价指标	
			洗水强度/[L/（m²·s）]	剩余浊度（反洗 5min 后）
1	（1）1	（1）20		
2	（2）3	（1）20		
3	（3）5	（1）20		
4	（1）1	（2）35		
5	（2）3	（2）35		
6	（3）5	（2）35		
7	（1）1	（3）50		
8	（2）3	（3）50		
9	（3）5	（3）50		
K_1				
K_2				
K_3				
K_1				
K_2				
K_3				
R				

表 4-13 中的因素为气反洗时间 t 及水反洗膨胀率 e，e 可通过滤柱上的刻度测定，也反映出反冲洗水量的大小，因为 e 的大小与反冲洗强度 q 的大小直接有关。

所取的三个水平是：a. 气反洗 1min、3min、5min；b. 水反洗膨胀率 20%、35%、50%。这些因素及水平组成 9 个不同组合，按顺序做下去为一个周期。

例如，①滤柱Ⅰ中气洗 1min，水反洗膨胀滤 e=20%；滤柱Ⅱ中气洗 3min，

e 仍为 20%；滤柱Ⅲ中气洗 5min，e 仍不变。滤柱Ⅳ作为对比柱，只用水反洗，也是 $e=20\%$。反洗结束后重新进行过滤。②按正交表中的 4、5、6 三个序号的安排进行第二轮反洗。反洗结束后再次重新进行过滤。③最后再按正交表中安排进行了 7、8、9 序号的气、水反冲洗。到此为一个周期。

（2）气、水反冲洗操作步骤

①当滤柱水头损失达 2.5~3.0m 时，关闭原水来水阀，停止进水，待水位下降至滤料表面以上 10cm 位置时，打开空压机阀门，往滤池底部送气。注意气量要控制在 $1m^3/(m^2 \cdot min)$ 以内，以滤层表面均具有紊流状态看似沸腾开锅，滤层全部冲动为准。此时记录转子流量计上的读数并计时。气洗至规定时间，关进气阀门。气洗时注意观察滤料互相摩擦的情况，并注意保持水面高于滤层 10cm，以免空气短路。

②气洗结束立即打开水反洗进水阀，开始水反洗。注意要迅速调整好进水量，以滤层的膨胀率保持在要求的数值上为准。当趋于稳定后，开始以秒表记录反冲时间，水反洗进行 5min。

③反冲水由滤柱上部排水管排出，用量筒取样并计量流量。此时要注意用秒表计量装满 1000mL 量筒所需时间，以便换算流量。在水反洗的 5min 内，至少取 5 个水样。并将每次取样后测得的浊度填入表 4-14 中。最后一个水样的浊度还应记入正交表。

表 4-14 反洗记录

	1	2	3	4	5	备注
Ⅰ						
Ⅱ						
Ⅲ						
对比柱Ⅳ						
反洗水量/[L/(m²·s)]						

④对比柱Ⅳ与 3 个实验柱同步运行，但只用水反洗。对比的指标是：洗水用量的多少、反洗时间的长短及剩余浊度的大小。

4. 实验结果整理

（1）将气、水反冲洗时所记录的表 4-15 中的数值，在半对数坐标纸上以浊度为纵坐标，以时间 t 为横坐标，画出浊度与时间关系曲线，并加以评价比较。

（2）进行正交分析，判断因素主次、显著性、并找出滤料的最佳膨胀率、反洗用水量及气反洗时间。

（3）将气、水反洗结果与水反洗对比。

5. 注意事项

（1）反洗时控制气、水量，尽量减少滤料流失。

（2）气洗时防止空气短路。

6. 思考题

（1）根据你在反冲洗过程中的观察，叙述气、水反冲洗法与水反冲洗法各有什么优缺点？

（2）气、水反冲洗法可以有几种不同的形式？

（3）根据气、水反冲洗结果，试从理论上探讨并解释其优于单独用水反冲洗的原因。

实验 4　曝气设备充氧能力的测定实验

一、目的和要求

（1）掌握测定曝气设备的 K_{La} 和充氧能力 α、β 的实验方法及计算 Q_s。

（2）评价充氧设备充氧能力的好坏。

（3）掌握曝气设备充氧性能的测定方法。

二、原理

活性污泥处理过程中曝气设备的作用是使氧气、活性污泥、营养物三者充分混合，使污泥处于悬浮状态，促使氧气从气相转移到液相，从液相转移到活性污泥上，保证微生物有足够的氧进行物质代谢。由于氧的供给是保证生化处理过程正常进行的主要因素，因此工程设计人员通常通过实验来评价曝气设备的供氧能力。

在现场用自来水实验时，先用 Na_2SO_3（或 N_2）进行脱氧，然后在溶解氧等于或接近零的状况下再吸气，使溶解氧升高趋于饱和水平。假定整个液体是完全混合的，符合一级反应，此时水中溶解氧的变化可以用下式表示

$$\frac{dc}{dt} = K_{La}(c_s - c) \tag{4-13}$$

式中，$\frac{dc}{dt}$ 为氧转移速率，单位为 mg/(L·h)；K_{La} 为氧的总传递系数，单位为 L/h；c_s 为实验室的温度和压力下，自来水的溶解氧饱和浓度，单位为 mg/L；c 为相应某一时到 t 的溶解氧浓度，单位为 mg/L。

将式（4-13）积分，得

$$\ln(c_s - c) = -K_{La}t + 常数 \tag{4-14}$$

测得 c_s 和相应于每一时刻 t 的 C 后绘制 $\ln(c_s-c)$ 与 t 的关系曲线，或 $\frac{dc}{dt}$ 与 c 的关系曲线便可得到 K_{La}，$c = c_s - c$。

由于溶解氧饱和浓度、温度、污水性质和紊乱程度等因素均影响氧的传递速

率，因此应进行温度、压力校正，并测定校正废水性质影响的修正系数 α、β。所采用的公式如下

$$K_{La}(T) = K_{La}(20℃)1.024^{T-20} \tag{4-15}$$

$$c_{s校正} = c_{s实验} \times \frac{大气压_{标准}}{大气压_{实验}} \tag{4-16}$$

$$\alpha = \frac{K_{La废水}}{K_{La自来水}} \qquad \beta = \frac{c_{s废水}}{c_{s自来水}} \tag{4-17}$$

充氧能力为

$$Q_s = \frac{dc}{dt} \cdot V = K_{La}(20℃) \cdot c_{s校正} \cdot V \text{ (kg/h)} \tag{4-18}$$

三、仪器与试剂

（1）溶解氧测定仪。
（2）空压机。
（3）曝气筒。
（4）搅拌器。
（5）秒表。
（6）分析天平。
（7）烧杯。
（8）亚硫酸钠（$Na_2SO_3 \cdot 7H_2O$）。
（9）氯化钴（$CoCl_2 \cdot 6H_2O$）。
（10）实验装置（图4-7）。

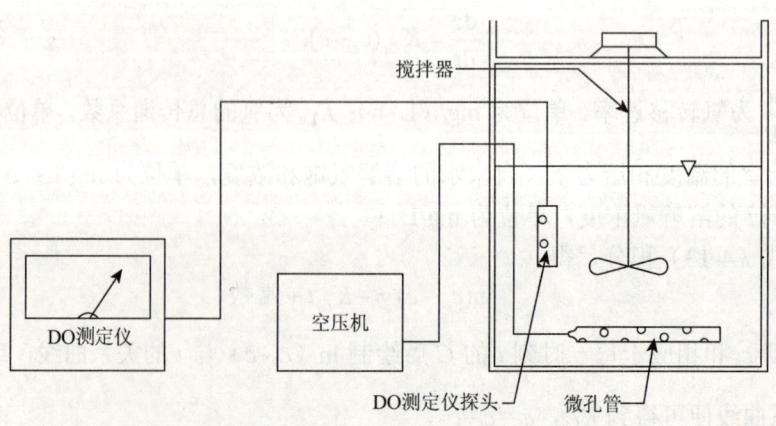

图 4-7 曝气设备充氧能力实验装置简图

四、实验步骤

(1) 向曝气筒内注入自来水,测定水样体积 V(L)和水温 t(℃)。

(2) 由水温查出实验条件水样溶解氧饱和值 c_s 并根据 c_s 和 V 求投药量,然后投药脱氧。

a. 脱氧剂亚硫酸钠(Na_2SO_3)的用量计算。在自来水中加入 $Na_2SO_3 \cdot 7H_2O$ 还原剂来还原水中的溶解氧。

$$2Na_2SO_3 + O_2 \xrightarrow{CoCl_2} 2Na_2SO_4$$

相对分子质量之比为

$$\frac{O_2}{2Na_2SO_3 \cdot 7H_2O} = \frac{32}{2 \times 252} \approx \frac{1}{16}$$

故 $Na_2SO_3 \cdot 7H_2O$ 理论用量为水中溶解样量的 16 倍。而水中有部分杂质会消耗亚硫酸钠,故实际用量约为理论用量的 1.5 倍。

所以实验投加的 $Na_2SO_3 \cdot 7H_2O$ 用量为

$$W = 1.5 \times 16 c_s \cdot V = 24 c_s \cdot V$$

式中,W 为亚硫酸钠投加量,单位为 g;c_s 为实验时水温条件下水中饱和溶解氧值,单位为 mg/L;V 为水样体积,单位为 m^3。

b. 根据水样体积 V 确定催化剂(钴盐)的投加量。

经验证明,清水中有效钴离子浓度约 0.4mg/L 为好,一般使用氯化钴($CoCl_2 \cdot 6H_2O$)。因为

$$\frac{CoCl_2 \times 6H_2O}{Co^{2+}} = \frac{238}{59} \approx 4.0$$

所以单位水样投加钴盐量为 $0.4 \times 4.0 = 1.6(g/m^3)$

本实验所需投加钴盐为 1.6V(g),V 为水样体积,单位为 m^3。

c. 将 Na_2SO_3 用热水化开,均匀倒入曝气筒内,溶解的钴盐倒入水中,并开动搅拌叶轻微搅动使其混合,进行脱气。

(3) 当清水脱氧至零时,提高叶轮转速便进行曝气并计时。每隔 0.5min 测定一次溶解氧值(用碘量法每隔 1min 测定一次),直到溶解氧值达到饱和为止。

五、数据处理

（1）将测定数据记录于表 4-15 中。

水温_____℃，水样体积_____m³，c_s=_____mg/L，亚硫酸钠用量_____g，氯化钴用量_____g。

表 4-15 实验记录

水样编号	时间 t/min	硫代硫酸用量/mL	c_t/（mg/L）	c_s−c_t	lg（c_s−c_t）	K_{La}
1						
2						
⋮						
9						
10						

（2）根据测定记录计算尺 K_{La} 值。

a. 根据公式计算

$$K_{La} = \frac{2.303}{t-t_0} \cdot \lg\frac{c_s-c_0}{c_s-c_t}$$

b. 用图解法计算 K_{La} 值。用半对数坐标纸作亏氧值 c_s−c_t 和时间 t 的关系曲线，其斜率即为 K_{La} 值。

c. 计算叶轮充氧能力 Q_s

$$Q_s = \frac{60}{1000} \cdot K_{La} c_s V (\text{kg}/\text{h})$$

式中，1000 为由 mg/L 化为 kg/m³ 的系数；60 为由 min 化为 h 的系数；K_{La} 为氧的总转移系数，单位为 L/min；c_s 为溶解氧饱和浓度，单位为 mg/L；V 为水样的体积，单位为 m³。

六、注意事项

（1）每个实验所用设备和仪器较多，实验前必须熟悉仪器的使用方法及注意事项。

（2）认真调试仪器设备，特别是溶解氧测定仪，要定时更换探头内溶解液，使用前标定零点及满度。

（3）严格控制各项基本实验条件，如水温、搅拌强度等，尤其是对比实验更应严格控制。

(4) 所加试剂应溶解后,再均匀加入曝气筒内。

七、思考题

(1) 氧总转移系数 K_{La} 的意义是什么?怎样计算?
(2) 曝气设备充氧性能指标为何均是清水?
(3) 鼓风曝气设备与机械曝气设备充氧性能指标有何不同?
(4) α、β 值的测定有何意义,影响 α、β 的因素有哪些?
(5) 注意实验中出现的异常情况,分析其原因。

实验 5 气浮实验

一、目的和要求

(1) 进一步了解和掌握气浮静水方法的原理及其工艺流程。
(2) 掌握气浮法设计参数"气固比"及"释气量"的测定方法及整个实验的操作技术。

二、原理

气浮净水方法是目前环境工程和给排水工程中日益广泛应用的一种水处理方法。该法主要用于处理水中相对密度小于或接近于 1 的悬浮杂质,如乳化油、羊毛脂、纤维以及其他各种有机或无机的悬浮絮体等。因此气浮法在自来水厂、城市污水处理厂以及炼油厂、食品加工厂、造纸厂、毛纺厂、印染厂、化工厂等的水处理中都有所应用。

气浮法具有处理效果好、周期短、占地面积小以及处理后的浮渣中固体物质含量较高等优点;但也存在设备多、操作复杂、动力消耗大的缺点。

气浮法就是使空气以微小气泡的形式出现于水中并慢慢自下而上地上升,在上升过程中,气泡与水中污染物质接触,并把污染物质黏附于气泡上(或气泡附于污染物上),从而形成密度小于水的气水结合物浮升到水面,使污染物质从水中分离出去。

产生密度小于水的气、水结合物的主要条件如下:①水中污染物质具有足够的憎水性;②加入水中的空气所形成气泡的平均直径不宜大于 70μm;③气泡与水中污染物质应有足够的接触时间。

气浮法按水中气泡产生的方法可分为布气气浮、加压溶气气浮和电气浮几种。由于布气气浮一般气泡直径较大、气浮效果较差，而电气浮气泡直径虽不大但耗电较多，因此在目前应用气浮法的工程中，以加压溶气气浮法最多。

加压溶气气浮法就是使空气在一定压力的作用下溶解于水，并达到饱和状态，然后使加压水表面压力突然减到常压，此时溶解于水中的空气便以微小气泡的形式从水中逸出来。这样就产生了供气浮用的合格的微小气泡。

加压溶气气浮法根据进入溶气罐的水的来源，又分为无回流系统与有回流系统加压溶气气浮法，目前生产中广泛采用后者。其流程如图4-8所示。

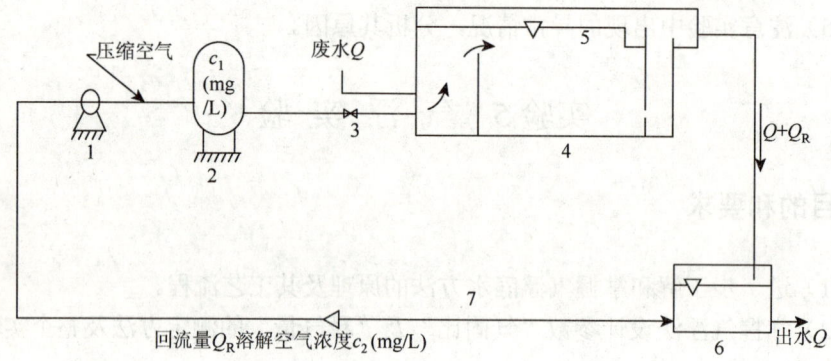

图 4-8 有回流系统加压溶气气浮法

1—加压泵；2—溶气罐；3—减压阀；4—气浮池；5—浮渣槽；6—储水池；7—回流水

影响加压溶气气浮的因素很多，如空气在水中溶解量，气泡直径的大小，气浮时间、水质、药剂种类与加药量、表面活性物质种类、数量等。因此，采用气浮法进行水质处理时，常需通过实验测定一些有关的设计运行参数。

本实验主要介绍由加压溶气气浮法求设计参数"气固比"以及测定加压水中空气溶解效率的"释气量"的实验方法。

（一）气固比实验

气固比 A/S 是设计气浮系统时经常使用的一个基本参数，是空气量与固体物数量的比值，无量纲，定义为

$$A/S = \frac{\text{减压释放的气体的量（kg/d）}}{\text{进水的固体物量（kg/d）}}$$

对于上述的有回流系统的加压溶气气浮法，其气固比可表示如下。

（1）气体以质量浓度 c（mg/L）表示时

$$A/S = R\left(\frac{c_1 - c_2}{S_0}\right) \tag{4-19}$$

（2）气体以体积浓度 S_a（cm³/L）表示时

$$A/S = R\frac{1.2S_a(fp-1)}{S_0} \tag{4-20}$$

式中，c_1、c_2 分别为系统中 2、7 处气体在水中的浓度，单位为 mg/L；S_0 为进水悬浮物浓度，单位为 mg/L；S_a 为水中空气溶解量，单位为 cm³/L，$c=S_a\rho_a$；ρ_a 为空气浓度，当 20℃，1 个大气压（101.3kPa）时，ρ_a=1.2mg/cm³；p 为溶气罐内压力，单位为 MPa；f 为比值因素，在溶气罐内压力为 0.2～0.4MPa，温度为 20℃时，$f\approx0.5$。

气固比不同，水中空气量不同，不仅影响出水水质（SS 值），而且也影响成本费用。本实验是改变不同的气固比 A/S，测出水 SS 值，并绘制出 A/S 出水 SS 关系曲线。由此可根据出水 SS 值确定气浮系统的 A/S 值，如图 4-9、图 4-10 所示。

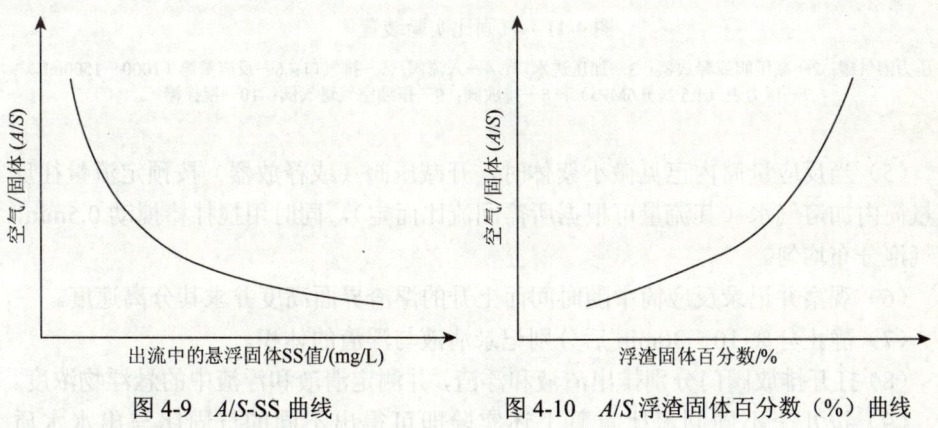

图 4-9　A/S-SS 曲线　　　　图 4-10　A/S 浮渣固体百分数（%）曲线

1. 实验设备与试剂

实验装置采用上海嘉定封滨模型厂生产的气阀成套设备，由空压机、压力容器罐、气浮装置和转子流量计等组成，简易装置见图 4-11。

2. 实验步骤

（1）将某污水加 1%左右的硫酸铝（或其他同类药品）溶液混凝沉淀，然后取压力溶气罐 2/3 体积的上清液加入压力溶气罐。

（2）开进气阀门使压缩空气进入加压溶气罐，待罐内压力达到预定压力时（一般为 0.3～0.4MPa）关进气阀门并静置 10min，使罐内水中溶解空气达到饱和。

（3）测定加压溶气水的释气量以确定加压溶气水是否合格（一般释气量与理论饱和值之比为 0.9 以上即可）。

(4）将 500mL 已加药并混合好的某污水倒入反应量筒（加药量按混凝实验定），并测原污水中的悬浮物浓度。

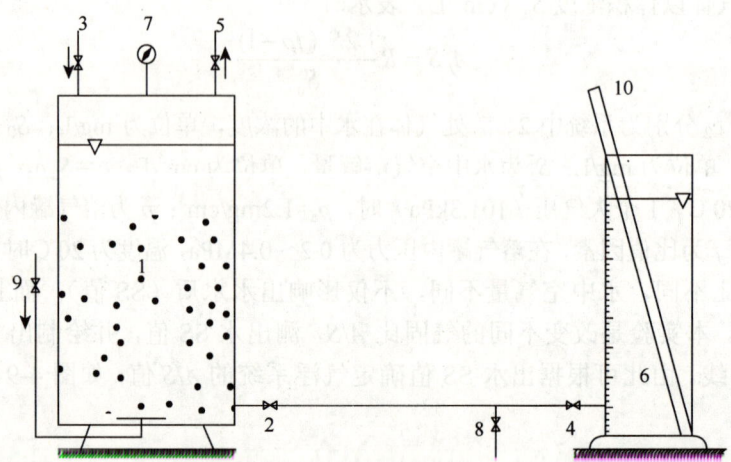

图 4-11 气固比实验装置

1—压力溶气罐；2—减压阀或释放器；3—加压进水口；4—入流阀；5—排气口；6—反应量筒（1000~1500mL）；7—压力表（1.5 级 0.6MPa）；8—排放阀；9—压缩空气进气阀；10—搅拌棒

(5）当反应量筒内已见微小絮体时，开减压阀（或释放器）按预定流量往反应量筒内加溶气水（其流量可根据所需回流比而定），同时用搅拌棒搅动 0.5min，使气泡分布均匀。

(6）观察并记录反应筒中随时间而上升的浮渣界面高度并求其分离速度。

(7）静止分离 10~30min 后分别记录清液与浮渣的体积。

(8）打开排放阀门分别排出清液和浮渣，并测定清液和浮渣中的悬浮物浓度。

(9）按几个不同回流比重复上述实验即可得出不同的气固比与出水水质 SS 值。

记录见表 4-16、表 4-17。

表 4-16 与出水水质记录表

内容 实验号	原污水					压力溶气水				出水		浮渣	
	水温/℃	pH	体积 V_e/mL	加药名称	加药量/%	悬浮物/(mg/L)	体积/mL	压力/MPa	释气量/mL	气固比 A/S	回流比 R	悬浮物/(mg/L)	去除率/%	体积 V_1/mL	体积 V_2/mL	悬浮物/(mg/L)

表 4-17 浮渣高度与分离时间记录表

t/min									
h/cm									
$(H-h)$/cm									
V_2/L									
$V_2/V_1\times 100\%$									

表 4-17 中气固比单位为 g（气体）/g（固体）即每去除 1g 固体所需的气量。一般为了简化计算也可用 L（气体）/g（悬浮物），计算公式如下

$$A/S = \frac{W \cdot a}{SS \cdot Q} \tag{4-21}$$

式中，A 为总释气量，单位为 L；S 为总悬浮物量，单位为 g；a 为单位溶气水的释气量，单位为 mL/L 水；W 为溶气水的体积，单位为 L；SS 为原水中的悬浮物浓度，单位为 mg/L；Q 为原水体积，单位为 L。

3. 实验结果整理

（1）绘制气固比与出水水质关系曲线，并进行回归分析。

（2）绘制气固比与浮渣中固体浓度关系曲线。

（二）释气量实验

影响加压溶气气浮的因素很多，其中溶解空气量的多少，释放的气泡直径大小，是重要的影响因素。空气的加压溶解过程虽然服从亨利定律，但是由于溶气罐形式的不同，溶解时间、污水性质的不同，其过程也有所不同。此外，由于减压装置的不同，溶解气体释放的数量，气泡直径的大小也不同。因此进行释气实验对溶气系统、释气系统的设计、运行均具有重要意义。

1. 实验设备与试剂

实验装置如图 4-12 所示。

2. 实验步骤

（1）打开气体计量瓶的排气阀，将释气瓶注入清水至计量刻度，上下移动水位调节瓶，将气体计量瓶内液位调至零刻度，然后关闭排气阀。

（2）当加压溶气罐运行正常后，打开减压阀和分流阀，使加压溶气水从分流口流出，在确认流出的加压溶气水正常后，开入流阀，关分流阀，使加压溶气水进入释气瓶内。

（3）当释气瓶内增加的水达到 100~200mL 后，关减压阀和入流阀并轻轻摇晃释气瓶，使加压溶气水中能释放出的气体全部从水中分离出来。

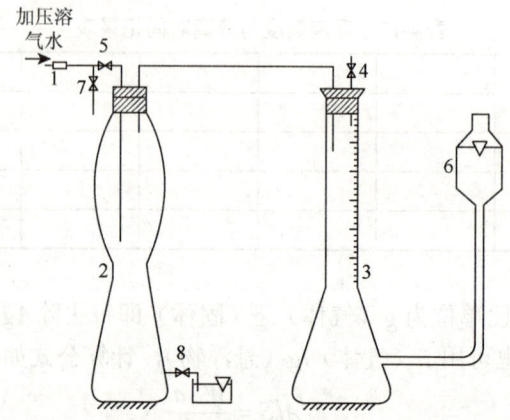

图 4-12 释气量实验装置示意图

1—减压阀或释放器；2—释器瓶；3—气体流量计；4—排气阀；5—入流阀；6—水位调节器；7—分流阀；8—排放阀

（4）打开释气瓶的排放阀，使瓶中液位降回到计量刻度，同时准确计量排出液的体积。

（5）上下移动水位调节瓶，使调节瓶中的液位与气体计量瓶中的液位处于同一水平线上，此时记录的气体增加量即所排入释放瓶中加压溶气水的释气量。

实验记录如表 4-18 所示。

表 4-18 释气量实验记录

内容 实验号	加压溶气水				释气	
	压力/MPa	体积/L	水温/℃	理论释气量/ (mL/L)	释气量/mL	溶气效率/%

$$\text{理论释气量} V = K_T \cdot p \cdot W (\text{mL}) \quad \text{溶气效率} \eta = \frac{\text{释气量}}{\text{理论释气量}} \times 100\%$$

式中，p 为空气所受的绝对压力，单位为 MPa；W 为加压溶气水体积，单位为 L；K_T 为温度溶解系数，见表 4-19。

表 4-19 不同温度时的 K_T

温度/℃	0	10	20	30	40	50
K_T	0.038	0.029	0.024	0.021	0.018	0.016

3. 实验结果整理

（1）完成释气量实验，并计算溶气效滤。

（2）有条件的话，利用正交实验法组织安排释气量实验，并进行方差分析，指出影响溶气效率的主要因素。

4. 思考题

（1）气浮法与沉淀法有什么相同之处？有什么不同之处？

（2）气固比成果分析中的两条曲线各有什么意义？

（3）当选定了气固比和工作压力以及溶气效率时，试推出求回比 R 的公式。

实验 6　活性污泥性质的测定实验

一、目的和要求

（1）加深对活性污泥性能，特别是污泥活性的理解。

（2）掌握几项污泥性质的测定方法。

（3）掌握水分快速测定仪的使用。

二、原理

活性污泥是人工培养的生物絮凝体，它是由好氧微生物及其吸附的有机物组成的。活性污泥具有吸附和分解废水中有机物质（也有些可利用无机物质）的能力，显示出生物化学活性。在生物处理废水的设备运转管理中，除用显微镜观察外，污泥浓度、污泥沉降性能、溶解氧（DO）等性质是经常要测定的。这些指标反映了污泥的话性，它们与剩余污泥排放量及处理效果等都有密切关系。

三、仪器与试剂

（1）水分快速测定仪 1 台。

（2）真空过滤装置 1 套。

（3）秒表 1 块。

（4）分析天平 1 台。

（5）马弗炉 1 台。

（6）坩埚数个。

（7）定量滤纸数张。

（8）100mL 量筒 4 个。

(9) 500mL 烧杯 2 个。
(10) 玻璃棒 2 根。
(11) 烘箱 1 台。

四、实验步骤

1. 污泥沉降比 SV（%）

它是指曝气池中取混合均匀的泥水混合液 100mL 置于 100mL 量筒中，静置 30min 后，观察沉降的污泥占整个混合液的比例，记下结果（表 4-20）。

2. 污泥浓度 MLSS

就是单位体积的吸气池混合液中所含污泥的干重，实际上是指混合液悬浮固体的数量，单位为 g/L。

1) 测定方法

(1) 将滤纸放在 105℃ 烘箱中干燥至恒重，称量并记录（W_1）。

(2) 将该滤纸剪好平铺在布氏漏斗上（剪掉的部分滤纸不要丢掉）。

(3) 将测定过沉降比的 100mL 量筒内的污泥全部倒入漏斗，过滤（用水冲净量筒，并将水也倒入漏斗）。

(4) 将载有污泥的滤纸移入烘箱（105℃）中烘干恒重，称量并记录

2) 计算

污泥浓度(g/L) = [(滤纸质量 + 污泥干重) − 滤纸质量] × 10

3. 污泥指数 SVI

污泥指数全称污泥容积指数，是指曝气池混合液经 30min 静沉后，1g 干污泥所占的容积（单位为 mL/g）。计算式如下

$$SVI = \frac{SV(\%) \times 10(mL/L)}{MLSS(g/L)}$$

SVI 值能较好地反映出活性污泥的松散程度（活性）和凝聚、沉淀性能。一般在 100 左右为宜。

4. 污泥灰分和挥发性污泥浓度 MLVSS

挥发性污泥就是挥发性悬浮团体，它包括微生物和有机物，干污泥经灼烧后（600℃）剩下的灰分称为污泥灰分。

1) 测定方法

先将已知恒重的瓷坩埚称量并记录（W_3）（表 4-20），再将测定过污泥干重的滤纸和干污泥一并放入瓷坩埚中，先在普通电炉上加热碳化，然后放入马弗炉内（600℃）烧 40min，取出放入干燥器内冷却，称量（W_4）。

2）计算

$$污泥灰分 = \frac{灰分质量}{干污泥质量} \times 100\%$$

$$MLVSS = \frac{干污泥质量 - 灰分质量}{100} \times 1000(g/L)$$

在一般情况下，MLVSS/MLSS 的比值较固定，对于生活污水处理池的活性污泥混合液，其比值常在 0.5 左右。

五、数据处理

$$MLSS = \frac{W_2 - W_1}{V}(mg/L)$$

式中，W_1 为滤纸的净重，单位为 mg；W_2 为试纸及截留悬浮物固体的质量之和，单位为 mg；V 为水样体积，单位为 L。

$$MLVSS = \frac{(W_2 - W_1) - (W_4 - W_3)}{V}(mg/L)$$

式中，W_3 为坩埚质量，单位为 mg；W_4 为坩埚与无机物总质量，单位为 mg。
其余同上式

$$SVI = \frac{SV(\%) \times 10}{MLSS(g/L)}(mL/g)$$

数据处理结果记录在表 4-20 中。

表 4-20　活性污泥性能测定表

项目	W_1 /mg	W_2 /mg	$W_2 - W_1$ /mg	W_3 /mg	W_4 /mg	$W_4 - W_3$ /mg	SV /%	MLSS /(mg/L)	MLVSS /(mg/L)	SVI /(mL/g)
一										
二										
平均										

六、注意事项

（1）测定坩埚质量时，应将坩埚放在马弗炉中灼烧至恒重为止。
（2）由于实验项目多，实验前准备工作要充分，不要弄乱。
（3）仪器设备应按说明调整好，使误差减小。

七、思考题

（1）活性污泥吸附性能指何而言，它对污水底物的去除有何影响，试举例说明。
（2）影响活性污泥吸附性能的因素有哪些？
（3）活性污泥吸附性能测定的意义。

实验 7　反渗透实验

一、目的和要求

（1）掌握 NTHL-Y-1 型反渗透器装置的操作方法。
（2）了解反渗透处理流程，掌握反渗透原理及处理过程。

二、原理

如图 4-13 所示，当用一种半透膜，使废水和纯水或两种不同浓度的溶液分隔开时，纯水便通过半透膜扩散到废水一侧结果使废水或浓溶液一侧的液面逐渐升高，直至达到一定高度时为止，这就是渗透过程。渗透达到平衡时，废水或浓溶液一侧液面与纯水液面形成一个静水压压头 π。在浓溶液一边加上比自然渗透压 π 更高的压力 p，扭转渗透方向，把浓溶液中的溶剂（水）压到半透膜的另一边稀溶液中，这种与自然界正常渗透过程相反的现象称为反渗透。

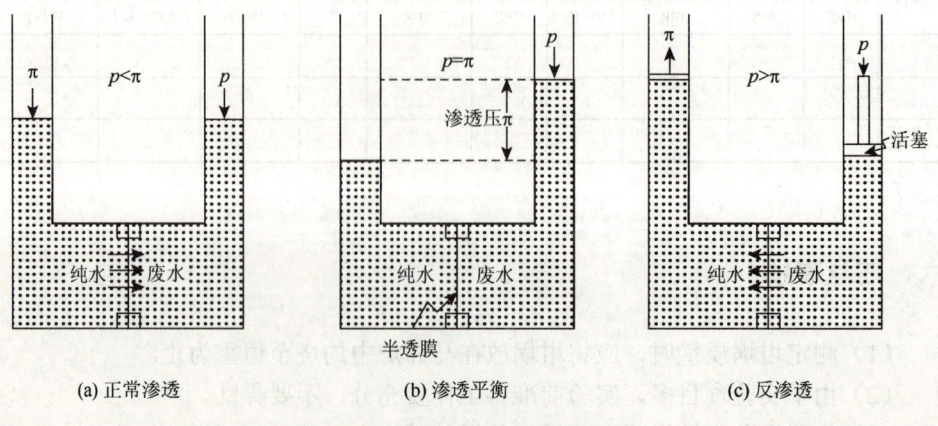

图 4-13　反渗透原理图

反渗透在废水处理中能用来除去废水中溶解固体及大部分溶解性的有机物和胶体物质。

本实验采用 NTHL-Y-1 型反渗透器，系美国进口卷式 RO 复合膜元件构成。反渗透组件是本机的主要部分，连同高压泵、控制箱、离心泵、高位水箱、电器等固定在机架上。

三、仪器与试剂

（1）NTHL-Y-1 型水处理设备
（2）反渗透 RO 膜元件。

四、实验步骤

用 NTHL-Y-1 反渗透器处理电镀废水。采用多级逆流漂洗，从第三漂洗槽补入一定量的蒸馏水，使漂洗水从第三漂洗槽依次溢入第二、第一漂洗槽。第一漂洗槽多余的即是需要处理水，存于储槽，用高压泵打入反渗透组件进行浓缩分离，淡水回入第一漂洗槽作为漂洗水，而浓缩液回用于电镀槽（图 4-14）。

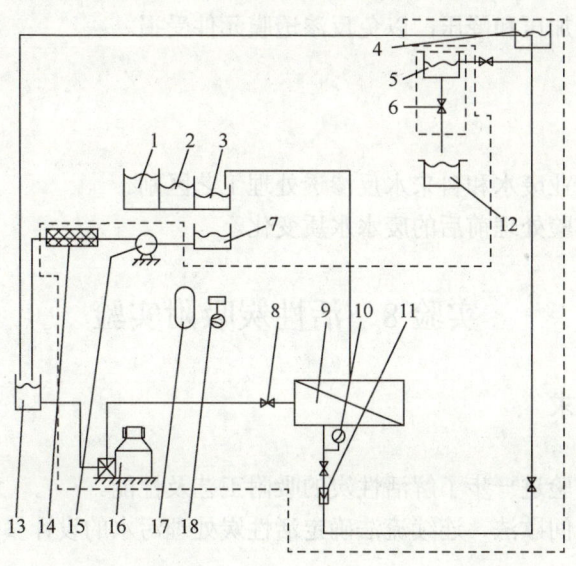

图 4-14　反渗透器 NTHL-Y-1 处理镀铬废水工艺流程图

1—第三漂洗槽；2—第二漂洗槽；3—第一漂洗槽；4—高位水箱；5—溶液储存槽；6—塑料阀门；7—第一储存槽；8—不锈钢高压阀门；9—反渗透组件；10—耐酸压力表；11—流量计；12—镀槽；13—第二储存槽；14—过滤器；15—塑料离心泵；16—高压泵；17—稳压管；18—电接点压力表

五、数据处理（表 4-21）

表 4-21　实验结果记录表

项目	实验前	实验后
色度/度		
浊度/度		
嗅和味		
肉眼可见物		
pH		
电导率/（μs/cm）		
总溶解固体/（mg/L）		
铬离子/（mg/L）		
氯离子/（mg/L）		

六、注意事项

（1）开启设备前，应仔细阅读设备使用说明，严格按操作步骤进行。
（2）应缓慢加压和降压，以免反渗透膜元件受损。

七、思考题

（1）解释工业废水和自来水反渗透处理工艺区别。
（2）分析实验处理前后的废水水质变化。

实验 8　活性炭吸附实验

一、目的和要求

（1）通过实验进一步了解活性炭的吸附工艺及性能。
（2）掌握用间歇法、连续流法确定活性炭处理污水的设计参数的方法

二、原理

活性炭吸附就是利用活性炭的固体表面对水中一种或多种物质的吸附作

用，以达到净化水质的目的。活性炭的吸附作用产生于两个方面，一是由于活性炭内部分子在各个方向都受着同等大小的力而在表面的分子则受到不平衡的力，这就使其他分子吸附于其表面上，此为物理吸附；二是由于活性炭与被吸附物质之间的化学作用，此为化学吸附。活性炭的吸附是上述两种吸附综合作用的结果。当活性炭在溶液中的吸附速度和解吸速度相等时，即单位时间内活性炭吸附的数量等于解吸的数量时，被吸附物质在溶液中的浓度和在活性炭表面的浓度均不再变化，而达到了平衡，此时的动态平衡称为活性炭吸附平衡。而此时被吸附物质在溶液中的浓度称为平衡浓度。活性炭的吸附能力以吸附量 q 表示。

$$q = \frac{V(c_0 - c)}{M} = \frac{X}{M} \tag{4-22}$$

式中，q 为活性炭吸附量，即单位质量的吸附剂所吸附的物质质量，单位为 g/g；v 为污水体积，单位为 L；c_0、c 分别为吸附前原水及吸附平衡时污水中的物质浓度，单位为 g/L；X 为被吸附物质量，单位为 g；M 为活性炭投加量，单位为 g。

在温度一定的条件下，活性炭的吸附量随被吸附物质平衡浓度的提高而提高，两者之间的变化曲线称为吸附等温线，通常用费兰德利希经验式加以表达。

$$q = K \cdot c^{1/n} \tag{4-23}$$

式中，g 为活性炭吸附量，单位为 g/g；c 为被吸附物质平衡浓度，单位为 g/L；K、n 为与溶液的温度、pH 以及吸附剂和被吸附物质的性质有关的常数。

K、n 值的求法如下。通过间歇式活性炭吸附实验测得 q、c 相应的值，将费兰德利希经验式取对数后变换为下式

$$\lg q = \lg K + \frac{1}{n} \lg c$$

当 q、C 相应值点绘在双对数坐标纸上，所得直线的斜率为 $1/n$，截距为 K。

由于间歇式静态吸附法处理能力低、设备多，故在工程中多采用连续流活性炭吸附法，即活性炭动态吸附法。

采用连续流方式的活性炭层吸附性能可用勃哈特（Bohad）和亚当斯（Adams）所提出的关系式来表达。

$$\ln\left[\frac{c_0}{c} - 1\right] = \ln\left[\exp(\frac{KN_0 D}{V} - 1)\right] - Kc_0 t \tag{4-24}$$

$$t = \frac{N_0}{c_0 V} D - \frac{1}{c_0 K} \ln(\frac{c_0}{c_B} - 1) \tag{4-25}$$

式中，t 为工作时间，单位为 h；V 为流速，单位为 m/h；D 为活性炭层厚度，单位为 m；K 为速度常数，单位为 L/(mg·h)；N_0 为吸附容量，即达到饱和时被吸附物质的吸附量，单位为 mg/L；c_0 为进水中被吸附物质浓度，单位为 mg/L；c_B 为允许出水溶质浓度，单位为 mg/L。

当工作时间 $t=0$ 时，能使出水溶质浓度小于 c_B 的炭层理论深度称为活性炭层的临界深度，其值由式（4-25）$t=0$ 时推出。

$$D_0 = \frac{V}{KN_0}\ln(\frac{c_0}{c_B}-1) \qquad (4-26)$$

炭柱的吸附容量（N_0）和速度常数（K），可通过连续流活性炭吸附实验并利用式（4-25）t-D 线性关系回归或作图法求出。

三、仪器与试剂

（1）间歇式、连续式活性炭吸附实验装置，如图 4-15、图 4-16 所示。

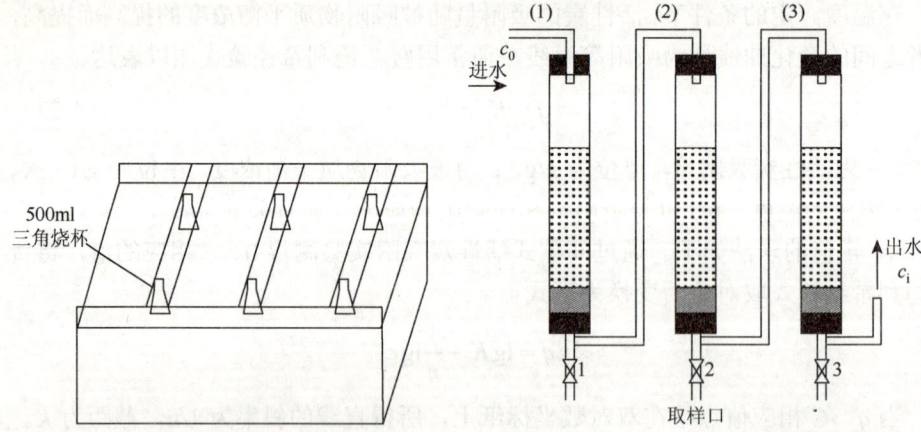

图 4-15　间歇式活性炭吸附实验装置　　图 4-16　间歇式活性炭吸附实验装置

（2）振荡器一台。
（3）500mL 三角瓶 6 个。
（4）烘箱。
（5）COD、SS 测定分析装置。
（6）活性炭。
（7）有机玻璃炭柱 $d=20\sim30$mm，$H=1.0$m。
（8）配水及投配系统。

四、实验步骤

1. 间歇式活性炭吸附实验

（1）将某污水用滤布过滤，去除水中悬浮物或自配污水，测定该污水的 COD、SS 等值。

（2）将活性炭放在蒸馏水中浸 24h，然后放在 105℃烘箱内烘至恒重，再将烘干后的活性炭压碎，使其成为能通过 200 目以下筛孔的粉状炭。因为粒状活性炭要达到吸附平衡耗时太长，往往需数日或数周，为了使实验能在短时间内结束，所以多用粉状炭。

（3）在 5 个 500mL 的三角烧瓶中分别投加 0mg、100mg、200mg、300mg、500mg 粉状活性炭。

（4）在每个三角瓶中投加同体积的过滤后的污水，使每个烧瓶中的 COD 浓度与活性炭浓度的比值在 0.05～5.0。

（5）测定水温，将三角瓶放在振荡器上振荡，当达到吸附平衡（时间延至滤出液的有机物浓度 COD 不再改变）时即可停止振荡（时间一般为 30min 以上）。

（6）过滤各三角瓶中的污水，测定其剩余 COD，求出吸附量 g。实验记录如表 4-22 所示。

表 4-22　活性炭间歇吸附实验记录

序号	原污水				出水			污水体积/mL	活性炭加量/mg	COD去除率/%	备注
	COD/(mg/L)	pH	水温/℃	SS/(mg/L)	COD/(mg/L)	pH	SS/(mg/L)				

2. 连续流活性炭吸附实验

（1）将某污水过滤或配制一种污水，测定该污水的 COD、pH、SS、水温等各项指标并记入表 4-22。

（2）在内径为 20～30mm，高为 1000mm 的有机玻璃管或玻璃管中装入 500～750mm 高的经水洗烘干后的活性炭。

（3）以每分钟 40～200mL 的流量（具体可参考水质条件而定）。按升流或降流的方式运行（运行时炭层中不应有空气气泡）。本实验装置为降流式，实验至少要用 3 种以上的不同流速 V 进行。

（4）在每一流速运行稳定后，每隔 10～30min 由各炭柱取样，测定出 COD，至出水中 COD 浓度达到进水中 COD 浓度的 0.9～0.95 为止，并将结果记入表 4-23。

表 4-23 连续式炭柱吸附实验记录

原水 COD 浓度/（mg/L）=　　　　　　允许出水浓度 c_B/（mg/L）=
水温 T/℃=　　　　　　　　　　　　pH=　　　　　　　SS=
进流率 q/[m³/（m²·h）]=　　　　　　滤速 V/（m/h）=
炭柱厚/m D_1=　　　D_2=　　　D_3=

工作时间	出水水质/（mg/L）		
t/h	柱1	柱2	柱3

五、数据处理

1. 间歇式活性炭吸附实验

（1）按表 4-23 记录的原始数据进行计算。

（2）按式（4-22）计算吸附量 q。

（3）利用 q、c 相应数据和式（4-23），经回归分析求出 K、n 值或利用作图法，将 c 和相应的 q 值在双对数坐标纸上绘制出吸附等温线，所得直线的斜率为 $1/n$，截距为 K，如图 4-17 所示。

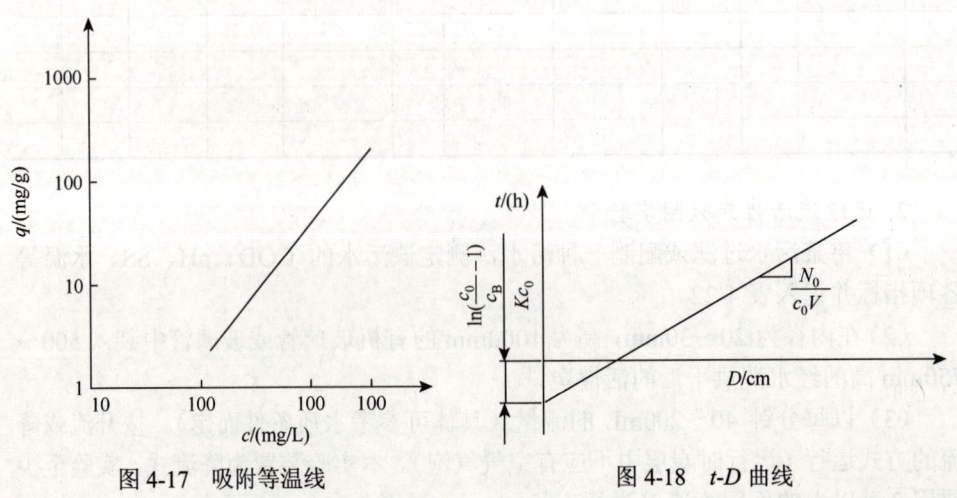

图 4-17 吸附等温线　　　　　图 4-18 t-D 曲线

2. 连续式活性炭吸附实验

求各流速下 K、N_0 值。

(1) 将实验数据记入表 4-23，并根据 t-c 关系确定当出水溶质浓度等于 c_B 时各柱的工作时间 t_1、t_2 和 t_3。

(2) 根据式（4-25）以时间 t_i 为纵坐标，以炭层厚 D_i 为横坐标，点绘 t、D 值，直线截距为

$$\frac{\ln\left(\dfrac{c_0}{c_B}-1\right)}{K \cdot c_0}$$

斜率为 $N_0/(c_0 \cdot V)$，如图 4-18 所示。

(3) 将已知 c_0、c_B、V 等值代入，求出流速常数 K 和吸附容量 N_0 值。

(4) 根据式（4-26）求出每一流速下炭层临界深度 D_0 值。

(5) 按表 4-24 给出各滤速吸附设计参数 K、D_0、N_0 值，或绘制成如图 4-19 所示的图，以供活性炭吸附设备设计时参考。

表 4-24　活性炭吸附实验结果

流速 V/（m/h）	N_0/（mg/L）	K/[L/（mg·h）]	D_0/m

六、注意事项

(1) 活性炭要用经处理后 200 目以下的粉状炭。

(2) 振荡时间不能太短，一般控制在 30min 以上。

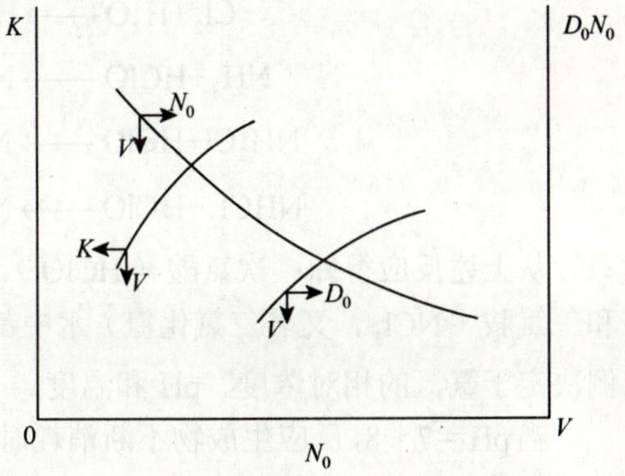

七、思考题

(1) 吸附等温线有什么现实意义？

(2) 作吸附等温线时为何要用粉状炭？

(3) 连续流的升流式和降流式运动方式各有什么缺点？

图 4-19　$N_0(D_0, k)$

实验 9 折点加氯消毒实验

一、目的和要求

（1）掌握折点加氯消毒的实验技术。

（2）通过实验，探讨某含氨氮水样与不同氯量接触一定时间（2h）的情况下，水中游离性余氯、化合性余氯及总余氯量与投氯量的关系。

二、原理

水中加氯有 3 种作用。

（1）当原水中只含细菌不含氨氮时，向水中投氯能够生成次氯酸（HClO）及次氯酸根（ClO$^-$），反应式如下

$$Cl_2 + H_2O \longrightarrow HClO + H^+ + Cl^- \qquad (4\text{-}27)$$

$$HClO \longrightarrow H^+ + ClO^- \qquad (4\text{-}28)$$

次氯酸及次氯酸根均有消毒作用，但前者消毒效果较好。因细菌表面带负电，而 HOCl 是中性分子，可以扩散到细菌内部破坏细菌的酶系统，妨碍细菌的新陈代谢，导致细菌的死亡。水中 HClO 及 ClO$^-$ 称游离性氯。

（2）当水中含有氨氮时，加氯后能生成次氯酸和氯胺，它们都有消毒作用，反应式如下

$$Cl_2 + H_2O \longrightarrow HClO + H^+ + Cl^- \qquad (4\text{-}29)$$

$$NH_3 + HClO \longrightarrow NH_2Cl + H_2O \qquad (4\text{-}30)$$

$$NH_2Cl + HClO \longrightarrow NHCl_2 + H_2O \qquad (4\text{-}31)$$

$$NHCl_2 + HClO \longrightarrow NCl_3 + H_2O \qquad (4\text{-}32)$$

从上述反应得知：次氯酸（HClO）、一氯胺（NH$_2$Cl）、二氯胺（NHCl$_2$）和三氯胺（NCl$_3$，又名三氯化氮）水中都可能存在。它们在平衡状态下的含量比例决定于氨氮的相对浓度、pH 和温度。

当 pH＝7～8，反应生成物不断消耗时，1mol 的氯与 1mol 的氨作用能生成 1mol 的一氯胺，此时氯与氨氮（以 N 计，下同）的质量比为（71∶14）≈（5∶1）。

当 pH＝7～8 时，2mol 的氯与 1mol 的氨作用能生成 1mol 的二氯胺，此时氯与氨氮的质量比约为 10∶1。

当 pH=7~8，氯与氨氮质量比大于 10∶1 时，将生成三氯胺（三氯胺很不稳定）和出现游离氯。随着投氯量的不断增加，水中游离氯将越来越多。

水中有氯胺时，依靠水解生成次氯酸起消毒作用，从式（4-30）~式（4-32）可见，只有当水中 HClO 因消毒或其他原因消耗后，反应才向左进行，继续生成 HClO。因此当水中余氯主要是氯胺时，消毒作用比较缓慢。氯胺消毒的接触时间不应短于 2h。

水中 NH_2Cl、$NHCl_2$ 和 NCl_3 称化合性氯。化合性氯的消毒效果不如游离性氯。

（3）氯还能与含碳物质、铁、锰、硫化氢以及藻类等起氧化作用。水中含有氨氮和其他消耗氯的物质时，投氯量与余氯量的关系见图 4-20。

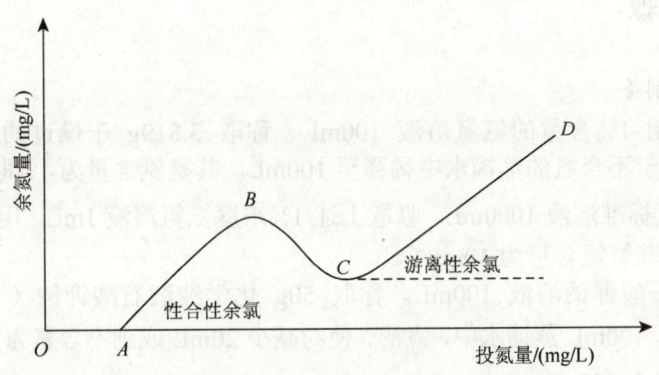

图 4-20　投氧量 P 与氯量关系图

图中 OA 段投氯量太少，故余氯量为 0，AB 段的余氯主要为一氯胺，BC 段随着投氯量的增加、一氯胺与次氯酸作用，部分成为二氯胺[(式 4-31)]。部分反应如下式

$$2NH_2Cl_2 + HClO \longrightarrow N_2\uparrow + 3HCl + H_2O \quad (4-33)$$

反应结果，BC 段一氯胺及余氯（即总余氯）均逐渐减少，二氯胺逐渐增加。C 点余氯值最少，称为折点。C 点后出现三氯胺和游离性氯。按大于出现折点的量来投氯称折点加氯。折点加氯的优点：①可以去除水中大多数产生臭和味的物质；②有游离性余氯，消毒效果较好。

图 4-20 曲线的形状和接触时间有关，接触时间越长，氧化程度就深一些，化合性余氯则少一些，折点的余氯有可能接近于零。此时折点加氯的余氯几乎全是游离性余氯。

三、仪器与试剂

（1）水箱或水桶 1 个，能盛水几十升。

(2) 20mL 玻璃瓶 1 个。
(3) 50mL 比色管 20 多根。
(4) 100mL 比色管 40 多根。
(5) 1000mL 烧杯 10 多个。
(6) 1mL 及 5mL 移液管各几支。
(7) 10mL 及 50mL 量筒各几个。
(8) 1000mL 量筒几个。
(9) 温度表 1 支。

四、实验步骤

1. 药剂制备

(1) 配制 1%含量的氨氮溶液 100mL。称取 3.819g 干燥过的无水氯化铵 (NH_4Cl) 溶于不含氨的蒸馏水中稀释至 100mL，其氨氮含量为 1%即 10g/L。

(2) 氨氮标准溶液 1000mL。吸取上述 1%浓度氨氮溶液 1mL，用蒸馏水稀释至 1000mL，其氨氮含量为 10mg/L。

(3) 酒石酸钾钠溶液 100mL。称取 50g 化学纯酒石酸钾钠（$KNaC_4H_4O \cdot 4H_2O$），溶于 100mL 蒸馏水中，煮沸，使约减少 20mL 或到不含氨为止。冷却后，用蒸馏水稀释至 100mL。

(4) 碘化汞钾溶液 1L。溶解 100g 分析纯碘化汞（HgI_2）和 70g 分析纯碘化钾（KI）于少量蒸馏水中，将此溶液加到 500mL 已冷却的含有 160g 氢氧化钠（NaOH）的溶液中，并不停搅拌，用蒸馏水稀释至 1L 储存于棕色瓶中，用橡皮塞塞紧、遮光保存。

(5) 1%含量的漂白粉溶液 500mL。称取漂白粉 5g 溶于 100mL 蒸馏水中调成糊状，然后稀释至 500mL 即得。其有效氯含量约为 2.5g/L。取漂白粉溶液 1mL，用蒸馏水稀释至 200mL，参照本实验所述测余氯方法可测出余氯量。

(6) 邻联甲苯胺溶液 1L。称取 1g 邻联甲苯胺，溶于 5mL20%盐酸中（浓盐酸 2mL。稀释至 5mL），将其调成糊状，加 150~200mL 蒸馏水使其完全溶解，置于量筒中补加蒸馏水至 505mL，最后加入 20%盐酸 495mL 共 1L。此溶液放在棕色瓶内置于冷暗处保存，温度不得低于 0℃，以免产生结晶影响比色，也不要使用橡皮塞，最多能使用半年。

(7) 亚砷酸钠溶液 1L。称取 5g 亚砷酸钠溶于蒸馏水中，稀释至 1L。

(8) 磷酸盐缓冲液 4L。将分析纯的无水磷酸氢二钠（Na_2HPO_4）和分析纯无水磷酸二氢钾（KH_2PO_4）放在 105~110℃烘箱内，2h 后取出放在干燥器内冷却，前者称取 22.86g，后者称取 46.14g。将此二者同溶于蒸馏水中，稀释至 1L。

至少静置 4d，等其中沉淀物析出后过滤。取滤液 800mL 加蒸馏水稀释至 4L 即得磷酸盐缓冲液 4L，此溶液的 pH 为 6.45l。

（9）铬酸钾-重铬酸钾溶液 1L。称取 4.658g 分析纯干燥铬酸钾（$K_2Cr_2O_4$）和 1.55g 分析纯干燥重铬酸钾（$K_2Cr_2O_7$）溶于磷酸盐缓冲液中，并用磷酸盐缓冲液稀释至 1L 即得。

（10）余氯标准比色溶液。按表 4-25 所需的铬酸钾-重铬酸钾溶液，用移液管加到 100mL 比色管中，再用磷酸盐缓冲液稀释至刻度，记录其相当于氯的浓度（mg/L），即得余氯标准比色溶液。

表 4-25 余氯标准比色溶液的配制

氯/(mg/L)	铬酸钾-重铬酸钾溶液/(m/L)	缓冲液/(m/L)	氯/(mg/L)	铬酸钾-重铬酸钾溶液/(m/L)	缓冲液/(m/L)
0.01	0.1	99.9	0.70	7.0	93.0
0.02	0.2	99.8	0.80	8.0	92.0
0.05	0.5	99.5	0.90	9.0	91.0
0.07	0.7	99.3	1.00	10.0	90.0
0.10	1.0	99.0	1.50	15.0	85.0
0.15	1.5	98.5	2.00	19.7	80.3
0.20	2.0	98.0	3.00	29.0	71.0
0.25	2.5	97.5	4.00	39.0	61.0
0.30	3.0	97.0	5.00	48.0	52.0
0.35	3.5	96.5	6.00	58.0	42.0
0.40	4.0	96.0	7.00	68.0	32.0
0.45	4.5	95.5	8.00	77.5	22.5
0.50	5.0	95.0	9.00	87.0	13.0
0.60	6.0	94.0	10.00	97.0	3.0

2. 水样制备

取自来水 20L 加入 1%含量氨氮溶液 2mL，混匀，即得实验用原水，其氨氮含量约 1mg/L 或略高于 1mg/L。

3. 测原水水温及氨氮含量

测原水水温及氨氮含量记入表 4-26。测氨氮用直接比色法，测氨氮步骤如下。

（1）于 50mL 比色管中加入 50mL 原水。

表 4-26 折点加氯实验记录

	原水水温/℃		漂白粉溶液含氯量/mL				氨氮含量/（mg/L）					
水样编号	1	2	3	4	5	6	7	8	9	10	11	12
漂白粉溶液投加量/mL												
加氯量/（mg/L）												
比色测定结果/（mg/L） A												
比色测定结果/（mg/L） B_1												
比色测定结果/（mg/L） B_2												
比色测定结果/（mg/L） C												
余氯计算 总余氯/（mg/L） $D=C-B_2$												
余氯计算 游离性余氯/（mg/L） $E=A-B_1$												
余氯计算 化合性余氯/（mg/L） $D-E$												

（2）另取 50mL 比色管 19 支，分别注入氨氮标准溶液 0mL、0.2mL、0.4mL、0.7mL、1.0mL、1.4mL、1.7mL、2.0mL、2.5mL、3.0mL、3.5mL、4.0mL、4.5mL、5.0mL、5.5mL、6.0mL、6.5mL、7.0mL 及 8.0mL，均用蒸馏水稀释至 50mL。

（3）向水样及氨氮标准溶液管内分别加入 1mL 酒石酸钾钠溶液，混匀，再加 1mL 碘化汞钾溶液，混匀后放置 10min，进行比色。

$$氨氮（以N计）=\frac{相当于氨氮标准溶液用量(mL)\times 10}{水样体积(mL)}(mg/L)$$

4. 进行折点加氯实验

（1）在 12 个 1000mL 烧杯中各盛原水 1000mL。

（2）当加氯量为 1mg、2mg、4mg、6mg、8mg、10mg、12mg、14mg、16mg、18mg、20mg 时，计算 1%含量的漂白粉溶液的投加量（mL）。

（3）将 12 个盛有 1000mL 原水的烧杯注明编号（1、2、…、12），依次投加 1%含量的漂白粉溶液，其投氯量分别为 0mg/L、1 mg/L、2 mg/L、4 mg/L、6 mg/L、8 mg/L、10 mg/L、12 mg/L、14 mg/L、16 mg/L、18 mg/L 及 20 mg/L，快速混匀 2h 后，立即测各烧杯水样的游离氯、化合氯及总余氯的量（表 4-26）。各烧杯水样测余氯方法相同，均采用邻联甲苯胺亚砷酸盐比色法，可分组进行。以 3 号烧杯水样为例，测定步骤为如下。

a. 取 100mL 比色管 3 支，标注甲、乙、丙。

b. 吸取 3 号烧杯 100mL 水样投加于甲管中，并立即投加 1mL 邻联甲苯胺溶液，立刻混合，迅速投加 2mL 亚砷酸钠溶液，混匀，越快越好；2min 后（从邻联甲苯胺溶液混匀后算起），立刻与余氯标准比色溶液比色，记录结果（A）。（A）表示该水样游离余氯与干扰性物质迅速混合后所产生的颜色。

c. 吸取 3 号烧杯 100mL 水样投加于乙管中，立刻投加 2mL 亚砷酸钠溶液，混匀，迅速加入 1mL 邻联甲苯胺溶液，混匀，2min 后立刻与余氯标准比色溶液比色，记录结果（B_1）。待相隔 15min（从加入邻联 RH 苯胺溶液混匀后算起）后，再取乙管水样与余氯标准比色溶液比较，记录结果（B_2）。（B_1）代表干扰物质迅速混合后所产生的颜色。（B_2）代表干扰物质于混合 15min 后所产生的颜色。

d. 吸取 3 号烧杯水样 100mL 加于丙管中，立刻加入 1mL 邻联甲苯胺溶液，立刻混匀，静置 15min，再与余氯标准比色溶液比色，记录结果（G）。（G）代表总余氯与干扰性物质于混合 15min 后所产生的颜色。

五、数据处理

根据比色测定结果进行余氯计算，绘制游离余氯、化合余氯及总余氯与投氯量的关系。

六、注意事项

（1）各水样加氯的接触时间应尽可能相同或接近，以利互相比较。
（2）比色测定应在光线均匀的地方或灯光下，不宜在阳光直射下进行。
（3）所用漂白粉的存放时间，最好不要超过几个月。漂白粉应密闭存放，避免受热受潮。

七、思考题

（1）水中含有氨氮时，投氯量-余氯量关系曲线为何出现折点？
（2）有哪些因素影响投氯量？
（3）本实验原水如采用折点加氯消毒，应有多大的投氯量？

实验 10　废水可生化性实验

一、目的和要求

（1）熟悉瓦勃氏呼吸仪（简称瓦呼仪）的基本构造及操作方法。
（2）理解内源呼吸线及生化呼吸线的基本含义。
（3）分析不同浓度的含酚废水的生物降解及生物毒性。

二、原理

微生物处于内源呼吸阶段时，耗氧的速率恒定不变。微生物与有机物接触后，其呼吸耗氧的特性反映了有机物被氧化分解的规律。一般，耗氧量大、耗氧速率高，即说明该有机物易被微生物降解，反之亦然。

测定不同时间的内源呼吸耗氧量及与有机物接触后的生化呼吸耗氧量，可得内源呼吸线及生化呼吸线，通过比较即可判定废水的可生化性。

当生化呼吸线位于内源呼吸线上时，废水中有机物一般是可被微生物氧化分解的；当生化呼吸线与内源呼吸线重合时，有机物可能是不能被微生物降解的，但它对微生物的生命活动尚无抑制作用；当生化呼吸线位于内源呼吸线下时，则说明有机物对微生物的生命活动产生了明显的抑制作用。

瓦呼仪的工作原理是，在恒温及不断搅拌的条件下，使一定量的菌种与废水在定容的反应瓶中接触反应，微生物耗氧特使反应瓶中氧的分压降低（释放的二氧化碳用氢氧化钾溶液吸收）。测定分压的变化，即可推算出消耗的氧量。

三、仪器与试剂

（1）瓦呼仪一台（图 4-21）。
（2）离心机一台。
（3）活性污泥培养及驯化装置一套。
（4）测酚装置。
（5）苯酚。
（6）硫酸铵。
（7）磷酸氢一钾。
（8）碳酸氢钠。
（9）氯化铁。

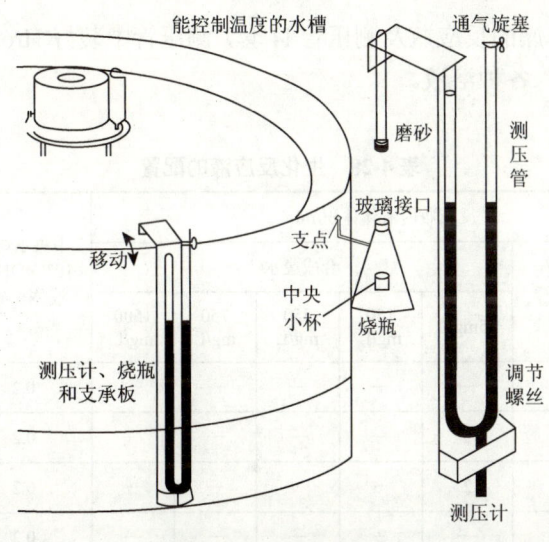

图 4-21 瓦氏呼吸仪

四、实验步骤

(1) 活性污泥的培养、驯化及预处理。

a. 取已建污水处理厂活性污泥或带菌土壤为菌种,在间歇式培养瓶中以含酚合成废水为营养,曝气或搅拌,以培养活性污泥。

b. 每天停止曝气 1h,沉淀后去除上清液,加入新鲜含酚合成废水,并逐步提高含酚浓度。达到驯化活性污泥的目的。

c. 当活性污泥数量足够,且对酚具有相当去除能力后,即认为活性污泥的培养和驯化已告完成。停止投加营养,空曝 24h,使活性污泥处于内源呼吸阶段。

d. 取上述活性污泥在 3000r/min 的离心机上离心 10min,倾去上清液,加入蒸馏水洗涤,在电磁搅拌器上搅拌均匀后再离心,反复三次,用 pH=7 的磷酸盐缓冲液稀释,配制成所需浓度的活性污泥悬浊液。因需时间较长,此步骤由教师进行。

(2) 含酚合成废水的配制。配制 5 种不同含酚浓度的合成废水,内含成分如表 4-27 所示。

表 4-27 不同浓度的含酚合成废水

苯酚/(mg/L)	75	150	450	750	1500
硫酸铵/(mg/L)	22	44	130	217	435
K_2HPO_4/(mg/L)	5	10	30	51	102
Na_2CO_3/(mg/L)	75	150	450	750	1500
$FeCl_3$/(mg/L)	10	10	10	10	10

（3）取清洁干燥的反应瓶及测压管 14 套，测压管中装好 Hrodie 溶液备用，反应瓶按表 4-28 加入各种溶液。

表 4-28 生化反应液的配置

反应瓶编号	反应瓶内液体体积/mL							中央小烧杯10%KOH溶液体积/mL	液体总体积/mL	备注
	蒸馏水	活性污泥悬浮液	合成废水							
			75mg/L	150mg/L	450mg/L	750mg/L	1500mg/L			
1, 2	3	—	—	—	—	—	—	0.2	3.2	温度压力对照内源呼吸
3, 4	2	1	—	—	—	—	—	0.2	3.2	
5, 6	—	1	2	—	—	—	—	0.2	3.2	
7, 8	—	1	—	2	—	—	—	0.2	3.2	
9, 10	—	1	—	—	2	—	—	0.2	3.2	
11, 12	—	1	—	2	—	2	—	0.2	3.2	
13, 14	—	1	—	—	—	—	2	0.2	3.2	

注：1. 应先向中央小烧杯加入 10% KOH 溶液，并将折成皱状的滤纸放在烧杯中，以扩大对 CO_2 的吸收面积，但不得使 KOH 溢出中央小烧杯之外；2. 加入活性污泥悬浮液及合成废水的动作尽可能迅速，使各反应瓶开始反应的时间不致相差太多

（4）在测压管磨砂接头上涂上羊毛脂，塞入反应瓶瓶口，以牛皮筋拉紧使之密封，然后放入瓦呼仪的恒温水槽中（水温预先调好至 20℃）使测压管闭管与大气相通，振摇 5min，使反应瓶内温度与水浴一致。

（5）调节各测压管闭管中检压液的液面至刻度 150nmL 处，然后迅速关闭各管顶部的三通，使之与大气隔断，记录各测压管中检压液液面读数（此值应在 150mm 附近），再开启瓦呼仪振摇开关，此时刻为呼吸耗氧实验的开始时刻。

（6）在开始实验后的 0h、0.2h、0.5h、1.0h、2.0h、3.0h、4.0h、5.0h、6.0h，关闭振摇开关，调整各测压管闭管液面至 150mm 处，并记录开管液面读数，按表 4-29 记录。

（7）停止实验后，取下反应瓶及测压管，擦净瓶口及磨塞上的羊毛脂，倒去反应瓶中的液体，用清水冲洗后置于肥皂水中浸泡，再用清水冲洗后以洗液浸泡过夜，洗净后置于 55℃烘箱内烘干后待用。

五、数据处理

（1）根据实验中记录下的测压管读数（液面高度）计算耗氧量。主要计算公式如下

$$\Delta h_t = \Delta h_t' - \Delta h$$

式中，Δh_t 为各测压管计算的 Brodte 溶液液面高度变化值，单位为 mm；Δh 为温度压力对照管中 Brodie 溶液液面高度变化值，单位为 mm；$\Delta h_t'$ 为各测压管实验的 Brodie 溶液液面高度变化值，单位为 mm。

$$X_i' = K_i \Delta h_t \text{ 或 } X_i = 1.429 K_i \Delta h_t$$

式中，X_i'、X_i 为各反应瓶不同时间的耗氧量，单位为 μL、μg；K_i 为各反应瓶的体积常数（已由教师事先测得，测定及计算方法从略）；1.429 为氧的容重，单位为 g/L。

$$G_i = \frac{X_i}{S_i}$$

式中，G_i 为各反应瓶不同时刻单位质量活性污泥的耗氧量，单位为 mg/g；X_i 为同前；S_i 为各反应瓶中的活性污泥质量，单位为 mg。

（2）上述计算宜列表进行，表格形式如表 4-30 所示。
（3）以时间为横坐标，G_i 为纵坐标，绘制内源呼吸线及不同含酚浓度合成废水的生化呼吸线，进行比较分析含酚浓度对生化呼吸过程的影响及生化处理可允许的含酚浓度。

六、注意事项

读数及记录操作应尽可能迅速，作为温度及压力对照的 2、1 两瓶应分别在第一个及最后一个读数，以修正操作时间的影响（即从测压管 2 开始读数，然后 3，4，5…最后是测压管 1）。读数、记录全部操作完成后即迅速开启振摇开关，使实验继续进行，待测压管读数降至 50mm 以下时，需开启闭管顶部三通放气。再将闭管液位调至 150mm，并记录此时开管油位高度。

七、思考题

（1）你认为利用瓦呼仪测定废水可生化性是否可靠?有何局限性?
（2）你在实验过程中曾发现哪些异常现象?试分析其原因及解决办法。
（3）了解其他鉴定可生化性的方法。

表 4-29 瓦呼仪试验基本条件及记录表

实验日期　　年　　月　　日　　预处理条件

项目	反应瓶号	营养投量/mL	营养液投量/mL	污泥量/mg	记录	时间/h							
						0	0.25	0.5	1	2	3	4	5	6	7
温压计			0		测压管读数及 Δh 值								
					压力计读数								
					压力计读数 Δh_1								
			0		压力计读数 Δh_2								
					温压计平均读数 $\Delta h = \dfrac{\Delta h_1 + \Delta h_2}{2}$								
内源呼吸			1		压力计读数								
					实际压力差 Δh								
		2	0		压力计读数								
					实际压力差 Δh								
			1		压力计读数								
					实际压力差 Δh								
		2	1		压力计读数								
					实际压力差 Δh								
			1		压力计读数								
					实际压力差 Δh								
		2	1		压力计读数								
					实际压力差 Δh								

续表

项目	反应瓶号	营养投量/mL	营养液投量/mL	污泥量/mg	记录测压管读数及Δh值	时间/h									预处理条件
						0	0.25	0.5	1	2	3	4	5	6	7	
		2	1		压力计读数											
					压力差											
			0		实际压力读数											
					压力计读数											
					实际压力差 Δh											
		2	1		压力计读数 Δh											
					实际压力差 Δh											
		2	1		压力差											
					实际压力读数											
		2	1		压力计读数											
					实际压力差 Δh											
		2	1		压力差											
					实际压力读数											
		2	1		压力计读数											
					压力差											
					实际压力差 Δh											

表 4-30 瓦呼仪实验计算表

实验日期 年 月 日

项目	反应瓶号	K×1.429	污泥量/mg	计算	时间/h								计算项目		
					0.25	0.5	1	2	3	4	5	6	7	0.25	$\sum \Delta h$
内源呼吸				Δh/mm											
				X_i											
				G_i											
				$\sum G_i$											
				Δh/mm											
				X_i											
				G_i											
				$\sum G_i$											
				Δh/mm											
				X_i											
				G_i											
				$\sum G_i$											
				Δh/mm											
				X_i											
				G_i											
				$\sum G_i$											
				Δh/mm											
				X_i											
				G_i											

续表

项目	反应瓶号	$K\times 1.429$	污泥量/mg	计算	时间/h								计算项目
					0.25	0.5	1	2	3	4	5	6	7	0.25	$\sum\Delta h$
				Δh/mm											
				X_i											
				G_i											
				$\sum G_i$											
				Δh/mm											
				X_i											
				G_i											
				$\sum G_i$											
				Δh/mm											
				X_i											
				G_i											
				$\sum G_i$											
				Δh/mm											
				X_i											
				G_i											
				$\sum G_i$											
				Δh/mm											
				X_i											
				G_i											
				$\sum G_i$											

实验 11 活性污泥动力学参数的测定实验

一、目的和要求

（1）通过本实验进一步加深对污水生物处理的机理及生化反应动力学的理解。
（2）了解活性污泥动力学参数测定的意义。
（3）掌握间歇式生化反应求定活性污泥反应动力学参数的方法。

二、原理

活性污泥反应动力学是以酶工程的米歇里斯—门坦（Michaelis—Menton）方程和生化工程中的莫诺特（Monod）方程为基础的，主要包括底物降解动力学和微生物增值动力学。它能通过数学式定量地或半定量地揭示活性污泥系统内有机物降解、污泥增长、耗氧等作用与各项设计参数以及环境因素之间的关系，对工程设计与优化管理有着一定的指导意义。但是，活性污泥反应是多种基质和多种混合微生物参与的一系列类型不同、产物不同的生化反应的综合，因此反应速率与过程均受到系统中多种环境因素的影响。在应用动力学方程时，应根据具体的条件，包括所处理的废水成分、温度等实验确定动力学参数。活性污泥法动力学参数有 K_s、V_{max}（q_{max}）、Y、K_d。

在建立活性污泥法反应动力学模型时，有以下假设：①除特别说明外，都认为反应器内物料是完全混合的，对于推流式曝气池系统，则是在此基础上加以修正；②活性污泥系统的运行条件绝对稳定；③二次沉淀池内无微生物活动，也无污泥累积并且水与固体分离良好；④进水基质均为溶解性的，并且浓度不变，也不含微生物；⑤系统中不含有毒物质和抑制物质。

1. K_s、V_{max}（q_{max}）的确定

莫诺特模式
$$V = V_{max} \cdot \frac{S}{K_s + S}$$

有机基质的降解速率等于其被微生物的利用速率，即
$$V = q = \left(\frac{ds}{dt}\right)/X$$

将式 $V = V_{max} \cdot \frac{S_e}{K_s + S_e}$ 取倒数，得 $\frac{1}{V} = \frac{K_s}{V_{max}} \cdot \frac{1}{S_e} + \frac{1}{V_{max}}$

式中，$V = q = -\dfrac{(ds/dt)_u}{x}$

所以 $\dfrac{1}{V} = \dfrac{1}{q} = \dfrac{X}{(\mathrm{d}s/\mathrm{d}t)_u} = \dfrac{tX}{S_i - S_e} = \dfrac{VX}{Q(S_i - S_e)}$

取不同的 Q 值，即可计算出 $\dfrac{1}{V} = \dfrac{1}{q}$ 的值，绘制 $\dfrac{1}{V} - \dfrac{1}{S_e}$ 关系图，图中直线的斜率为 $\dfrac{K_s}{V_{\max}}$，截距为 $\dfrac{1}{V_{\max}}$，从而可确定 K_s 和 $V_{\max}$。

2. Y、K_d 的确定

$$\dfrac{\mathrm{d}x}{\mathrm{d}t} = Y\left(\dfrac{\mathrm{d}s}{\mathrm{d}t}\right)_u - K_d x \quad 且 \quad \theta_c = \dfrac{(X)_t}{(\Delta x/\Delta t)_T} = \dfrac{x}{\mathrm{d}x/\mathrm{d}t}$$

式中，Y 为微生物产率系数；K_d 为自氧化系数。

经整理后可得 $\dfrac{1}{\theta_c} = Y \cdot q - K_d$ 以及 $q = \dfrac{(\mathrm{d}s/\mathrm{d}t)_u}{X} = \dfrac{S_i - S_e}{tX} = \dfrac{Q(S_i - S_e)}{VX}$

取不同的 θ_c 值，并由此可以得出不同的 S_e 值，代入上式，可以得出一系列 q 值。绘制 $q - \dfrac{1}{\theta_c}$ 关系图，图中直线的斜率为 Y，截距为 K_d。

三、仪器与试剂

实验装置由 5 个反应器及配水、投水系统、空压机等组成（图 4-22）。

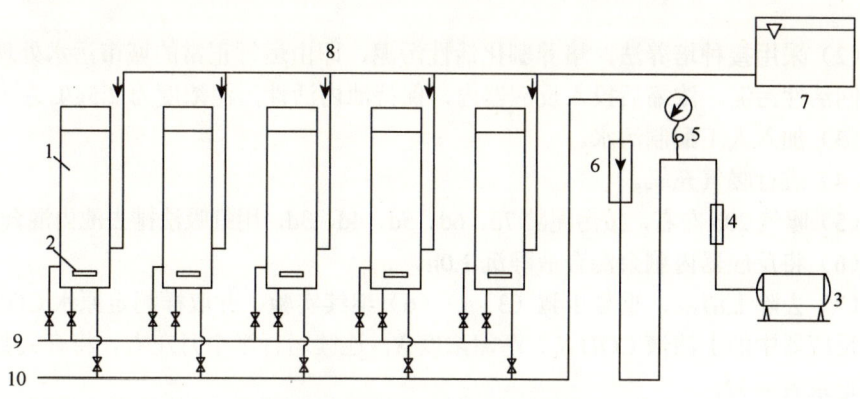

图 4-22 间歇式生化动力常数测定装置

1—反应罐；2—布气头；3—空压机；4—过滤器；5—压力表；6—气体转子流量计；7—投配水箱；8—配水管；9—排水与放空；10—进气管

（1）生化反应器为 5 组有机玻璃柱，内径 $D = 190\,\mathrm{mm}$、高 $H = 600\,\mathrm{mm}$、池底有十字形孔眼 0.5mm 的穿孔曝气器，池顶有 10cm 保护高，有效容积为 14.2L。

（2）配水与投配系统、钢板或其他盛水容器均可。

（3）空压机及过滤器。

(4) COD 测定仪、玻璃器皿。
(5) 马弗炉。
(6) 瓷坩埚。
(7) 葡萄糖。
(8) 三氯化铁。
(9) 硫酸铵。
(10) 磷酸二氢钾。
(11) 氯化钙。
(12) 硫酸镁。

四、实验步骤

(1) 按表 4-31 配制污水，以避免因进水水质波动对实验产生的影响。

表 4-31 人工配置污水的配方

药剂	投加浓度/(mg/L)	药剂	投加浓度/(mg/L)
葡萄糖	200~650	三氯化铁	0.8~2.5
硫酸铵	72~215	氯化钙	0.2~0.5
磷酸二氢钾	12.5~37.5	硫酸镁	0.2~0.5

(2) 采用接种培养法，培养驯化活性污泥，即由运行正常的城市污水处理厂中取回活性污泥，浓缩后投入反应器内，保持池内活性污泥浓度为 2.5g/L 左右。
(3) 加入人工配制污水。
(4) 进行曝气充氧。
(5) 曝气 20h 左右，按污泥龄 7d、6d、5d、4d、3d，用虹吸法排去池内混合液。
(6) 将反应器内剩余混合液静沉 1.0h。
(7) 去除上清液，重复步骤（3）~（6）继续实验、并取样测定原水 COD S_i 及各反应器中的上清液 COD S_e、污泥浓度 X，连续运行半个月左右，将有关数据分别记录表 4-32。

表 4-32 间歇式生化反应动力学参数求定实验记录及成果整理

Q/(L/d)	S_i/(mg/L)	S_e/(mg/L)	X/(gVSS/L)	Q_w/(L/d)	Q/[kg/(kg·d)]	θ_c/d

五、数据处理

（1）整理原始数据，分别计算出 S_e、S_t、X、θ_c 值，其中

$$\frac{1}{q} = \frac{VX}{Q(S_i - S_e)}, \quad \theta_c = \frac{VX}{\Delta X}, \quad \Delta X = Q_w X$$

（2）以 $1/S_e$ 为横坐标，$1/V$ 为纵坐标，通过作图法或一元线性回归可求 V_{max} 和 K_s。

（3）以 q 为横坐标，以 $1/\theta_c$ 为纵坐标，通过作图法或一元线性回归可求出 y 和 K_d。

六、注意事项

（1）反应器内混合液应保持完全混合状态。
（2）反应过程中排污量应通过所选的污泥龄来确定。

七、思考题

（1）活性污泥动力学参数的测定对实际水处理工程中有何作用？
（2）本实验的动力学参数公式是否适合于推流式反应器？

实验 12　生物转盘实验

一、目的和要求

（1）了解生物转盘反应器的基本构造。
（2）了解生物转盘的挂膜技术。
（3）掌握生物转盘对废水的处理技术。

二、原理

生物转盘又称旋转式生物反应器、它是由盘片、接触反应槽、转轴和驱动装置等部分组成。盘片成组串联在转轴上，转轴支承在半圆形反应槽两端的支座上。转轴约有 40% 浸没在槽内的污水中。

生物转轴运转时，污水在反应槽中顺盘片间隙流动，组片在转轴带动下缓

慢转动，污水中的有机污染物为转盘上的生物膜所吸附。当这部分盘片转离水面时，盘片表面形成一层污水薄膜，空气中的氧不断地溶解到水膜中，生物膜中的微生物吸收溶解氧，氧化分解被吸附的有机污染物。盘片转动一周，即进行一次吸附—吸氧—氧化分解的过程，转盘不断转动，污染物不断地被氧化分解，生物膜也逐渐变厚，衰老的生物膜在水流剪切力作用下脱落，并随污水排至沉淀池。转盘转动也使槽中污水不断地边搅边充氧，脱落的生物膜在槽中呈悬浮状态，继续起净化作用，因此生物转盘兼有活性污泥池的功能（图4-23）。

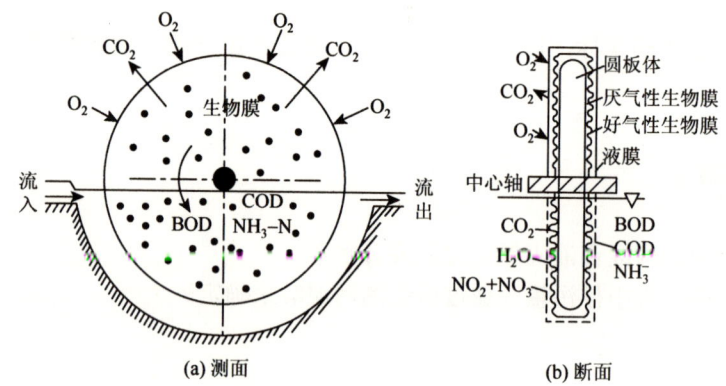

图 4-23　生物转盘净化反应过程与物质传递示意图

三、仪器与试剂

（1）生物转盘反应器（上海嘉定封滨模型厂）。
（2）COD 快速测定仪。
（3）取样管。
（4）秒表。

四、实验步骤

（1）挂膜和驯化。先取约 4L 的下水沟中的污水（近中性含大量微生物）用水 1∶1 的比例稀释后加入槽内，让水体中的微生物自行附着在盘片上生长，待 5～6d 后组片附上一层黏滑物时，可适当地加入一些低负荷废水对膜进行驯化和培养。待生物膜稳定形成，便可进行污水处理的实验工作。

（2）转换转速对 COD 去除的影响。生物转盘反应器的转盘转速是个重要的操作参数，转数增加有利于提高生物膜固液界面的传质速率，也有利于提高液相的溶解氧浓度，但剪切力的增加加剧了生物膜的剥落。通过实验不同转速条件下 COD 的去除情况，确定最佳转盘转速。

(3) 停留时间对 COD 去除的影响。在最佳转换转速下，分别测定停留时间为 1h、5h、10h、15h、20h、40h 下出水 COD，确定最佳停留时间。进而确定对生活污水的 COD 去除率。

(4) 分别在一、二、三级生物转换上刮去少量生物膜样进行镜检，观察微生物分布上有何不同。

五、数据处理

(1) 绘制 COD 去除率与转盘转速的关系曲线，确定最佳转盘转速。
(2) 绘制 COD 去除率与停留时间的关系曲线，确定最佳停留时间。
(3) 确定达预期效果时 COD 面积负荷率 N_i，水力负荷率 N_q。

$$N_A = \frac{QS_0}{A}[gCOD/(m^2 \cdot d)]$$

$$N_q = \frac{Q}{A} \times 10^3 [L/(m^2 \cdot d)]$$

式中，Q 为一原污水流量，单位为 m^3/d；S_0 为原污水 COD，单位为 g/m^3；A 为转盘盘片全部外表面积，单位为 m^2。

(4) 描述三级转盘上微生物的镜检结果。

六、注意事项

(1) 转换转速要保持稳定，应设稳压装置。
(2) 转换转速，不易过快，否则容易导致生物膜的脱落。

七、思考题

(1) 生物转盘是如何完成对废水的净化？影响生物转盘的处理效率的因素有哪些？
(2) 生物转盘在水处理当中与其他活性污泥方法相比有何优点？

实验 13 粉尘粒径分布测定

一、目的和要求

利 TZC—2 型粒度测定仪，记录各种粉尘在不同液体中的沉降过程，应用斯托克斯计算公式计算并作出沉降曲线，求出不同粒径范围内的粉尘所占的百分数，从而掌握重力沉降测定粉尘粒径分布的方法。

二、原理

液体重力沉降法是根据不同大小的粒子在重力作用下,在液体中的沉降速度不同这一原理而求得的。粒子在液体(或气体)介质中作等速自然沉降时所具有的速度,称为沉降速度,其大小可用斯托克斯公式表示

$$\mu_t = \frac{d_p^2(\rho_p - \rho_L)g}{18\mu}$$

式中,μ_t 为粒子的沉降速度,单位为 cm/s;d_p 为粉尘粒子的直径,单位为 cm;ρ_P 为粉尘粒子真密度,单位为 g/cm³;ρ_L 为沉降液的密度,单位为 g/cm³;g 为重力加速度,为 980cm/s²;μ 为沉降液的黏度,单位为 g/cm·s。

$$d_p = \sqrt{\frac{18\mu}{(\rho_p - \rho_L)g}} \cdot \sqrt{\mu_t}$$

当测出颗粒沉降至一定高度 H 所需之时间 t 后,就能算出沉降速度 V_t,进而再算出颗粒直径 d_p,上式可改写为:

$$d_p = \sqrt{\frac{18\mu}{(\rho_p - \rho_L)g}} \cdot \sqrt{\frac{H}{t}}$$

式中,H 为粒子的沉降高度(沉降液面到称盘底面的距离),单位为 cm;t 为沉降时间,单位为 s。

利用上述原理可求得颗粒分布情况。测定时,只要将 4~6g 烘干后的测定物放在 500mL 的沉降液中经搅拌后进行沉降,求得沉降曲线,并换算颗粒大小及它们所占的百分比。

三、实验仪器

(1)自动记录粒度测定仪,型号 TZC—2,上海天平仪器厂,自动记录范围 2g,分度 20mg。
(2)毛细管液体黏度计 1 支。
(3)液体比重计 1 支。
(4)分析天平 1 台。
(5)搅拌器 1 台。
(6)恒温烘箱 1 台。
(7)水银温度计(0~100℃)1 支。
(8)小钢尺 1 支。
(9)保干器 1 个。

（10）电炉 1 个。
（11）烧杯、量筒等玻璃器各 2 个。

四、准备工作

（1）分散剂的选择及制备：为了更好地测得颗粒的分布值，防止试样黏结，需加分散剂，但分散剂的剂量必须适当，当分散剂加得太多时，直接改变了沉降液的黏度，使分散粒子会相互干扰，并影响到颗粒的沉降速度；另外，如果分散剂用量太少时，则等于没有加分散剂。

分放剂的选择，根据一般情况，大致如下：①用水或水混合物作沉降液时，必须添加大偏磷酸钠或焦磷酸钠，因为添加胶溶剂不仅能软化水，而且能避免颗粒凝聚和分散凝胶，建议分散剂量为 0.2%，最多不应超过 5%。②对于粉状与结晶状的分散剂，用一定百分比的水与分散剂混合并加热熔化。

（2）沉降液的选择：对于比重小而又极细的颗粒（大的比重在 3 以下，检度为 10pm 以下）建议用蒸馏水或黏度更小的溶液（如甲醇、苯、……）做沉降液。

对于比重大、粒度也大的物质（比重在 3 以上，检度在 30pm 以上）建议采用黏度系数大的沉降液，如在水溶液中，加适当量的甘油或明胶，或采用正丁醇、煤油、豆油、机油、变压器油等黏度大的沉降液。

（3）被测试样量的确定：粉尘试样能以干燥状态，也能够以悬浮状态被采用，测量范围在 1~100pm。试样比重是确定称量和计算沉降时间的依据，必须首先测出或查出试样的比重。

由于粒度测定仪自动记录范围为 2g，所以试样量 W 可用下式求得

$$W = 2 \times \frac{\rho_p}{\rho_p - \rho_L} \cdot \frac{V}{v} K_B$$

式中，W 为试样量，单位为 g；V 为沉降液的全容积，单位为 mL；v 为由盘到圆筒上液面的容积，单位为 mL；K_B 为"抵制效果"损失的修正值，仪器设计中考虑到"抵制效果"为最小，因而 K_B 值可取 0.1。用 1/10000 分析天平准确称量按上式计算的干燥试样待测，天平应事先校准。

五、实验步骤

（1）配制 500mL 沉降液，测定其比重、温度及黏度。
（2）接通电源，开启天平横梁，在选择好的 500mL 沉降液中使横梁处于平衡点，然后关闭天平。
（3）把烘干后的沉降试样，按计算得到的数量用分析天平准确称量 0.0001g

倒入已制备好的沉降液体中，用电动搅拌仪对悬浮液进行搅拌分散，因搅拌均匀程度直接影响实验数值的正确性，因而建议搅拌时间为30～60min。（注：悬浮液是沉降液加上分散剂，再加上被测试样）。

（4）在搅拌过程中，测量悬浮液的温度。

（5）打开总电源，将盛有悬浮液的沉降筒连同前称盘一起放入沉降筒底座，再把称盘上下往复拉几次，主要用来改变搅拌器搅拌后产生的离心力，防止粗颗粒向沉降筒四壁沉陷，迅速把称盘挂到前吊耳上，开启天平，打开工作开关，天平经过短暂的平衡后，马上进入正常工作状态。

上述这一步要熟练掌握，尽量在短时间内完成，防止被测样品大量沉积。

（6）实验终止后，关闭天平、日光灯开关及总电源，用小钢尺测量沉降高度 H，用虹吸管将沉降筒内称盘上端的悬浮液小心地抽出，然后把称盘上的沉积物及悬浮液分别放入烘箱内烘干，以便求得悬浮液内的粉末量及沉降在称盘内的粉末重量。

（7）最后再拉左面侧板上的还原装置，使记录笔自动还原到左边以便下一次的实验。

六、数据处理

（1）作沉降曲线及计算各种粒径的沉降时间，实验终止后，取下记录纸，连接各小阶梯顶点作曲线；按记录纸走纸速度和实验开始到结束的走纸长度，换算成时间 t_n，此时沉降的最小粒径可用斯托克斯公式进行计算。

$$d_{\min} = \sqrt{\frac{18\mu}{(\rho_p - \rho_L)g}} \cdot \sqrt{\frac{H}{t}}$$

在测定过程中黏度以 pm 为单位，沉降时间 t 以分钟为单位，因此上式写成

$$d_{\min} = \sqrt{\frac{18\mu}{(\rho_p - \rho_L)980}} \cdot \sqrt{\frac{H}{60t}} \times 10^4$$

$$= 175\sqrt{\frac{\mu}{(\rho_p - \rho_L)}} \cdot \sqrt{\frac{H}{t}}$$

通过计算可知，经过 t min 后仍悬浮在称盘上的样品颗粒都是小于 $d_{\min}$ 的。根据斯托克斯公式可以计算出大于 $d_{\min}$ 的各种颗粒的粒径。

计算结果如表4-33。

表4-33 实验数据计算结果表

颗粒直径 $d_{\min}$/μm	(d_1)	(d_2)	(d_3)	(d_4)	(d_5)	(d_6)
沉降时间 t/min						
走纸长度/cm						

（2）计算各种粒度范围内粒径分布值：准确称量称盘内被测试样沉降量 W_1（称盘内试样烘干后的实际称量）。

准确称量悬浮液中粉末重 W_2（称盘上力悬浮液吸出烘干后的粉末的实际称量，里面有被测试样及分散剂）。

沉降筒中分散剂总加入量为 m，则称盘上悬浮液中分散剂含量 m' 为

$$m' = m \frac{H}{H + H_i}$$

式中，H 为沉降高度；H_i 为秤盘底至沉降筒底之距离。

被测试样真实悬浮量为 W_3

$$W_3 = (W_2 - m') \times \Phi^2_{称盘} / \Phi^2_{筒}$$

被测试样悬浮量% = $\dfrac{W_3}{W_3 + W_1}$

总沉降量% = 100% − 被测试悬浮量%

总沉降截距为 x 格，根据各已知粒径在沉降曲线上的坐标点分别对沉降曲线作切线，各切线与核坐标轴相交，其交点为沉降量截距，d_{min} 为该试样的最小沉降粒径，或者说是沉降到称盘中的最小颗粒，所以通过 d_{min}（pm）粒径在沉降曲线上的坐标点作切线及切线与横坐标的交点为试样的最大沉降量截距，知道了样品的最大沉降量截距后就可以根据其他粒径在横坐标上截距格数，计算各种粒径范围内样品的沉降百分比。

计算结果如表 4-34。

表 4-34 实验数据计算结果表

粒度分布范围/μm	(d_{min}—d_1)	(d_1—d_2)	(d_2—d_3)	(d_3—d_4)	(d_4—d_5)	(d_5—d_6)	>d_7
横坐标格数							
占总沉降量%							
占总式样量%							

七、思考题

（1）选择沉降液、分散剂的主要依据是什么？
（2）怎样校正天平起始平衡位置？
（3）如何校正天平记录的分度值？
（4）测定过程中应注意些什么问题？

(5) 怎样计算各种粒径范围内试样的沉降量百分比?

实验14　"亚铵法"回收低浓度SO_2

一、实验目的

(1) 掌握"亚铵法"回收低浓度SO_2的原理。
(2) 通过本实验流程的设计、安装、操作及数据整理,学习吸收净化法的一些实验研究方法和实验技能。
(3) 了解吸收条件对吸收SO_2的影响。

二、亚铵法的原理及工艺流程

(1) 化学反应方程

吸收过程　　$SO_2+(NH_4)_2SO_3+H_2O \longrightarrow 2(NH_4)HSO_3$

中和过程　　$(NH_4)HSO_3+NH_3+H_2O \longrightarrow (NH_4)_2SO_3 \times H_2O \downarrow$

若用$(NH_4)HCO_3$中和　　$(NH_4)HCO_3+(NH_4)HCO_3 \longrightarrow (NH_4)SO_3 \times H_2O+ CO_2$

滤出产品$(NH_4)_2SO_3 \cdot H_2O$后的母液返回吸收SO_2循环使用。

(2) 工艺流程:亚铵法吸收SO_2的旅程如图(4-24)所示。

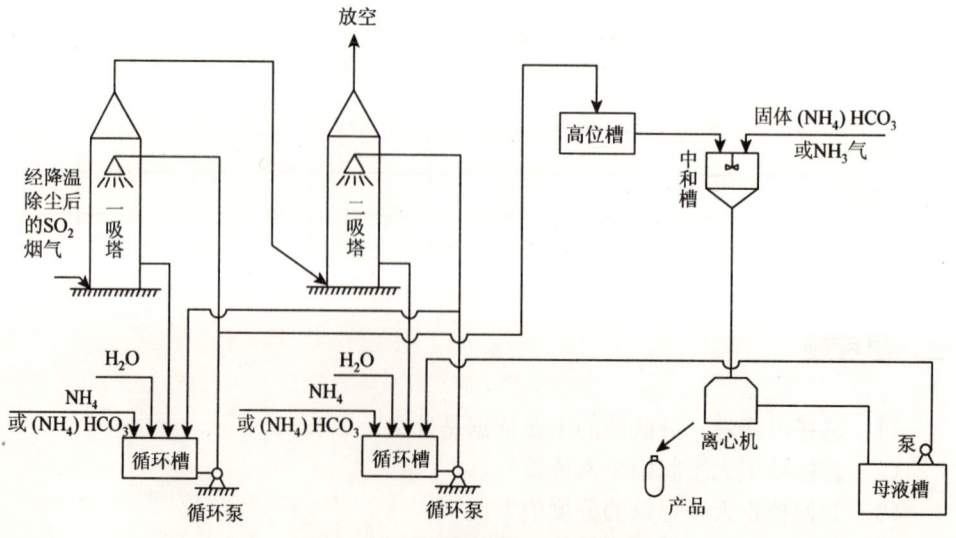

图 4-24　固体亚铵法工艺流程图

三、实验准备

(1) 在实验室所给定的物质条件下,设计本实验的合理流程,并将所选用按设计流程组装成实验系统。

(2) 用钢瓶配制合 SO_2 为 1% 的原料气(在钢瓶内用 N_2 气稀释纯 SO_2 气体)。

(3) 准备一定量的固体 $(NH_4)HCO_3$ 和一瓶浓氨。

四、实验操作

(1) 将原料气通入吸收塔并用亚硫酸铵饱和溶液淋洒吸收 SO_2,用 SO_2 分析仪测出尾气中 SO_2 浓度。

(2) 通入 NH_3 气或固体 $(NH_4)HCO_3$ 中和吸收液(即吸收 SO_2 后的亚硫酸铵溶液),将 $(NH_4)_2SO_3 \cdot H_2O$ 滤出称重(湿重),此项操作本实验不做。

(3) 改变气-液比,将实验结果填入下表 4-35。

表 4-35 实验结果记录表   日期:

序号	操作条件				测定结果				观察摘要
	原料气中 SO_2 浓度 /%	吸收操作温度 /℃	吸收操作压力 /P	气-液流量比 (S/C)	入塔气中 SO_2 总量 / (mg/Nm^3)	出塔气中 SO_2 浓度 / (mg/L)	$(NH_4)_2SO_3 \cdot H_2O$		
							湿重	SO_2 回收率/%	
1									
2									
3									
4									

注:表中 S/C 表示入塔气中 SO_2 含量与入塔淋洒液中 NH_3 含量之比

五、实验报告

(1) 简述亚铵法吸收 SO_2 的工艺原理并绘出所设计的实验流程图(带控制点)。

(2) 说明各控制点所使用的仪器及监测方法。

(3) 测定结果(填入表 4-35)及数据计算处理过程。

(4) 结果讨论,如影响 SO_2 吸收率的因素,本实验研究方法的评论等。

六、思考题

(1) 已知配气钢瓶容积为 V，抽空钢瓶内气后，充入 SO_2 气体体积为 V_{SO_2}（温度为 T_2、压力为 P_{SO_2} 大气压）。然后再向钢瓶内充入 N_2 气，使钢瓶内压力升至 P 大气压（在室温下）。试问怎样计算钢瓶内 SO_2 气体的浓度？并写出浓度的表达式。

(2) 亚铵法吸收 SO_2 消耗的原料是什么？在吸收操作中可否用氨气（或氨水）$(NH_4)_2SO_3$ 溶液吸收 SO_2？

实验 15　旋风除尘器性能测定

一、实验意义和目的

通过实验掌握旋风除尘器性能测定的主要内容和方法，并且对影响旋风除尘器性能的主要因素有较全面的了解，同时掌握旋风除尘器入口风速与阻力、全效率、分级效率之间的关系及入口浓度对除尘器除尘效率的影响。通过对分级效率的测定与计算，进一步了解粉尘粒径大小等因素对旋风除尘器效率的影响和熟悉除尘器的应用条件。

二、实验原理

（一）采样位置的选择

正确地选择采样位置和确定采样点的数目对采集有代表性的并符合测定要求的样品是非常重要的。采样位置应取气流平稳的管段，原则上避免弯头部分和断面形状急剧变化的部分，与其距离至少是烟道直径的 1.5 倍，同时要求烟道中气流速度在 5m/s 以上。而采样孔和采样点的位置主要根据烟道的大小及断面的形状而定。下面说明不同形状烟道采样点的布置。

1. 圆形烟道

采样点分布如图 4-25a。将烟道的断面划分为适当数目的等面积同心圆环，各采样点均在等面积的中心柱线，所分的等面积圆环数由烟道的直径大小而定。

2. 矩形烟道

将烟道断面分为等面积的矩形小块，各块中心即采样点，见图 4-25b。不同面积矩形烟道等面积小块数见表 4-36。

表 4-36　矩形烟道的分块和测点数

烟道断面面积/m²	等面积分块数	测点数
<1	2×2	4
1～4	3×3	9
4～9	4×3	12

3. 拱形烟道

分别按圆形烟道和矩形烟道采样点布置原则，见图 4-25c。

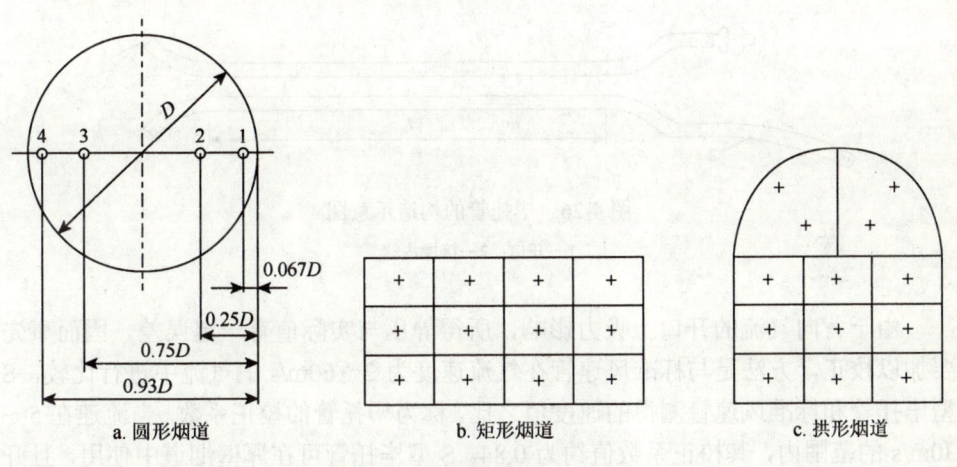

a. 圆形烟道　　　　b. 矩形烟道　　　　c. 拱形烟道

图 4-25　烟道采样点分布图

（二）空气状态参数的测定

旋风除尘器的性能通常是以标准状态（$P=1.013×10^5$Pa，$T=273$K）来表示的。空气状态参数决定了空气所处的状态，因此可以通过测定烟气状态参数，将实际运行状态的空气换算成标准状态的空气，以便于互相比较。

烟气状态参数包括空气的温度、密度、相对湿度和大气压力。

烟气的温度和相对湿度可用干湿球温度计直接测得；大气压力由大气压力计测得；干烟气密度由下式计算。

$$\rho_g = \frac{P}{R \cdot T} = \frac{P}{287 \cdot T} \tag{4-34}$$

式中，ρ_g 为烟气密度，单位为 kg/m；P 为大气压力，单位为 Pa；T 为烟气温度，单位为 K。

实验过程中，要求烟气相对湿度不大于 75%。

（三）除尘器处理风量的测定和计算

1. 烟气进口流速的计算

测量烟气流量的仪器利用 S 型毕托管和倾斜压力计。

S 型毕托管用于含尘浓度较大的烟道中。毕托管是由两根不锈钢管组成，测端作成方向相反的两个相互平行的开口，如图 4-26 所示，测定时，一个开口面向气流，测得全压，另一个背向气流，测得静压；两者之间便是动压。

图 4-26 毕托管的构造示意图

1—开口；2—接橡皮管

由于背向气流的开口上吸力影响，所得静压与实际值有一定误差，因而事先要加以校正，方法是与标准风速管在气流速度为 2～60m/s 的气流中进行比较，S 型毕托管和标准风速管测得的速度值之比，称为毕托管的校正系数。当流速在 5～30m/s 的范围内，其校正系数值约为 0.84。S 型毕托管可在厚壁烟道中使用，且开口较大，不易被尘粒堵住。

当干烟气组分同空气近似，露点温度在 35～55℃，烟气绝对压力在 0.99～1.03×10^{5}Pa 时，可用下列公式计算烟气入口流速。

$$v_1 = 2.77 K_p \sqrt{T} \sqrt{P} \tag{4-35}$$

式中，K_p 为毕托管的校正系数，K_p=0.84；T 为烟气底部温度，单位为℃；$\sqrt{P}$ 为各动压方根平均值，单位为 Pa；

$$\sqrt{P} = \frac{\sqrt{P_1} + \sqrt{P_2} + \cdots + \sqrt{P_n}}{n} \tag{4-36}$$

式中，P_n 为任一点的动压值，Pa；n 为动压的测点数，本实验取 9。

测压时将毕托管与倾斜压力计用橡皮管连好，动压测值由水平放置的倾斜压力计读出。倾斜压力计测得动压值按下式计算。

$$P = L \cdot K \cdot v \tag{4-37}$$

式中，L 为斜管压力计读数；K 为斜度修正系数，在斜管压力标出，0.2、0.3、0.4、0.6、0.8；v 为酒精比重，v=0.81。

2. 除尘器处理风量计算

处理风量
$$Q = F_1 \cdot v_1 \quad (4\text{-}38)$$

式中，v_1 为烟气进口流速，单位为 m/s；F_1 为一烟气管道截面积，单位为 m^2。

3. 除尘器入口流速计算

入口流速
$$v_2 = Q / F_2 \quad (4\text{-}39)$$

式中，Q 为一处理风量，单位为 m^3/s；F_2 为除尘器入口面积，单位为 m^2。

（四）烟气含尘浓度的测定

对污染源排放的烟气颗粒浓度的测定，一般采用从烟道中抽取一定量的含尘烟气，由滤筒收集烟气中颗粒后，根据收集尘粒的质量和抽取烟气的体积求出烟气中尘粒浓度。为取得有代表性的样品，必须进行等动力采样，即指尘粒进入采样嘴的速度等于该点的气流速度，因而要预测烟气流速再换算成实际控制的采样流量。图 4-27 为采样装置。

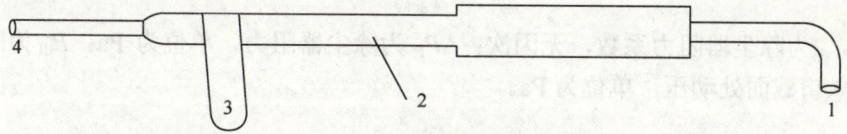

图 4-27　烟道采样装置

1—采样嘴；2—采样管（内装滤筒）；3—手柄；4—橡皮管接尘粒采样仪（流量计+抽气泵）

（五）除尘器阻力的测定和计算

由于实验装置中除尘器进出口管径相同，故除尘器阻力可用 B、C 两点（见实验装置图，图 4-28）静压差（扣除管道沿程阻力与局部阻力）求得。

$$\Delta P = \Delta H - \sum \Delta h = \Delta H - (R_L \cdot l + \Delta P_m) \quad (4\text{-}40)$$

式中，ΔP 为除尘器阻力，单位为 Pa；ΔH 为前后测量断面上的静压差，单位为 Pa；$\sum \Delta h$ 为测点断面之间系统阻力，单位为 Pa；R_L 为比摩阻，单位为 Pa/m；l 为管道长度，单位为 m；ΔP_m 为异形接头的局部阻力，单位为 Pa。

将 ΔP 换算成标准状态下的阻力 ΔP_N

$$\Delta P_N = \Delta P \cdot \frac{T}{T_N} \cdot \frac{P_N}{P} \quad (4\text{-}41)$$

式中，T_N 和 T 分别为标准和实验状态下的空气温度，单位为 K；P_N 和 P 分别为标准和实验状态下的空气压力，单位为 Pa。

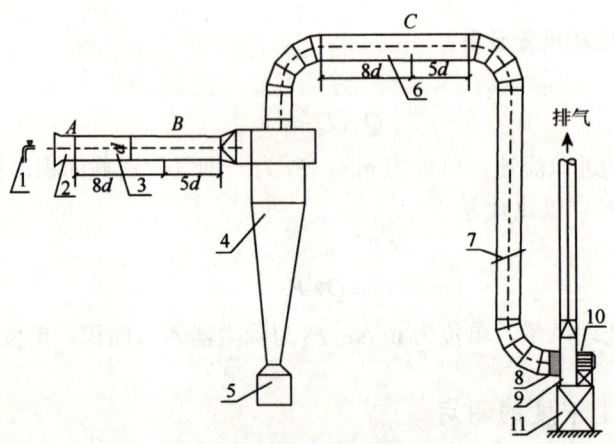

图 4-28 旋风除尘器性能测定实验装置
1—发尘装置；2—进气口；3—进气管；4—旋风除尘器；5—灰斗；6—排气管；7—毕托管测孔；
8—调节阀；9—出风管；10—风机；11—支架

除尘器阻力系数按下式计算

$$\xi = \frac{\Delta P_N}{P_{dl}} \qquad (4\text{-}42)$$

式中，ξ 为除尘器阻力系数，无因次；ΔP_N 为除尘器阻力，单位为 Pa；P_{dl} 为除尘器内入口截面处动压，单位为 Pa。

（六）除尘器进、出口浓度计算

$$C_j = \frac{G_j}{Q_j \cdot \tau} \qquad (4\text{-}43)$$

$$C_z = \frac{G_j - G_s}{Q_z \cdot \tau} \qquad (4\text{-}44)$$

式中，C_j 和 C_z 分别为除尘器进口、出口的气体含尘浓度，单位为 g/m³；G_j 和 G_s 分别为发尘量与除尘量，单位为 g；Q_j 和 Q_z 分别为除尘器进口、出口烟气量，单位为 m³/s；τ 为发尘时间，单位为 s。

（七）除尘效率计算

$$\eta = \frac{G_s}{G_j} \times 100\% \qquad (4\text{-}45)$$

式中，η 为除尘效率，单位为%。

(八)分级效率计算

$$\eta_i = \eta \frac{g_{si}}{g_{ji}} \times 100\% \qquad (4\text{-}46)$$

式中，η_i 为粉尘某一粒径范围的分级效率，单位为%；g_{si} 为收尘中某一粒径范围的质量百分数，单位为%；g_{ji} 为发尘中某一粒径范围的质量百分数，单位为%。

三、实验装置、流程和仪器

(一)实验装置、流程

本实验装置如图 4-28 所示。含尘气体通过旋风除尘器将粉尘从气体中分离，净化后的气体由风机经过排气管排入大气。所需含尘气体浓度由发尘装置配置。

(二)仪器

(1) 倾斜微压计 YYT－2000 型：2 台。
(2) U 形压差计 500～1000mm：2 个。
(3) 毕托管：2 支。
(4) 烟尘采样管：2 支。
(5) 烟尘浓度测试仪：2 台。
(6) 干湿球温度计：1 支。
(7) 空盒气压计 DYM-3：1 台。
(8) 分析天平：分度值 0.0001g，1 台。
(9) 托盘天平：分度值 1g，1 台。
(10) 秒表：2 块。
(11) 钢卷尺：2 个。

四、实验方法和步骤

(一)除尘器处理风量的测定

(1) 测定室内空气干、湿球温度和相对湿度及空气压力，按式 (4-34) 计算管内的气体密度。

(2) 启动风机，在管道断面 A 处，利用毕托管和 YYT－2000 倾斜微压计测定该断面的静压，并从倾斜微压计中读出静压值 (P_S)，按式 (4-37) 计算管内的气体流量(即除尘器的处理风量),并计算断面的平均动压值(P_d)。

(二)除尘器阻力的测定

(1)用 U 形压差计测量 B、C 断面间的静压差(ΔH)。

(2)量出 B、C 断面间的直管长度(l)和异形接头的尺寸,求出 B、C 断面间的沿程阻力和局部阻力。

(3)按式(4-40)、式(4-41)计算除尘器的阻力。

(三)除尘效率的测定

滤筒的预处理。测试前先将滤筒编号,然后在 105℃ 烘箱中烘 2h,取出后置于干燥器内冷却 20min,再用分析天平测得初重并记录。

把预先干燥、恒重、编号的滤筒用镊子小心装在采样管的采样头内,再把选定好的采样嘴装到采样头上。

调节流量计使其流量为某采样点的控制流量,将采样管插入采样孔,找准采样点位置,使采样嘴背对气流预热 10min 后转动 180°,即采样嘴正对气流方向,同时打开抽气泵的开关进行采样。按各点的流量和采样时间逐点采集尘样。

各点采样完毕后,关掉仪器开关,抽出采样管,待温度降下后,小心取出滤筒保存好。

采尘样后的滤筒称重。将采集尘样的滤筒放在 105℃ 烘箱中烘 2h,取出置于玻璃干燥器内冷却 20min 后,用分析天平称重。将结果记录在表 4-37 中。

表 4-37 除尘器效率测定结果记录表

测定次数	发尘量	发尘时间	除尘器进口气体含尘浓度	收尘量	除尘器出口气体含尘浓度	除尘器全效率
1						
2						
3						
4						

(1)用托盘天平称出发尘量(G_j)。

(2)通过发尘装置均匀地加入发尘量(G_j),记下发尘时间(τ),按式(4-43)计算出除尘器入口气体的含尘浓度(C_j)。

(3)称出收尘量(G_s),按式(4-44)计算出除尘器出口气体的含尘浓度(c_z)。

(4) 按式（4-45）计算除尘器的全效率（η）。

（四）确定除尘器性能

改变调节阀开启程度、重复以上实验步骤，确定除尘器各种不同的工况下的性能。

五、实验数据的计算和处理

（一）除尘器处理风量的测定

(1) 实验时间：　　年　　月　　日。
(2) 空气干球温度（t_d），单位为℃。
(3) 空气湿球温度（t_w），单位为℃。
(4) 空气相对湿度（RH），单位为%。
(5) 空气压力（P），单位为Pa。
(6) 空气密度（Pg），单位为kg/m。

将测定结果整理成表（表4-38）。

表4-38　除尘器处理风量测定结果记录表

测定次数	微压计读数			微压计倾斜角系数	静压	流量系数	管内流速	风管横截面积	风量	除尘器进口面积
	初读	终读	实际							
1										
2										
3										

（二）除尘器阻力的测定（表4-39）

表4-39　除尘器阻力测定结果记录表

	微压计读数			微压计	B、C断面间的静压差	比摩阻	直管长度	管内平均动压	管间总阻力系数	管间局部阻力	除尘器阻力	除尘器在标准状态下的阻力	除尘器进口界面处动压
	初读	终读	实际										
1													
2													
3													

（三）除尘器效率的测定

以除尘器进口气速为横坐标，除尘器全效率为纵坐标；以除尘器进口气速为横坐标，除尘器在标准状态下的阻力为纵坐标，将表 4-37 的测定结果标绘成曲线。

六、实验结果讨论

（1）为什么我们采用双扭线集流器流量计测定气体流量，而不采用毕托管测定气体流量？

（2）通过实验，你对旋风除尘器全效率（η）和阻力（ΔP）随入口气速变化规律得出什么结论？它对除尘器的选择和运行使用有何意义？

（3）实验装置对除尘器的运行使用有何意义？

实验 16　电除尘实验

一、实验目的及要求

1. 实验目的

（1）掌握电除尘器原理、设备构造。

（2）了解影响电除尘器除尘效率的主要因素。

（3）掌握电除尘器除尘效率的测定方法。

2. 实验要求

（1）测定静电除尘器的风压、风速、电压、电流板间距等因素对除尘效率的影响。

（2）测定静电除尘器的除尘效率。

（3）实验前进行预习。

（4）实验过程中仔细观察，认真记录，不得随意更改原始记录数据。

二、实验原理

静电除尘有 3 个基本过程。

(1) 悬浮粒子荷电：金属丝电晕放电，放出的电子迅速向正极移动，与气体分子撞击使之离子化。

(2) 带电粒子在电场内迁移和捕集：粒子在静电力作用下做定向运动，与离子碰撞而使粒子荷电，带电粒子向集尘极做定向运动被捕集。

(3) 捕集物从集尘表面上清除：振动除去接地电极上的粉尘层并使其落入灰斗。

三、实验装置及技术指标

电除尘器一套。
(1) 电场电压 0～20kV。
(2) 电场电流 0～10mA。
(3) 电场风速 0.03m/s。
(4) 除尘效率约 90%。
(5) 气体的含尘浓度 <30g/m^3。
(6) 处理气量约 150m^3/h。
(7) 处理粉尘粒径 0.1～100μm。
(8) 电晕极有效驱进速度 10m/s。
(9) 压力降 <500Pa。
(10) 气流速度 1.0m/s。
(11) 机械振打频率 50 次/min。

四、实验步骤

(1) 先检查设备是否接地，如果未接地则先接地。
(2) 测定室内空气干球和湿球温度、压力，计算空气湿度。
(3) 测定管道直径，确定分环数和测点数，求出各测点距离管道内壁的距离，并用胶布标志在毕托管和采样管上。
(4) 开启风机，测定各点流速和风量。用测压计测出各点气流的动压和静压，求出气体的密度、各点的流速、除尘前后的风量。
(5) 将控制器的电流插头插入 220V 交流插座中，打开电源开关。控制器接通电源后，低压绿色信号灯亮。
(6) 将电压调节手柄逆时针旋转至零位，轻轻按动"高压启动"按钮。这时高压红色信号灯亮，低压绿色信号灯灭。
(7) 顺时针缓慢旋转电压调节手柄，将电压升高至 5kV 时，打开保护开关 K，读取并记录 U_2、I_2。

读完后立即将保护开关闭合,继续升压。每隔 5kV 读取并记录一组数据,直至开始出现火花时停止升压。

(8) 停机时将调压手柄旋回零位,按动停止按钮,则主回路电源切断。这时高压信号灯灭,绿色低压信号灯亮。再将电源开关关闭,即切断电源。

(9) 断电后,高压部分仍有残留电荷,必须使高压部分与地短路消去残留电荷,再按要求进行下一组实验。

(10) 用天平称取一定量粉尘样。

(11) 测定除尘效率:启动风机后,记录发尘时间和发尘量。观察除尘系统中的含尘气流和粉尘浓度的变化。关闭风机后,收集灰斗中捕集的粉尘并称量,计算除尘效率。

(12) 改变系统风量,重复上述实验,确定静电除尘器在各种工况下的性能。

(13) 改变电场电压,重复上述实验,确定静电除尘器在各种工况下的性能。

五、实验结果整理

将实验数据填入表 4-40

表 4-40　电除尘器实验数据

温度		温度	
工况一			
电流		电压	
风速		风量	
粉尘入口浓度		粉尘出口浓度	
风压		除尘效率	
工况二			
电流		电压	
风速		风量	
粉尘入口浓度		粉尘出口浓度	
风压		除尘效率	
工况三			
电流		电压	
风速		风量	
粉尘入口浓度		粉尘出口浓度	
风压		除尘效率	

除尘效率用质量浓度法测定,采用下式计算

$$\eta = \frac{1-c_2Q_2}{c_1Q_1} \times 100\%$$

式中,c_1 为进口质量浓度;c_2 为出口质量浓度;Q_1 为进口风量;Q_2 为出口风量。

六、注意事项

(1)注意检查设备和全部连接线有无异常,一切正常后才能操作。
(2)实验前必须熟悉设备操作方法。
(3)实验中注意人身安全,不可靠近高压电源或高压进线箱等处,防止触电事故发生。

实验17 固体废物含水率、挥发分和灰分的测定

一、实验目的及要求

含水率、挥发分和灰分是固体废物基本的物理化学特性,直接影响到固体废物的处理处置方法。不同来源的固体废物,其含水率、挥发分和灰分等理化特性差异较大。通过实验达到以下目的。
(1)了解城市生活垃圾的一般性质。
(2)了解固体废物含水率、挥发分和灰分测定的原理。
(3)掌握固体废物含水率、挥发分和灰分测定的方法及所涉及的仪器的操作。

二、实验原理

固体废物含水率测定的是将固体废物在(105±5)℃温度下烘干一定时间(如2h)后所失去的水分量,烘干至恒重或最后二次称重之误差小于法定值。含水率常以单位质量样品所含水分质量的百分比表示。

挥发分是指固体在标准温度实验时,呈气体或蒸汽而散失的量。挥发分是反映固体废物中有机物含量近似值的指标参数,以固体废物在 600℃温度下的灼烧减量为指标。

灰分是指固体废物中不能燃烧也不挥发的物质,反映固体废物中的无机物含量。灰分熔点与灰分的化学组成有关,主要取决于 Si、Al 等元素的含量。一般固体废物的灰分可分为 3 种形态:①非熔融性;②熔融性;③含有金属成分。

本实验所用固体废物样品为城市生活垃圾。

三、实验试剂、设备

1. 样品

城市生活垃圾。组成：水果食用后的剩余物（10%）、煤灰（10%）、混合矿石或泥沙（10%）、塑料（3%）、废纸（50%）、树枝（4%）、玻璃（10%）、织物（3%），总量为100g。

2. 设备

1/100电子天平，恒温干燥箱，马弗炉、瓷坩埚，干燥器。

四、实验步骤

1. 含水率

（1）将瓷坩埚洗净后在600℃马弗炉中灼烧1h，取出冷却称重，前后两次称量误差≤0.01g，即为恒重，记作m；

（2）取5g垃圾样品，置于坩埚内称重，记作m_1；

（3）将盛有样品的坩埚放入干燥箱总，在（105±5）℃下干燥至恒重，取出置于干燥器中冷却；

（4）将冷却后的样品从干燥器中取出，称量坩埚加样品的质量m_2，直至恒重。否则重复烘干、冷却和称量过程，直至恒重为止。

2. 挥发分

（1）将干燥后的样品放入马弗炉内，在600℃灼烧2h后，取出置于干燥器中冷却。

（2）将冷却后的样品从干燥器中取出，称量坩埚加样品的质量m_3。

平行测定：每个样品须做3次平行测定，取其结果的算术平均值。

五、实验结果整理

1. 含水率、挥发分、灰分的计算

（1）含水率（W）的计算：

$$W = \frac{m_1 - m_2}{m_2 - m} \times 100\%$$

式中，W为固体废物的含水率，单位为%；m为空坩埚的质量，单位为g；m_1为干燥前坩埚加样品的质量，单位为g；m_2为经干燥恒重后，烧杯加样品的质量，单位为g。

(2) 挥发分（X）的计算：

$$X = \frac{(m_2 - m_3) \times 100\%}{m_1 - m} - W$$

式中，m_2 为坩埚和样品在灼烧前的质量，单位为 g；m_3 为坩埚和样品在灼烧后的质量，单位为 g；m 为空坩埚质量，单位为 g；m_1 为干燥前坩埚加样品的质量，单位为 g；W 为固体废物的含水率，单位为%。

(3) 灰分（A）的计算：

$$A = \frac{m_3 - m}{m_1 - m} \times 100\%$$

式中，m_3 为坩埚和样品在灼烧后的质量，单位为 g；m_1 为干燥前坩埚加样品的质量，单位为 g；m 为空坩埚质量，单位为 g。

2. 实验数据记录（表 4-41～表 4-43）。

表 4-41　含水率测定的实验数据记录表

样品名称	实验号	m/g	m_1/g	m_2/g	W/%	样品名称	实验号	m/g	m_1/g	m_2/g	W/%
城市垃圾 1	1					城市垃圾 2	N				
	⋮					城市垃圾 3	1				
	N						⋮				
城市垃圾 2	1						N				
	⋮										

表 4-42　挥发分测定的实验数据记录表

样品名称	实验号	m/g	m_1/g	m_2/g	X/%	样品名称	实验号	m/g	m_1/g	m_2/g	X/%
城市垃圾 1	1					城市垃圾 2	N				
	⋮					城市垃圾 3	1				
	N						⋮				
城市垃圾 2	1						N				
	⋮										

表 4-43　灰分测定的实验数据记录表

样品名称	实验号	m/g	m_1/g	m_2/g	A/%	样品名称	实验号	m/g	m_1/g	m_2/g	A/%
城市垃圾 1	1					城市垃圾 2	N				
	⋮					城市垃圾 3	1				
	N						⋮				
城市垃圾 2	1						N				
	⋮										

六、注意事项

(1) 含水率测定时，样品从烘箱取出后必须立刻放入干燥器中，冷却后再称量，否则会吸收空气中的水分影响称量的准确度。

(2) 样品必须烘至恒重，否则会影响本实验测量的精度。

(3) 坩埚从马弗炉取出后，在空气中冷却时间不宜过长，坩埚在称量前不能开盖。

实验 18　固体废物浸出毒性鉴别实验

一、实验目的及要求

工业固体废物按危险性分为危险废物、一般工业固体废物（Ⅰ类）、一般工业固体废物（Ⅱ类），为了贯彻《中华人民共和国环境保护法》和《中华人民共和国固体废物污染环境防治法》，必须对固体废物的危险性进行鉴别，有利于防止废物造成环境污染，加强对废物的管理，保护环境和人体健康。通过实验达到以下目的。

(1) 掌握工业固体废物按其危险性分类的方法。

(2) 熟悉环保标准的应用。

(3) 掌握浸出毒性的实验方法，了解浸出液成分的测定方法。

二、实验原理

固体废物危险性主要包括：易燃、易爆、危害、腐蚀反应、辐射、致病等。凡列入《国家危险废物名录》的，属于危险废物，不需要进行危险特性鉴别；未列入《国家危险废物名录》的，应进行危险特性鉴别，其中之一是"浸出毒性鉴别"。

固体废物遇水浸沥，浸出的有害物质迁移转化，污染环境，这种危害性称为浸出毒性。本实验所采用的方法为 HJ/T299-2007，以硝酸/硫酸混合溶液为浸提剂，模拟废物在不规范填埋处理、堆存或经无害化处理后，其中的有害组分在酸性降水的影响下，从废物中浸出而进入环境的过程。当浸出液中任何一种成分超过 GB 5085.3-2007 表 1 所列浓度限值时，则判断该固体废物是具有浸出毒性特性的危险废物。根据《一般工业固体废物贮存、处置场污染控制标准》（GB 18599—2001）

规定，按照 GB 5086.1～5086.2—1997 规定方法进行浸出实验而获得的浸出液中，有一种或一种以上的污染物浓度超过 GB 8978—1996 最高允许排放浓度，或者是 pH 在 6～9 范围之外的固体废物为一般工业固体废物（Ⅱ类），否则为一般工业固体废物（Ⅰ类）。

三、实验试剂、设备

1. 样品

本实验所用固体废物样品为磷化工废渣：磷石膏、磷泥、浮选尾矿。样品颗粒应通过 9.5mm 孔径的筛，对于粒径大的颗粒可通过破碎或碾磨降低粒径。

2. 药剂

（1）试剂水：使用符合待测物分析方法标准中所要求的纯水。

（2）浓硫酸：优级纯。

（3）浓硝酸：优级纯。

（4）浸提剂：将质量比为 2∶1 的浓硫酸和浓硝酸混合液加入到试剂水（1L 水约 2 滴混合液）中，使 pH 为 (3.20±0.05)。该浸提剂用于测定样品中重金属和半挥发性有机物的浸出毒性。

3. 设备

（1）振荡设备：转速为 (30±2)r/min 的翻转式振荡装置。

（2）提取瓶：2L 具旋盖和内盖的广口或聚乙烯瓶。

（3）真空过滤器或正压过滤器：容积≥1L。

（4）滤膜：玻纤滤膜或微孔滤膜，孔径 0.6～0.8μm。

（5）pH 计：在 25℃时，精度为 ±0.05。

（6）实验天平：精度为 ±0.01g。

（7）重金属测定：原子吸收光谱。

（8）F^- 测定：离子计+F^- 选择电极+甘汞电极。

四、实验步骤

（1）称取 150～200g 样品，置于 2L 提取瓶中，按液固比为 10∶1（L/kg）计算出所需浸提剂的体积，加入浸提剂，盖紧瓶盖后固定在翻转式振荡装置上，调节转速为 (30±2)r/min，于 (23±2)℃下振荡 (18±2)h。在振荡过程中有气体产生时，应定时在通风橱中打开提取瓶，释放过度的压力。

（2）在压力过滤器上装好滤膜，用稀硝酸淋洗过滤器和滤膜，弃掉淋洗液，过滤并收集浸出液，与 4℃下保存待测定。

五、实验结果整理

实验结果记录在表 4-44 中。

表 4-44 实验结果

样品名称	实验号	Cu	Pb	…	…	…	F⁻	样品名称	实验号	Cu	Pb	…	…	…	F⁻
磷石膏	1							浮选尾矿	1						
	⋮								⋮						
	N								N						
磷泥	1							标准值	GB 5085.3						
	⋮								GB 8978—1996						
	N														

六、注意事项

（1）非水样品应冷藏保存，并尽快分析。

（2）为了抑制 Cr^{6+} 的化学活性，样品和提取液分析前均应在 4℃下储存，保存时间最长不宜超过 24h。

（3）逐次稀释并重复分析试样，以便消除干扰。

（4）在原子化过程中，产生的气体可能会有分子吸收带而覆盖分析波长，可用背景校正或选择次灵敏波长加以解决。

实验 19 固体废物吸水率、抗压强度和颗粒容重的测定实验

一、实验目的及要求

（1）了解固体废物吸水率、抗压强度和颗粒容重的基本意义。

（2）掌握固体废物吸水率、抗压强度和颗粒容重的测定方法和原理。

二、实验原理

固体废物的吸水率是指材料试样放在蒸馏水中，在规定的温度和时间内吸水质量和试样原质量之比。吸水率可用来反映材料的显气孔率。

固体废物的机械强度是指固体废物抗破碎的阻力。通常用静载下测定的抗压

强度、抗拉强度、抗剪强度和抗弯强度来表示。抗压强度是最常用的固体废物的机械强度表示方法。

容重是指单位容积的固体废物所占的质量。城市垃圾的容重随着不同的垃圾组成、存储时间、存储状态、降解过程,以及垃圾管理的不同环节而发生变化,而同种工业固体废物的容重相对固定。

三、实验样品、设备

1. 样品

本实验所用固体废物样品为磷化工废渣,包括磷矿采矿废石、黄磷渣和磷铁,均粉碎至20mm以下。

2. 设备

(1) 恒温干燥箱。
(2) 天平。
(3) 游标卡尺。
(4) 容积密度瓶。
(5) 标准筛1个。
(6) 干燥器1个。
(7) 研钵1个。
(8) 万能实验材料测试机1台。
(9) 实验试剂:蒸馏水。

四、实验步骤

1. 吸水率的测试

根据国家标准 GB/T17431.1—1998 和 GB/T17431.2—1998,测试烧成固体废物样品的吸水率,具体如下:将固体废物放在(110±5)℃的烘箱中干燥至恒重后,放在有硅胶或其他干燥剂的干燥器内冷却至室温。称量和记录固体废物的干燥质量 m_0,精确至±0.01g。然后将样品放入盛水的容器中,如有颗粒漂浮在水面上,必须设法将其压入水中。样品浸水1h后,将样品倒入5.00mm的筛子中,滤水1~2 min,然后倒在拧干的湿毛巾上,用手抓住毛巾两端,使其成槽型,让固体废物在毛巾上往返滚动4次后,将固体废物取出称量,质量为 m。

固体废物的1h吸水率(W)按下式计算

$$W = \frac{m - m_0}{m_0} \times 100\%$$

式中，W 为固体废物1h 的吸水率，单位为%；m_0 为烘干试样的质量，单位为 g；m 为浸水后试样的质量，单位为 g。

2. 抗压强度的测试

按照国家标准 GB/T4740—1999 在液压式万能试验机上测试烧成固体废物样品的抗压强度，具体步骤如下。

（1）将样品制成直径(20±2)mm、高(20±2)mm 的试样。

（2）将试样置于温度为 110℃的烘箱中，烘干 2h，然后放入干燥器，冷却至室温。

（3）测量并记录每块试样的直径和高度，精确至 0.1mm。

（4）将试样放入试验机压板中心，并在试样两受压面衬垫1mm 厚的草纸板。

（5）选择适当的量程，以 2×10^2 N/s 的速度均匀加载直至试样破碎（以测力指针倒转时为准），记录试验机指示的最大载荷。

样品抗压强度极限按下式计算

$$\sigma_c = \frac{4P}{\pi D^2}$$

式中，σ_c 为抗压强度，单位为 MPa；P 为试样受压破碎的最大载荷，单位为 N；D 为试样直径，单位为 mm。

3. 颗粒容重测试

按照 GB 2842—81 测试烧成固体废物样品的颗粒容重。取适量样品，放入量筒中浸水1h，然后取出（可采用测完1h 吸水率的试样进行测定），称重 m。将试样倒入100mL 的量筒里面，再注入50mL 清水。如有试样漂浮在水面上，可用已知体积（V_1）的圆形金属板压入水中，读出量筒的水位（V）。固体废物的颗粒容重计算公式如下

$$\gamma_k = \frac{m \times 1000}{V - V_1 - 50}$$

式中，γ_k 为固体废物颗粒容重，单位为 kg/m³；m 为试样质量，单位为 g；V_1 为圆形金属板的体积，单位为 mL；V 为倒入试样和放入压板后量筒的水位，单位为 mL。

五、实验结果整理

1. 计算固体废物的吸水率、抗压强度和颗粒容重

（1）吸水率：

$$W = \frac{m - m_0}{m_0} \times 100\%$$

（2）抗压强度：

$$\sigma_c = \frac{4P}{\pi D^2}$$

（3）颗粒容重：

$$\gamma_k = \frac{m \times 1000}{V - V_1 - 50}$$

2. 实验数据记录

将固体废物的吸水率抗压强度、颗粒容重的测定实验数据记录在表 4-45～表 4-47 中。

表 4-45　固体吸水率的测定实验数据记录表

样品名称	实验号	m/g	m_0/g	W/%	样品名称	实验号	m/g	m_0/g	W/%
磷矿采矿废石	1				黄磷渣	N			
	⋮				磷铁	1			
	N					⋮			
黄磷渣	1					N			
	⋮								

表 4-46　固体抗压强度的测定实验数据记录表

样品名称	实验号	P/N	D/mm	σ_c/MPa	样品名称	实验号	P/N	D/mm	σ_c/MPa
磷矿采矿废石	1				黄磷渣	N			
	⋮				磷铁	1			
	N					⋮			
黄磷渣	1					N			
	⋮								

表 4-47　固体颗粒容重的测定实验数据记录表

样品名称	实验号	m/g	V/mL	V_1/mL	γ_k/(kg/m³)	样品名称	实验号	m/g	V/mL	V_1/mL	γ_k/(kg/m³)
磷矿采矿废石	1					黄磷渣	N				
	⋮					磷铁	1				
	N						⋮				
黄磷渣	1						N				
	⋮										

六、注意事项

（1）固体废物在(110±5)℃的温度下干燥至恒重后，再进行吸水率测定。

（2）抗压强度测定时，样品需放在试验机压板中心，防止因受力不均出现的实验结果误差。颗粒容重测试时,应使样品体积较小、形状规则。

实验20　固体废物的浮选分离实验

一、实验目的及要求

　　从城市生活垃圾中回收玻璃是实现其资源化的重要内容之一,本实验以玻璃和无机渣土混合物料为实验对象,采用浮选方法从中分离玻璃。通过实验到达以下目的。

　　(1)了解城市生活垃圾中回收利用玻璃资源的浮选过程,加深对浮选原理及捕收剂作用的理解;

　　(2)掌握浮选的基本操作技能,观察实验室内物料的浮选现象,熟悉物料磨碎、浮选、产品处理等操作技能。

二、实验原理

　　泡沫浮选是根据颗粒间表面疏水性的差异,在气-液界面上分离的过程。实验操作步骤包括:磨料、加药调浆、充气浮选、样品过滤、烘干、制样、分析化验。为了提高颗粒间表面疏水性差异、实现选择性浮选分离,必须用浮选药剂进行调浆,包括:捕收剂、抑制剂、活化剂、pH调整剂、起泡剂。

　　本实验用碳酸钙与玻璃混合物来模拟城市生活垃圾中无机物,考查不同捕收剂(黄药、皂、胺)的浮选效果,评价指标为浮选效率E,公式如下:

$$E = \varepsilon_k - \gamma_k$$

$$\varepsilon_k = \frac{\gamma_k \beta_k}{\gamma_k \beta_k + \gamma_x \beta_x} \times 100\%$$

$$\gamma k = \frac{W_k}{W_k + W_x} \times 100\%$$

式中,E为浮选效率,单位为%;k为目标产品;W_k为目标产品质量,单位为g;W_x为非目标产品质量,单位为g;ε_k为物料回收率,单位为%;γ_k为物料产率,单位为%;β_k为物料中目标产品含量,单位为g;β_x为物料中非目标产品含量,单位为g。

三、实验试剂、设备

1. 样品

取建筑用石、碎玻璃,质量比为3:1,湖北黄梅磷矿,原料在实验室粉碎至粒径1mm以下，混匀、缩分、装袋备用，每袋1kg。

2. 药剂

（1）pH调整剂：Na_2CO_3，工业品，配成10%水溶液使用。

（2）抑制剂：水玻璃，工业品，配成5%水溶液使用。

（3）捕收剂：皂、胺、黄药，均为工业品，配成2%水溶液使用。

3. 设备

球磨机、单槽浮选机（0.5L）、1/100电子天平、刻度吸管、秒表、真空过滤机、烘箱等。

四、实验步骤

1. 磨机操作

将磨矿筒加水磨5min，磨去铁锈，用水冲洗干净。取原样1kg，倒入磨机内，加500mL水，然后同时开动磨机和秒表，磨4min，关磨机，打开筒盖，将料浆洗入盆内，用湿式分样机分成6份供浮选用。

2. 浮选操作

（1）取1份料浆倒入浮选槽中，加水使矿浆面距溢流口的高度为5~10mm。

（2）打开浮选机开始搅拌，按流程图加入药剂（体积请自己计算，图4-29）。

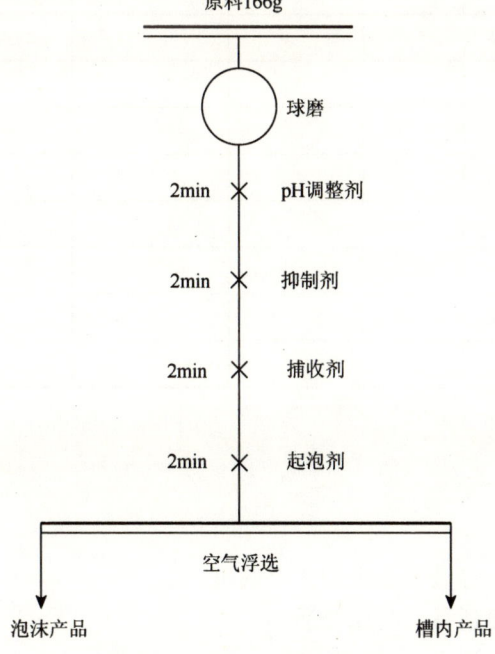

图4-29 浮选实验操作流程图

(3) 打开进气孔，用刮板将泡沫刮入小盆中，当矿浆面下降时应加入少量补加水，以保持液面恒定。

(4) 浮选至终点后，关闭进气阀，并关闭浮选机。泡沫产品与槽内产品分别过滤、烘干称重、制样送化验。

五、实验数据处理

实验数据处理结果见表 4-48 和表 4-49。

表 4-48　浮选药剂条件　　　　　　　　单位：kg/t

实验号	硫酸	碳酸钠	水玻璃	胺	黄药	皂	2#油
1							
2							
3							

表 4-49　实验结果

实验号	产品名称	质量/g	产率 λ /%	品位 β /P_2O_5%	回收率 /P_2O_5%
1	目标产品				
	非目标产品				
	原料				
2	目标产品				
	非目标产品				
	原料				
3	目标产品				
	非目标产品				
	原料				

六、注意事项

(1) 严格根据指导教师要求操作浮选机。

(2) 药剂用量要适量、配比合适。

(3) 矿浆液位要适当。

(4) 注意观察浮选过程中的循环泵压力与充气量的关系。

实验 21　生物质能热转化实验

一、实验目的及要求

在我国，生物质包括各类农作物秸秆和其他农林残余废物等，存量巨大，在能源危机与环境保护的双重压力之下，生物质能的开发利用受到人们的广泛关注，生物质能化学转化技术是生物质能能源化利用研究中的一个重点。通过实验达到以下目的。

（1）更进一步加深有机固体废物资源化方法的理解。
（2）掌握热解过程的基本操作技能。
（3）通过各组实验结果横向比较，了解不同样品在不同温度下的热值效果。

二、实验原理

热解是利用有机物的热不稳定性，在无氧条件下对其进行加热蒸馏，使有机物产生热裂解，经过冷凝后形成各种新的气体、液体和固体，从中提取燃料油和燃料气。固体废物热解反应可以用通式表示：

$$固体废物 \xrightarrow{\triangle} 气体（H_2、CH_4、CO、CO_2）+有机液体（有机酸、芳烃、焦油）+固体（炭黑、炉渣）$$

产品密度和物质含量因原料的化学结构、热解工艺和反应参数的不同而有所差异。低温通常会产生较多的液体产物，而高温则会使气态物质增多。

本实验以箱式气氛炉作为热解设备，通过冷凝回收液态产品，称量液体产物的质量和残留固体产物的质量，得到气体产物的质量 $W_G = W_{总重} - W_L - W_S$。实验考查原料、热解温度、炉内停留时间（控制 N_2 流速）对各产品产率、热值的影响。

本实验用氧弹卡计测定热值，样品在仪器中完全燃烧放出的热量促使氧弹卡计本身及其周围的介质温度升高，通过测量燃烧前后温度的变化，可以计算该样品的燃烧热值。

三、实验样品、装置

1. 样品

本实验所用固体废物样品为木屑、秸秆等，均粉碎至 20mm 以下。

2. 实验装置（图4-30）

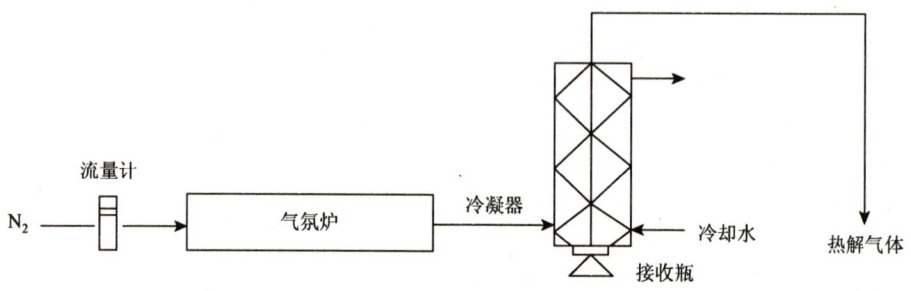

图4-30 实验装置图

3. 设备

（1）热解系统：通过单元设备进行连接，包括氮气瓶、转子流量计、管式气氛炉和玻璃冷凝器。

（2）实验天平：精度为±0.01g。

（3）热值测定：氧弹量热仪。

四、实验步骤

热解：预先将20g原料置于焙烧器皿中，器皿放至管式炉加热段并保持水平和平稳，通入N_2置换炉中的空气，将反应器加热到设定温度，加热速率为20℃/min，热解气在冷凝器中冷凝。实验完毕，停止管式炉加热，待炉温降至规定值时，取出器皿和液体接收瓶，分别称量液体产品产量和残留固体产品产量。

五、数据结果整理

表4-50 实验结果记录

样品名称	实验条件		产品	产量/g	产率/%	热值/kJ	总热值/kJ
	温度/℃	N_2流速（L/min）					
试样1			原料				
			固态产品				
			液体产品				
			气体产品				
试样2			原料				
			固态产品				

续表

样品名称	实验条件		产品	产量/g	产率/%	热值/kJ	总热值/kJ
	温度/℃	N_2流速（L/min）					
试样2			液体产品				
			气体产品				
试样3			原料				
			固态产品				
			液体产品				
			气体产品				

六、注意事项

（1）设备保持密封。

（2）点火丝不能碰到坩埚。

（3）加热开始后，控制温度上升速度。

（4）氧弹每次工作前要加入10mL水，充氧需稳定30s。

第五章　环境化学实验

实验1　空气中氮氧化物的日变化曲线

大气中氮氧化物（NO_x）主要包括一氧化氮和二氧化氮，主要来自天然过程，如生物源、闪电均可产生NO_x。NO_x的人为源绝大部分来自化石燃料的燃烧过程，包括汽车及一切内燃机所排放的尾气，也有一部分来自生产和使用硝酸的化工厂、钢铁厂、金属冶炼厂等排放的废气，其中以工业锅炉、氮肥生产和汽车排放的NO_x量最多。城市大气中2/3的NO_x来自汽车尾气等的排放，交通干线空气中NO_x的浓度与汽车流量密切相关，而汽车流量往往随时间而变化，因此，交通干线空气中NO_x的浓度也随时间而变化。

NO_x对呼吸道和呼吸器官有刺激作用，是导致支气管哮喘等呼吸道疾病不断增加的原因之一。二氧化氮、二氧化硫、悬浮颗粒物共存时，对人体健康的危害不仅比单独NO_x严重得多，而且大于各污染物的影响之和，即产生协同作用。大气中的NO_x能与有机物发生光化学反应，产生光化学烟雾。NO_x能转化成硝酸和硝酸盐，通过降水对水和土壤环境等造成危害。

一、目的和要求

（1）掌握大气采样器及吸收液采集大气样品的操作技术。
（2）学会用盐酸萘乙二胺分光光度法测定大气中氮氧化物的方法。
（3）绘制城市交通干线空气中氮氧化物的日变化曲线。

二、原理

在测定NO_x时，先用三氧化铬将一氧化氮等低价氮氧化物氧化成二氧化氮；二氧化氮被吸收在溶液中形成亚硝酸，与对氨基本磺酸发生重氮化反应，再与盐酸萘乙二胺偶合，生成玫瑰红偶氮燃料，用比色法测定。方法的检出限为$0.01\mu g/mL$（按与吸光度0.01相应的亚硝酸盐含量计）。线性范围为$0.03\sim1.6\mu g/mL$。当采样体积为6L时，NO_x（以二氧化氮计）的最低检出浓度为$0.01mg/m^3$。盐酸萘乙二胺比色法的有关反应式如下：

$$2NO_2 + H_2O \longrightarrow HNO_3 + HNO_2$$

$$HO_3S-\underset{}{\bigcirc}-NH_2 + HNO_2 + CH_3COOH \longrightarrow$$

$$HO_3S-\bigcirc-N=NOCOCH_3 + 2H_2O$$

$$HO_3S-\bigcirc-N=NOCOCH_3 + \bigcirc\bigcirc\overset{NHCH_2CH_2NH_2 \cdot 2HCl}{} \longrightarrow$$

$$HO_3S-\bigcirc-N=N-\bigcirc\bigcirc\overset{NHCH_2CH_2NH_2 \cdot 2HCl}{} + CH_3COOH$$

玫瑰红色

采集并测定一天内不同时间段交通干线空气中氮氧化物的浓度，可绘制空气中氮氧化物浓度随时间的变化曲线。

三、仪器与试剂

1. 仪器

（1）大气采样器；流量范围为 0.0～1.0L/min。
（2）分光光度计。
（3）棕色多孔玻璃吸收管。
（4）双球玻璃管（装氧化剂）。
（5）干燥管。
（6）比色管：10mL。
（7）移液管：1mL。

2. 试剂

（1）吸收液：称取 5g 对氨基苯磺酸于烧杯中，将 50mL 冰醋酸与 900mL 水的混合液，分数次加入烧杯中，搅拌、溶解，并迅速转如 1000mL 容量瓶中，待对氨基苯磺酸完全溶解后，加入 0.050g 盐酸萘乙二胺，溶解后，用水定容至刻度。此为吸收原液，储于棕色瓶中，低温避光保存。采样用吸收液由 4 份吸收原液和 1 份水混合配置。

（2）三氧化铬-石英砂氧化管：取 20g 20～40 目的石英砂，用（1∶2）盐酸溶液浸泡一夜，用水洗至中性，烘干。把三氧化铬及石英砂按重量比 1∶4 混合。加入少量水调匀，放在红外灯或烘箱里于 105℃烘干，烘干过程中应适当搅拌几次。制好的三氧化铬—石英砂应是松散的；若粘在一起，可适当增加一些石英砂重新制备。将此砂装入双球氧化管中，两端用少量脱脂棉塞好，放在干燥器中保存。使用时氧化管与吸收管之间用一小段乳胶管连接。

（3）亚硝酸钠标准溶液：准确称取 0.1500g 亚硝酸钠（预先在干燥器内放置 24h）溶于水，移入 1000mL 容量瓶中，用水稀释至刻度，即配得 100μg/mL 亚硝酸盐溶液，将其储于棕色瓶，在冰箱中保存可稳定 3 个月。使用时，吸取上述溶液 25.00mL 于 500mL 容量瓶中，用水稀释至刻度，即配得 5μg/mL 亚硝酸盐工作液。

所有试剂均需用不含亚硝酸盐的重蒸水或电导水配置。

四、实验步骤

1. 氮氧化物的采集

用一个内装 5mL 采样吸收液的多孔玻璃吸收管接上氧化管，并使管口微向下倾斜，朝上风向，避免潮湿空气将氧化管弄湿，而污染吸收液，如图 5-1 所示。以每分钟 0.3L 的流量抽取空气 30~40min。采样高度为 1.5m，如需采集交通干线空气中的氮氧化物，应将采样点设在人行道上，距马路 1.5m，同时统计汽车流量。若氮氧化物含量很低，可增加采样量，采样至吸收液呈浅玫瑰红色为止。记录采样时间和地点，根据采样时间和流量，算出采样体积。把一天分成几个时间段进行采样（6~9 次），如 7：00~7：30、8：00~8：30、9：00~9：30、10：00~10：30、11：00~11：30、12：00~12：30、13：30~14：00、15：00~15：30、16：30~17：00、17：30~18：00。

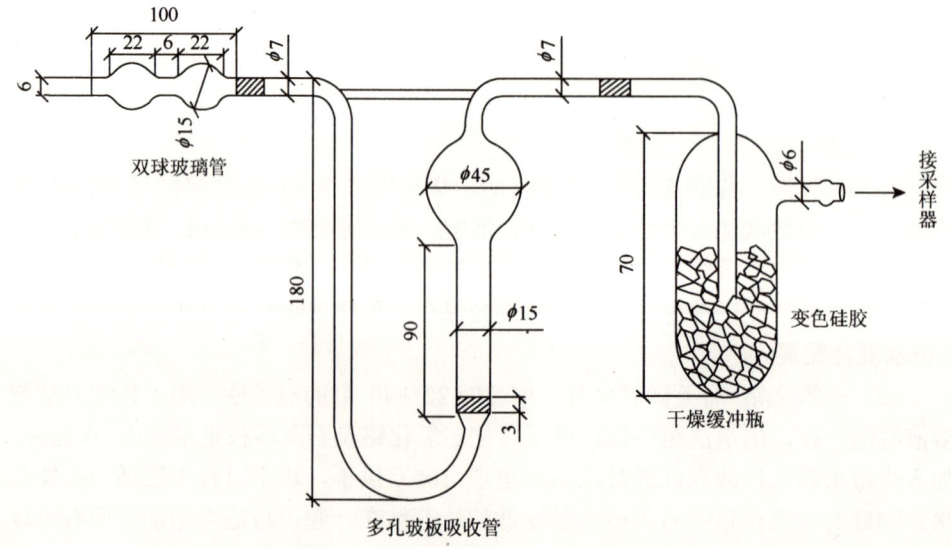

图 5-1 氮氧化物采样装置的连接图

2. 氮氧化物的测定

(1) 标准曲线的绘制：取 7 支 10mL 比色管，按表 5-1 配置标准系列。

表 5-1 标准溶液系列

编号	0	1	2	3	4	5	6
NO_2^- 标准溶液（5 μg/mL）/mL	0.00	0.10	0.20	0.30	0.40	0.50	0.60
吸收原液/mL	4.00	4.00	4.00	4.00	4.00	4.00	4.00
水/mL	1.00	0.90	0.80	0.70	0.60	0.50	0.40
NO_2^- 含量/μg	0.00	0.50	1.00	1.50	2.00	2.50	3.00

将各管摇匀，避光，放置 15min。以蒸馏水为参比，用 1cm 比色皿，在 540nm 波长处测定吸光度。根据吸光度与浓度的对应关系，用最小二乘法计算标准曲线的回归方程式。

$$y = bx + a$$

式中，y 为 $(A-A_0)$，即标准溶液吸光度（A）与试剂空白吸光度（A_0）之差；x 为 NO_2^- 含量，单位为 μg；a、b 为回归方程式的截距和斜率。

$$\rho_{NO_x} = \frac{(A-A_0)-a}{b \times V \times 0.76}$$

式中，ρ_{NO_x} 为氮氧化物浓度，单位为 mg/m^3；A 为样品溶液吸光度；A_0、a、b 表示的意义同上；V 为标准状态下（25℃，760mmHg）的采样体积，单位为 L；0.76 为 NO_2（气）转换成 NO_2^-（液）的转换系数。

(2) 样品的测定：采样后放置 15min，将吸收液直接倒入比色皿中，在 540nm 处测定吸光度。

五、数据处理

根据标准曲线回归方程和样品吸光度值，计算出不同时间空气样品中氮氧化物的浓度，绘制氮氧化物浓度随时间变化的曲线，并说明汽车对交通干线空气中氮氧化物浓度变化的影响。

六、注意事项

(1) 本方法检出限为 0.05μg/5mL（按与吸光度 0.01 相对应的亚硝酸根含量计），采样体积为 6L 时，氮氧化物（以二氧化氮计）的最低检出浓度为 $0.01mg/m^3$。

（2）水方法吸收液用量少、适用于短时间采样，测定空气中氮氧化物的短时间浓度。

（3）吸收液应避光，且不能长时间暴露在空气中，以防止光照时吸收液显色或吸收空气中的氮氧化物而使试管空白值增高。

（4）氧化管适于在相对湿度为30%～70%时使用。当空气相对湿度大于70%时，应勤换氧化管；小于30%时，则在使用前，用经过水面的潮湿空气通过氧化管，平衡1h。在使用过程中，应经常注意氧化管是否吸湿引起板结，或者变为绿色。若板结会使采样系统阻力增大，影响流量；若变成绿色，表示氧化管已失效。

（5）亚硝酸钠（固体）应密封保存，防止空气及湿气侵入。部分氧化成硝酸钠或呈粉末状的试剂都不能用直接法配制标准溶液。若无颗粒状亚硝酸钠试剂，可用高锰酸钾滴定法标定出亚硝酸钠贮备液的准确浓度后，再稀释为含5.0μg/mL亚硝酸根的标准溶液。

（6）在20℃时，标准曲线的斜率b为（0.190±0.003）吸光度/NO_2^-（5μg/mL），要求截距$a\leqslant 0.008$，如果斜率达不到要求，应检查亚硝酸钠试剂的质量及标准溶液的配制，重新配制标准溶液；如果截距达不到要求，应检查蒸馏水及试剂质量，更新配制吸收液。将符合上述要求的各次标准曲线的每个点测定值取平均值，用最小二乘法计算平均值的回归方程式。性能好的分光光度计的灵敏度高，斜率略高于0.193。温度低于20℃时，标准曲线的斜率降低，例如，在10℃时，斜率约为0.175吸光度/NO_2^-（5μg/mL）。

（7）溶液若呈黄棕色，表明吸收液已受三氧化铬污染，该样品应报废。

（8）绘制标准曲线，向各管中加亚硝酸钠标准使用溶液时，都应以均匀、缓慢的速度加入。

七、思考题

（1）氧化管中的石英砂的作用是什么，为什么氧化管变绿色就失效了？
（2）氧化管为何做成双球形？双球形氧化管有何优点？
（3）氮氧化物与光化学烟雾有什么关系？产生光化学烟雾需要哪些条件？
（4）通过实验测定，你认为交通干线空气中氮氧化物的污染状况如何？
（5）空气中氮氧化物日变化曲线说明什么？

实验2　室内空气中多环芳烃的污染分析

多环芳烃（polycyclic aromatic hydrocarbons，PAHs）是指两个以上苯环以稠

环形式相连的化合物。它是环境中广泛存在的一类有机物，是石油、煤炭等化石燃料及木材、烟草等有机质在不完全燃烧时产生的，具有致癌性、致畸性和致突变性。在已知的 1000 多种致癌物质中，PAHs 占 1/3 以上，PAHs 的存在形式及分布主要受其本身物理化学性质、气温以及其他共存污染物如漂尘、臭氧等影响。空气中 PAHs 主要以气态、颗粒态（吸附在颗粒物上）两种形式存在，但在一定条件下两者间可以相互转化。空气中 PAHs 可以与臭氧、氮氧化物和硝酸等反应，生成致癌活性或诱变活性更强的化合物。

人类绝大部分时间在室内生活或工作。一方面室外空气中的 PAHs 会进入室内；另一方面室内也有 PAHs 的污染源，如抽烟、采暖、烹调等。因此，室内空气中 PAHs 的污染对人体健康有更大的影响。

一、目的和要求

（1）掌握室内空气中 PAHs 的采集、提取和分析方法。
（2）掌握高效液相色谱仪的测定原理及使用方法。
（3）分析评价室内空气中 PAHs 的污染现状及形态分布。

二、原理

室内空气中 PAHs 的含量相对较低，受仪器灵敏度的限制，一般很难直接测定。本实验用 XAD-2 和玻璃纤维膜分别采集空气中气态、颗粒态 PAHs；用二氯甲烷作萃取剂，超声提取样品中的 PAHs，氮气吹干浓缩样品中的 PAHs；采用梯度淋洗结合可变波长荧光检测器或紫外检测器的高效液相色谱法测定痕量 PAHs 的峰高或峰面积，以外标法进行测定。通过测定分析，评价室内空气中 PAHs 的污染水平及形态分布。

三、仪器与试剂

1. 仪器

（1）高效液相色谱仪带：荧光检测器或紫外检测器。
（2）小体积气体采样泵。
（3）超声振荡器。
（4）电动离心机。
（5）比色管：10mL，25mL。
（6）离心管：10mL。

(7) 移液管：10mL，25mL。
(8) 采样管：自制。
(9) XAD-2：用甲醛在65℃下恒温回流洗净至无PAHs。
(10) 玻璃纤维滤膜：ϕ25mm，使用前用二氯甲烷洗净。
(11) 过滤器：0.22μm。
(12) 密封膜。

2. 试剂

(1) PAHs标准储备液（200μg/mL）：芴、菲、蒽、1-甲基芘、芘、荧蒽、苯并[e]芘、苯并[a]芘。
(2) PAHs标准工作液：根据HPLC的灵敏度及样品的浓度配制。
(3) 二氯甲烷、乙氰：分析纯，经重蒸、0.22μm过滤器过滤后使用。
(4) 甲醇：色谱纯，使用前经0.22μm过滤器过滤，超声脱气。
(5) 二甲基亚砜：分析纯。
(6) 氮气：高纯。
(7) 重蒸水：使用前经过0.22μm滤器过滤，超声脱气。

四、实验步骤

1. 采样点选择

选3个学生寝室作为采样点：1号点设在吸烟的学生寝室；2号点设在不吸烟的学生寝室；3号点设在寝室外面的窗台上（关闭窗门）。

2. PAHs样品的采集

依次在玻璃采样管中放入塑料垫圈、金属网、2.0g XAD-2、海绵、0.5g XAD-2、金属网，压牢；把玻璃纤维滤膜放入采样头中用垫圈密封好；用乳胶管把采样头、采样管连接起来（图5-2）。采用低噪声、小体积采样泵同时采集气态、颗粒态PAHs，即分别用25mm玻璃纤维滤膜、XAD-2采集气态、颗粒态PAHs；采集时间为24h，流量为0.5L/min，采样泵的高度为地面1.5m。

3. 样品的预处理

(1) 气态PAHs：采集后的XAD-2转移至20mL二氯甲烷和乙氰的混合液（$V_{二氯甲烷}:V_{乙氰}=3:2$），超声提取30min，移取10mL上清液至试管中，加入30μL二

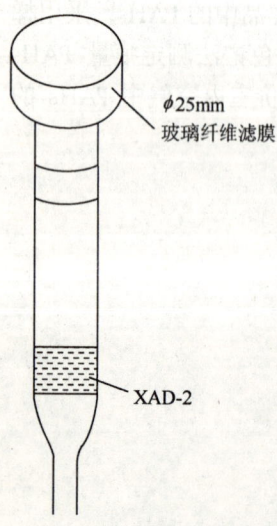

图5-2 采样装置图

甲基亚砜，用高纯氮气吹干浓缩，加入 970μL 乙腈稀释至 1.0mL。经 0.22μm 滤器过滤，然后用 HPLC 进行分析。

（2）颗粒态 PAHs：采集后的玻璃纤维滤膜剪碎后加入 10mL 二氯甲烷，超声提取 20min，离心分离，移取 5mL 上清液至 10mL 试管中，加入 30μL 二甲基亚砜，用高纯氮气吹干浓缩，加入 970μL 乙腈稀释至 1.0mL。经 0.22μm 滤器过滤，然后用 HPLC 进行分析。

4. 样品的测定

色谱柱：Wakosoil 5C-18 ϕ4.5×250mmAR 色谱柱，Supelco 5C-18 ϕ4.5×250mm 预柱；柱温：40℃；流动相：甲醇/水；流量：1.0mL/min；进样量：100μL；检测器：程序化可变波长荧光/紫外检测器。

PAHs 的 HPLC 自动分析系统由两个高压输液泵、荧光/紫外光检测器、自动进样器、控制界面、计算机等组成（图 5-3），教师应根据色谱测定条件调好仪器。表 5-2、表 5-3 分别列出了 HPLC-荧光检测法测定 9 种 PAHs 的流动相和检测器条件、以供参考。

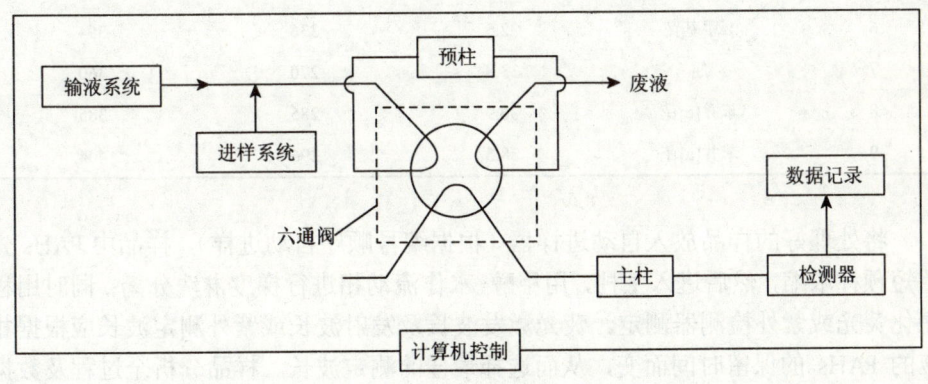

图 5-3　HPLC 装置示意图

注：预柱和主柱控温

表 5-2　测定 9 种 PAHs 流动相线性梯度

时间/min	甲醇/%	水/%	六通阀切换[①]
0.0	50	50	on
5.5	70	30	off
16.0	80	20	off
20.0	85	15	off
25.0	90	10	off
30.0	95	5	off

续表

时间/min	甲醇/%	水/%	六通阀切换[①]
35.0	95	5	off
40.0	100	0	off
45.0	100	0	off
0.0	50	50	off

①六通阀切换的时间随待测物的性质而定

表 5-3 PAHs 荧光测定条件

编号	PAHs	时间/min	激发波长/nm	发射波长/nm
1	芴	5.5	262	515
2	菲	18.8	250	370
3	蒽	21.6	254	400
4	荧蒽	25.2	287	460
5	芘	26.6	336	394
6	1-甲基芘	32.5	336	394
7	䓛	33.8	270	360
8	苯并[e]芘	36.9	285	385
9	苯并[a]芘	38.5	296	404

将处理好的样品放入自动进样器（根据编号顺序自动进样），样品中 PAHs 先用短预柱浓缩，然后进入主柱，用甲醇-水作流动相进行梯度淋洗分离；同时用程序化荧光或紫外检测器测定。荧光激发波长及发射波长或紫外测定波长应根据相应的 PAHs 的保留时间而变，从而选择最佳的测定波长。样品分析全过程及数据处理由计算机控制完成。

5. 标准曲线的绘制

以峰高（或峰面积）为纵坐标，PAHs 浓度为横坐标，绘制每一种多环芳烃的标准曲线。多环芳烃的浓度范围应根据 HPLC 的灵敏度及样品的浓度而定（表 5-4）。

表 5-4 实验数据记录表

记录项目	气态 PAHs	颗粒态 PAHs	计算过程
空气采样体积 V/m^3			采样时间流量
测定峰高（峰面积）			仪器测定值
溶液测定浓度 c_i/（ng/mL）			由工作曲线查得

续表

记录项目	气态 PAHs	颗粒态 PAHs	计算过程
空气中 PAH 浓度/(ng/mL)			$2c_i/V$
空气中 PAH 总浓度 $c_{i总}$/(ng/mL)			$c_{i气态}+c_{i颗粒态}$
气、固态 PAH 所占比例/%			$c_{i气态}/c_{i总}$，$c_{i颗粒态}/c_{i总}$
i 种 PAH 在总量中所占比例/%			$c_{i总}/c_总$

注：1. $c_{i气态}$、$c_{i颗粒态}$ 分别是空气中 i 种 PAH 在气态、颗粒态中浓度；2. i 种 PAH 总浓度=$c_{i气态}+c_{i颗粒态}$；3. i 种 PAH 在气态、颗粒态中所占比例分别为 $c_{i气态}/c_{i总}$，$c_{i颗粒态}/c_{i总}$；4. i 种 PAH 在总量中所占比例 $c_{i总}/c_总$，其中 $c_总$ 为一个样品中所有 PAHs 的 $c_{i总}$ 之和

五、数据处理

按各 PAH 的回归方程（峰高或峰面积定量）计算其气态、颗粒态中 PAH 浓度，总 PAH 浓度，气、固两态所占的比例及各 PAH 在总量中所占的比例。数据填在表 5-4 中。

六、思考题

（1）室内空气中 PAHs 的污染程度如何？
（2）分析实验数据，说明室内空气中 PAHs 的主要来源。
（3）试述影响室内空气中 PAHs 存在形态的主要因素。
（4）为什么细颗粒对人体健康危害更大？

实验 3　水体富营养化程度的评价

富营养化（eutrophication）是指在人类活动的影响下，生物所需的氮、磷等营养物质大量进入湖泊、河口、海湾等缓流水体，引起藻类及其他浮游生物迅速繁殖，水体溶解氧量下降，水质恶化，鱼类及其他生物大量死亡的现象。在自然条件下，湖泊也会从贫营养状态过渡到富营养状态，沉积物不断增多，逐渐变为沼泽，最后演变为陆地。这种自然过程非常缓慢，常常几千年甚至几万年。而人为排放含营养物质的工业废水和生活污水所引起的水体富营养化现象，可以在短时期内出现。水体富营养化后，即使切断外界营养物质的来源，也很难自净和恢复到正常水平。局部海区可变成"死海"或出现"赤潮"现象。

许多参数可作为水体富营养化的指标，常用的是总磷、叶绿素-a 含量和初级生产率的大小（表 5-5）。

表 5-5　水体富营养化程度划分

富营养化程度	初级生产率/[mg/(m²·d)]	总磷/(mg/L)	无机氮/(mg/L)
极贫	0~136	0.005	0.200
贫-中	—	0.005~0.010	0.200~0.400
中	137~409	0.010~0.030	0.400~0.600
中-富	—	0.030~0.100	0.600~1.500
富	410~547	0.100	1.500

一、目的和要求

（1）掌握总磷、总叶绿素-a 及初级生产率的测定原理及方法。
（2）评价水体富营养化状况。
（3）掌握溶解氧测定仪的使用方法。

二、仪器与试剂

1. 仪器

（1）可见分光光度计。
（2）移液管：1mL、2mL、10mL。
（3）容量瓶：100mL、250mL。
（4）锥形瓶：250mL。
（5）比色管：25mL。
（6）BOD 瓶：250mL。
（7）具塞小试管：10mL。
（8）玻璃纤维滤膜、剪刀、玻棒、夹子。
（9）多功能水质检测仪，B 溶解氧测定仪。

2. 试剂

（1）过硫酸铵（固体）。
（2）浓硫酸。
（3）硫酸溶液：1mol/L。
（4）盐酸溶液：2mol/L。
（5）氢氧化钠溶液：6mol/L。
（6）1%酚酞：1g 酚酞溶于 90mL 乙醇中，加水至 100mL。
（7）丙酮：水：溶液=9：1。

（8）酒石酸锑钾溶液：将 4.4g K(SbO)C$_4$H$_4$O$_6 \cdot \frac{1}{2}$H$_2$O 溶于 200mL 蒸馏水中，用棕色瓶在 4℃时保存。

（9）钼酸铵溶液：将 20g (NH$_4$)$_6$Mo$_7$O$_{24} \cdot$4H$_2$O 溶于 400mL 蒸馏水中，用塑料瓶在 4℃时保存。

（10）抗坏血酸溶液：0.1mol/L。溶解 1.76g 抗坏血酸于 100mL 蒸馏水中，转入棕色瓶。若在 4℃以下保存，可维持一个星期不变。

（11）混合试剂：50mL。2mol/L 硫酸、5mL 酒石酸锑钾溶液、15mL 钼酸铵溶液和 30mL 抗坏血酸。混合前，先让上述溶液达到室温，并按上述次序混合。在加酒石酸锑钾或钼酸铵后，如混合试剂有浑浊，须摇动混合试剂，并放置几分钟，直至澄清为止。若在 4℃以下保存，可维持一个星期不变。

（12）磷酸盐储备液（1.00mg/mL 磷）：称取 1.98g KH$_2$PO$_4$，溶解后转入 250mL 容量瓶中，稀释至刻度，即得 1.00mg/mL 磷溶液。

（13）磷酸盐标准溶液：量取 1.00mL 储备液于 100mL 容量瓶中，稀释至刻度，即得磷含量为 10μg/mL 的标准溶液。

三、实验步骤

（一）磷的测定

1. 原理

在酸性溶液中，将各种形态的磷转化成磷酸根离子（PO$_4^{3-}$）。随之用钼酸铵和酒石酸锑钾与之反应，生成磷钼锑杂多酸，再用抗坏血酸把它还原为深色钼蓝。

砷酸盐与磷酸盐一样也能生成钼蓝，1.0μg/mL 的砷就会干扰测定。六价铬、二价铜和亚硝酸盐也能氧化钼蓝，使测定结果偏低。

2. 步骤

（1）水样处理：水样中如有大的微粒，可用搅拌器搅拌 2～3min，以至混合均匀。量取 100mL 水样（或经稀释的水样）两份，分别放入 250mL 锥形瓶，另外取 100mL 蒸馏水于 250mL 锥形瓶中作为对照，分别加入 1mL2mol/L 的 H$_2$SO$_4$，3g(NH$_4$)$_2$S$_2$O$_8$，微沸 1h，补加蒸馏水使体积为 25～50mL（如锥型瓶壁上有白色凝聚物，须用蒸馏水将其冲入溶液中），再加热数分钟。冷却后，加 1 滴酚酞，并用 6mol/mL NaOH 将溶液中和至微红色。再滴入 2mL/L HCl 至红色刚好褪去，转入 100mL 容量瓶中，加水稀释至刻度，移取 25～50mL 至比色管，加入 1mL 混合试剂，摇匀放置 10min，加水稀释至刻度，再摇匀，放置 10min，以试剂空白作参比，用 1cm 比色皿，于波长 880nm 处测定吸光度（若分光光度计不能测定

880nm 吸光度,可选择 710nm 波长)。

(2) 标准曲线的绘制:按表 5-6 于 50mL 比色管配制标准溶液,定容后,放置 10min 后,以空白试剂作参比,用 1cm 比色皿,于 880nm(或 710nm)处测定吸光度。根据吸光度与浓度的关系,绘制标准曲线。

表 5-6 标准溶液的配制

编号	0	1	2	3	4	5	6
10μg/L 磷溶液/mL	0.00	0.50	1.00	1.50	2.00	2.50	3.00
水/mL	25	25	25	25	25	25	25
混合试剂/mL	1.00	1.00	1.00	1.00	1.00	1.00	1.00

(3) 结果处理:由标准曲线查得磷的含量,据下式计算水中磷的含量。

$$\rho_P = \frac{W_P}{V}$$

式中,ρ_P 为水中磷的含量,单位为 mg/L;W_P 为由标准曲线上查得磷含量,单位为 μg;V 为测定时吸取水样的体积(本实验 V=25.00mL)。

(二)生产率的测定

1. 原理

绿色植物的生产率是光合作用的结果,与氧的产生量成比例。因此,测定水体中的氧可看作对生产率的测量。然而植物在任何水体中都有呼吸作用产生,要消耗一部分氧。因此在计算生产率时,还必须测量因呼吸作用损失的氧。本实验采用测定两只无色瓶和两只深色瓶中相同样品内溶解氧变化量的方法测定生产率。此外,测定无色瓶中氧的减少量,提供校正呼吸作用的数据。

2. 步骤

(1) 取样:取 4 只 BOD 瓶,其中 2 只用铝箔包裹使之不透光,分别记为"亮"和"暗"。从一水体上半部的中间取出水样,测量水温和溶解氧。本实验中溶解氧采用多功能水质检测仪测定(如采用碘量法测定参见本实验)。若水体溶解氧未过饱和,记为 ρ_{O_i}。然后,将水样分别注入一对"亮"和"暗"瓶中(若水样中溶解氧过饱和,则缓缓地给水样通气,以除去过剩的氧,重新测定溶解氧并记着 ρ_{O_i})。

从水体下半部的中间取出水样按上述方法同样处理。将两对"亮"和"暗"瓶分别悬挂再与取样相同的水深位置,调整瓶子位置,使阳光能充分照射。一般将瓶子暴露几个小时，暴露期为清晨至中午，或中午至黄昏，也可清晨至黄昏。为方便起见，可选择较短时间。

（2）测定：将暴露结束的瓶子取出，逐一测定溶解氧，分别将"亮"和"暗"瓶的数值记为 ρ_{O_l} 和 ρ_{O_d}。

3. 结果处理

（1）计算总光合作用

呼吸作用：氧在暗瓶中的减少量 $R = \rho_{O_i} - \rho_{O_d}$

净光合作用：氧在亮瓶中的增加量 $P_n = \rho_{O_l} - \rho_{O_i}$

总光合作用：

$$P_g = 呼吸作用 + 净光合作用 = (\rho_{O_i} - \rho_{O_d}) + (\rho_{O_l} - \rho_{O_i}) = \rho_{O_l} - \rho_{O_d}$$

（2）计算水体上下两部分值的平均值。

（3）通过以下公式计算来判断每单位水域总光合作用和净光合作用的日速率。

a. 把暴露时间修改为日周期

$$P_g'[mgO_2/(L \cdot d)] = P_g \times 每日光周期日间/暴露时间$$

b. 将氧生产率单位从 mg/L 改为 mg/m²，这表示 1m² 水面下水柱的总生产率。为此必须知道生产区的水深。

$$P_g''[mgO_2/(m \cdot d)] = P_g \times 每日光周期日间/暴露时间 \times 10^3 \times 水深（m）$$

式中，10^3 是体积浓度 mg/L 换算为 mg/m³ 的系数。

c. 假设全日 24h 呼吸作用保持不变，计算日呼吸作用。

$$R[mgO_2/(m \cdot d)] = R \times 24/暴露时间(h) \times 10^3 \times 水深（m）$$

d. 计算日净光合作用：$P_n[mgO_2/(L \cdot d)] = P_g - R$

假设符合光合作用的理想方程（$CO_2 + H_2O \longrightarrow CH_2O + O_2$），将生产率的单位转换成固定碳的单位：$P_m(mgC/(m \cdot d)) = P_n[mgO_2/(m \cdot d)] \times 12/32$。

（三）叶绿素-a 的测定

1. 原理

测定水体中的叶绿素-a 的含量，可估计该水体的绿色植物存在量。将色素用丙酮萃取，测量其吸光度值，便可以测得叶绿素-a 的含量。

2. 实验过程

（1）样品处理。将 100～500mL 水样经玻璃纤维滤膜过滤，记录水样的体积，将滤纸卷成香烟状，放入小瓶或离心管中。加 10mL 或足以使滤纸淹没的 90%丙酮，记录体积，塞住瓶塞，并在4℃下放置4h。若有浑浊，可离心萃取液。

（2）样品测定。将萃取液倒入1cm比色皿，加盖，以试剂为参比，分别在波长665nm和750nm处测定吸光度。

加1滴2mol/L HCl于上述两只比色皿，混匀放置1min，在波长665nm和750nm处测定吸光度。

3. 结果处理

酸化前：$A = A_{665} - A_{750}$

酸化后：$A_a = A_{665a} - A_{750a}$

在665nm处测得吸光度减去750nm处测得值是为了校正浑浊液。

用下式计算叶绿素-a的浓度（μg/L）

$$叶绿素\text{-}a = \frac{29(A - A_a)V_{萃取液}}{V_{样品}}$$

式中，$V_{萃取液}$为萃取液体积，单位为mL；$V_{样品}$为样品体积，单位为mL。

根据测定结果，并查阅相关资料，评价水体富营养化状况。

$$Chl - \alpha = \frac{[11.85(D_{664} - D_{750}) - 1.54(D_{647} - D_{750}) - 0.08(D_{630} - D_{750})] \times V_E}{V_S \times \delta}$$

实验4 土壤对铜的吸附

土壤中重金属污染主要来自于工业废水、农药、污泥和大气降尘等。过量的重金属可引起植物生理功能紊乱、营养失调。由于重金属不能被土壤中的微生物所降解，因此可在土壤中不断地积累、也可为植物所富集并通过食物链危害人体健康。

重金属在土壤中的迁移转化主要包括吸附作用、配合作用、沉淀溶解作用和氧化还原作用，其中又以吸附作用最为重要。

铜是植物生长必不可少的微量元素，但含量过多也会使植物中毒。土壤的铜污染主要是来自于铜矿开采和冶炼过程。进入到土壤中的铜会被土壤中的黏土矿物微粒和有机质所吸附，其吸附能力的大小将影响铜在土壤中的迁移转化。因此，研究土壤对铜的吸附作用及其影响因素具有非常重要的意义。

一、目的和要求

（1）了解影响土壤对铜吸附作用的有关因素。

（2）学会建立吸附等温式的方法。

二、原理

不同土壤对铜的吸附能力不同,同一种土壤在不同条件下对铜的吸附能力也有很大差别。而对吸附影响比较大的两种因素是土壤的组成和 pH。为此,本实验通过向土壤中添加一定数量的腐殖质和调节待吸附铜溶液的 pH,分别测定上述两种因素对土壤吸附铜的影响。

土壤对铜的吸附可采用 Freundlich 吸附等温式来描述。即

$$Q = K\rho^{\frac{1}{n}}$$

式中,Q 为土壤对铜的吸附量,单位为 mg/g;ρ 为吸附达到平衡时溶液中铜的浓度,单位为 mg/L;K、n 为经验常数,其数值与离子种类、吸附剂性质及温度有关。

将 Freundlich 吸附等温式两边取对数,可得

$$\lg Q = \lg K + \frac{1}{n}\lg \rho$$

以 $\lg Q$ 对 $\lg \rho$ 作图可求得常数 K 和 n,将 K、n 代入 Freundlich 吸附等温式,便可确定该条件下的 Freundlich 吸附等温式方程,由此可确定吸附量(Q)和平衡浓度(ρ)之间的函数关系。

三、仪器与试剂

1. 仪器
(1) 原子吸收分光光度计。
(2) 恒温振荡器。
(3) 离心机。
(4) 酸度计。
(5) 复合电极。
(6) 容量瓶:50mL、250mL、500mL。
(7) 聚乙烯塑料瓶:50mL。

2. 试剂
(1) 二氯化钙溶液(0.01mol/L):称取 1.5g $CaCl_2 \cdot 2H_2O$ 溶于 1L 水中。
(2) 铜标准溶液(1000mg/L):将 0.5000g 金属铜(99.9%)溶解于 30mL HNO_3 中,用水定容至 500mL。
(3) 50mg/L 铜标准溶液:吸取 25mL 1000mg/L 铜标准溶液于 500mL 容量瓶中,加水稀释至刻度。

（4）硫酸溶液：0.5mol/L。

（5）氢氧化钠溶液：1mol/L。

（6）铜标准系列溶液（pH=2.5）：分别吸取 10.00mL、15.00mL、20.00mL、25.00mL、30.00mL 的铜标准溶液于 250mL 烧杯中，加入 0.01mol/L $CaCl_2$ 溶液，稀释至 240mL，先用 0.5mol/L H_2SO_4 调节 pH=2，再以 1mol/L NaOH 溶液调节 pH=2.5，将此溶液移入 250mL 容量瓶中，用 0.01mol/L $CaCl_2$ 溶液定容。该标准系列溶液浓度为 40.00mg/L、60.00mg/L、80.00mg/L、100.00mg/L、120.00mg/L。

按同样方法，配置 pH=5.5 的铜标准系列溶液。

（7）腐殖酸（生化剂）。

（8）1号土壤样品：将新采集的土壤样品经过风干、磨碎，过 0.15mm（100目）筛后装瓶备用。

（9）2号土壤样品：取1号土壤样品 300g，加入腐殖酸 30g，磨碎，过 0.15mm（100目）筛后装瓶备用。

四、实验步骤

1. 标准曲线的绘制

吸取 50mg/L 的铜标准溶液 0.00mL、0.50mL、1.00mL、2.00mL、4.00mL、6.00mL、8.00mL、10.00mL 分别置于 50mL 容量瓶中，加入 2 滴 0.5mol/L 的 H_2SO_4，用水定容，其浓度分别为 0.00mg/L、0.50mg/L、1.00mg/L、2.00mg/L、4.00mg/L、6.00mg/L、8.00mg/L、10.00mg/L。然后在原子吸收分光光度计上测定吸光度。根据吸光度与浓度的关系绘制标准曲线。

原子吸收条件。波长：325.0nm；灯电流 1mA；光谱通带：20；增益粗调：0；燃气：乙炔；助燃气：空气；火焰类型：氧化型。

2. 土壤对铜的吸附平衡时间的测定

（1）分别称取 1、2 号土壤样品各 8 份，每份 1g 于 50mL 聚乙烯塑料瓶中。

（2）向每份样品中各加入 50mg/L 铜标准溶液 50mL。

（3）将上述样品在室温下进行振荡，分别在振荡 1.0h、2.0h、3.0h、3.5h、4.0h、4.5h、5.0h 和 6.0h 后离心分离，迅速吸取上层清液 10mL 于 50mL 容量瓶中，加 2 滴 0.5mol/L 的 H_2SO_4 溶液，用水定容后，用原子吸收分光光度计测定吸光度。以上内容分别用 pH 为 2.0 和 5.5 的 50mg/L 的铜标准溶液平衡操作。根据实验数据绘制溶液中铜浓度对反应时间的关系曲线，以确定吸附平衡所需时间。

3. 土壤对铜吸附量的测定

（1）分别称取 1、2 号土壤样品各 10 份，每份 1g，分别置于 50mL 聚乙烯塑料瓶中。

(2) 在 1 号土壤 10 份样品中依次加入 50mL pH 为 2.5,浓度为 40.00mg/L、60.00mg/L、80.00mg/L、100.00mg/L、120.00mg/L 铜标准溶液,以及 pH 为 5.5,以上梯度浓度的铜标准溶液;2 号土壤的 10 份样品也如此配制,盖上瓶塞后置于恒温振荡器上。

(3) 振荡达到平衡后,取 15mL 土壤浑浊液于离心管中,离心 10min,吸取上层清液 10mL 于 50mL 容量瓶中,加 2 滴 0.5mol/L 的 H_2SO_4 溶液,用水定容后,用原子吸收分光光度计测定吸光度。

(4) 剩余土壤浑浊液用酸度计测定 pH。

五、数据处理

1. 土壤对铜的吸附量可通过下式计算

$$Q = \frac{(\rho_0 - \rho)V}{1000W}$$

式中,Q 为土壤对铜的吸附量,单位为 mg/g;ρ_0 为溶液中铜的起始浓度,单位为 mg/L;ρ 为溶液中铜的平衡浓度,单位为 mg/L;V 为溶液体积,单位为 mL;W 为烘干土壤重量,单位为 g。

由此方程可计算出不同浓度下土壤对铜的吸附量。

2. 建立土壤对铜的吸附等温线

以吸附量(Q)对浓度(ρ)作图即可制得室温下不同 pH 条件下土壤对铜的吸附等温线。

3. 建立 Freundlich 方程

以 $\lg Q$ 对 $\lg \rho$ 作图,根据所得直线的斜率和截距可求得两个常数 K 和 n,由此可确定室温相同时不同 pH 条件下不同土壤样品对铜吸附的 Freundlich 方程。

六、思考题

(1) 土壤的组成和溶液的 pH 对铜的吸附量有何影响,为什么?

(2) 本实验得到的土壤对铜的吸附量应为表观吸附量,它应当包括铜在土壤表面上哪些作用的结果?

第六章 环境工程微生物实验

实验 1 培养基的配制

培养基是人工配制的适于微生物生长、繁殖或保存的营养基质。培养基的种类繁多,但一般应具备以下几个条件:①含有适宜的碳源、氮源、无机盐类、生长因素等营养成分;②含有适量的水分;③适宜的酸碱度。

根据培养基的成分来源不同可分为合成培养基、天然培养基和半合成培养基。环境微生物学中,常用废水或废水补加少量氮、磷等无机盐来培养微生物,可认为是天然培养基或半合成培养基。

根据培养基的物理性状可分为液体、固体和半固体培养基。液体培养基中加一定量的凝固剂(常加琼脂 1.5%~2%),溶化冷凝后即成固体培养基。半固体培养基含琼脂 0.2%~0.5%。某些工农业生产废渣及生活废渣可视为天然的固体培养基。

根据培养基的特殊用途可分为选择培养基、鉴别培养基等。选择培养基在环境微生物学中应用较广,它是根据待培养微生物的特殊营养要求或生理特性而设计的培养基,利用这种培养基可将所需要的微生物从环境混杂的微生物群中分离出来。如以石油作碳源的培养基可以分离到降解石油的微生物;以纤维素为唯一碳源的培养基可以分离到纤维素分解菌。

本实验介绍培养基配制的一般原则和方法步骤。

一、实验步骤

(1)称量:先按配方计算培养基各成分的需要量,称量时一般用 1/100 粗天平即可。在烧杯或搪瓷杯中先放少量水,依次加入培养基各组分,溶解后补足至所需的总水量。对于肉膏之类黏胶状物,可盛在小烧杯或表面皿内称量,以便用水移入培养基中。蛋白胨等极易吸潮物质,在称取时应动作迅速。某些无机盐类如磷酸盐和镁盐相混合时易产生沉淀,必要时应分别灭菌后再混合。此外,生长因素及微量元素等成分因用量极少,可预先配成较浓的贮备液,使用时按要求取一定量加入培养液中即可。

(2)溶化:各成分必须溶解在培养液中。最好溶解一种组分后,再加第二种,有时需加热使其溶解。如果配方中有淀粉，则应先将其用少量冷水调成糊状，再兑入其他已溶解的成分中，边加热边搅拌，至完全溶化即溶液由浑浊转为清亮后，补水至所需总量。

溶化琼脂时，应注意控制火力使不至溢出或烧焦，并要不断搅拌。因加热过程中水分损耗较多，最后应补足至原体积。

根据需要，有时需将溶化后的培养基用脱脂棉或纱布过滤，以使培养基清亮透明。

（3）调 pH：以 10% HCl 或 10% NaOH 调节培养基至所需 pH。一般用广泛 pH 试纸矫正，必要时也可用酸度计。调时需注意逐步滴加，勿使过酸或过碱而破坏培养基中某些组分。

（4）分装：将矫正 pH 后的培养基按需要趁热分装于三角瓶或试管内，以免琼脂冷凝。分装时应注意勿使培养基黏附于管口与瓶口部位，以免沾染棉塞而滋生杂菌或影响接种操作。可以通过下边套有橡皮管及管夹的普通漏斗进行分装。

分装量视需要而定。一般分装入三角瓶时以不超过其容积的一半为宜。分装试管时，斜面培养基以试管高度的 1/5 左右为宜，半固体培养基以试管高度的 1/3 左右为宜。

（5）加棉塞：试管和三角瓶口需用棉花堵塞，主要目的是过滤除菌，避免污染。做棉塞所用的棉花应是普通长纤维棉花，不要用脱脂棉，因为脱脂棉易吸水变湿而滋长杂菌。棉塞制作方法有多种，主要的要求是不宜过松或过紧，应以塞拔方便而又不易脱落为准。正确的棉塞其头部应较大，约有 1/3 在试管外，2/3 在试管内（图 6-1），试管以内部分不应有缝隙。

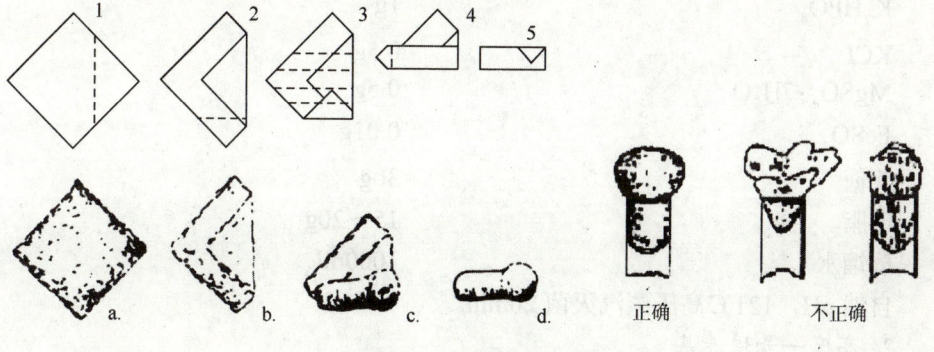

图 6-1 棉塞制作方法

（6）灭菌：在装培养基的三角瓶或试管的棉塞外面包一层牛皮纸，即可灭菌。应用铅笔注明培养基名称、配制日期等。

如制斜面培养基时，灭菌后趁热将试管斜放（图6-2），注意勿使培养基沾染棉塞。

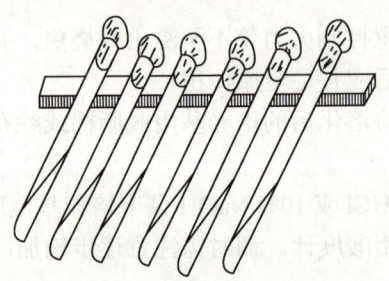

图 6-2　制作斜面培养基的方法

如制平板培养基时，灭菌后待培养基温度降至 50℃ 左右时以无菌操作（参阅第 6 章实验 3）将培养基倒入无菌培养皿内，每皿 15～20mL，平放冷凝即成平板培养基，简称平板。

若制半固体深层培养基，灭菌后垂直放置，冷凝即成。

（7）无菌检查：灭菌后的培养基，尤其是存放一段时间后才用的培养基，在应用之前应置 37℃ 温箱内 1～2d，确定无菌后才可使用。

二、几种常用培养基配方及制作法

1. 查氏培养基

$NaNO_3$	2g
K_2HPO_4	1g
KCl	0.5g
$MgSO_4 \cdot 7H_2O$	0.5g
$FeSO_4$	0.01g
蔗糖	30g
琼脂	15～20g
蒸馏水	1000mL

自然 pH，121℃ 高压蒸汽灭菌 20min。

2. 高氏一号培养基

可溶性淀粉	20g
KNO_3	1g
NaCl	0.5g

K$_2$HPO$_4$	0.5g
MgSO$_4$·7H$_2$O	0.5g
FeSO$_4$	0.01g
琼脂	15~20g
蒸馏水	1000mL

pH 为 7.2~7.4，121℃高压蒸汽灭菌 20min。

3. 马丁氏培养基

葡萄糖	10g
蛋白胨	5g
KH$_2$PO$_4$	1g
MgSO$_4$·7H$_2$O	0.5g
琼脂	15~20g
蒸馏水	1000mL

自然 pH，115℃高压蒸汽灭菌 20min。

4. 肉膏蛋白胨培养基

牛肉膏	3g
蛋白胨	10g
NaCl	5g
蒸馏水	1000mL

pH 为 7.2~7.4，121℃高压蒸汽灭菌 20min。

5. 麦芽汁培养基

（1）大麦或小麦若干，用水洗净，浸泡过夜，置 15℃使之发芽，至麦根长为麦粒的 2 倍时，即可摊开晒干或烘干，研磨成麦芽粉，保存备用。

（2）干麦芽粉一份，加水 3~4 份，60~65℃水浴糖化 3~4h，取糖化液少许，加碘液 1~2 滴，如无蓝色，说明已糖化完毕。

（3）将糖化液用 4 层纱布过滤，如未澄清，可用生鸡蛋清一个，加水 20mL，打至起沫，倒入糖化液中搅拌煮沸，再过滤，即可得到澄清的麦芽汁。

（4）用波美比重计检测糖化液中糖浓度，加水稀释至波美度 10，调 pH 至 5~6，用于培养酵母菌；稀释至波美度为 5~6，调 pH 至 7.2，可用于培养细菌。121℃高压蒸汽灭菌 20min。

6. 马铃薯培养基

马铃薯	200g
蔗糖或葡萄糖	20g
琼脂	15~20g
蒸馏水	1000mL

新鲜马铃薯去皮，切成薄片，称 200g，加蒸馏水 1000mL，煮沸 0.5h，用纱布过滤，补足因蒸发而减少的水量，即制成 20%马铃薯汁。

在马铃薯汁中加入琼脂，煮沸溶化，加糖搅匀，补足水分，115℃高压蒸汽灭菌 20min。自然 pH，加入蔗糖，用于培养霉菌；加入葡萄糖，用于培养酵母菌。

将 pH 调至 7.2～7.4，加入葡萄糖，用于培养放线菌及芽孢杆菌。

7. 豆芽汁培养基

黄豆芽	100g
蔗糖或葡萄糖	20g
琼脂	15～20g
蒸馏水	1000mL

将黄豆芽洗净，加水煮沸 0.5h，过滤，加琼脂溶化，加糖搅匀，补足水分，调 pH，115℃高压蒸汽灭菌 20min。

自然 pH，用于培养霉菌和酵母菌。调 pH 至 7.2～7.4，用于培养细菌或放线菌。

三、实验报告和思考题

（1）试述琼脂的化学本性，溶化温度、凝固温度、制固体培养基时的常用浓度。

（2）将琼脂培养基分装试管时应如何操作及其注意事项。

实验 2　灭菌与消毒

灭菌指杀死或消灭所有微生物体。消毒则是指破坏或消灭病原微生物，只能杀死微生物的营养细胞，而不能杀死全部芽孢。

灭菌与消毒的方法很多，可概分为物理的和化学的两类。实验室常用的方法介绍如下。

一、高压蒸汽灭菌

高压蒸汽灭菌是一种湿热灭菌法。在湿热情况下，菌体吸收水分，使蛋白质易于凝固；同时，湿热的穿透力强，而且当蒸汽与被灭菌物体接触冷凝成水时，又可放出热量，使温度迅速升高，从而增加灭菌效力；另外，随着压力增高，达到饱和蒸汽时所具有的温度也高（表 6-1）。这样，微生物体受热、湿及压力的作用而被杀死。

由于高压蒸汽灭菌具有灭菌效果好、适用面广的特点，因此，是实验室最常用的消毒灭菌方法。培养基、药物、实验器械、玻璃器皿和衣物等均可用此法灭菌。

表 6-1 高压蒸汽灭菌时压力与温度的关系

压力/（kg/cm²）	0	0.25	0.50	0.75	1.00	1.50	2.00
压力/（lb/in²）	0	3.75	7.50	1.25	15.00	22.50	30.00
温度/℃	100	107.0	112.0	115.5	121.0	128.0	134.5

注：1kg/cm²=98066.5Pa；1b/in²=6894.76 Pa

高压蒸汽灭菌器具有多种不同结构和规格，有自动控制的，也有人工控制的，但其基本工作原理都是利用饱和蒸汽灭菌（图 6-3）。

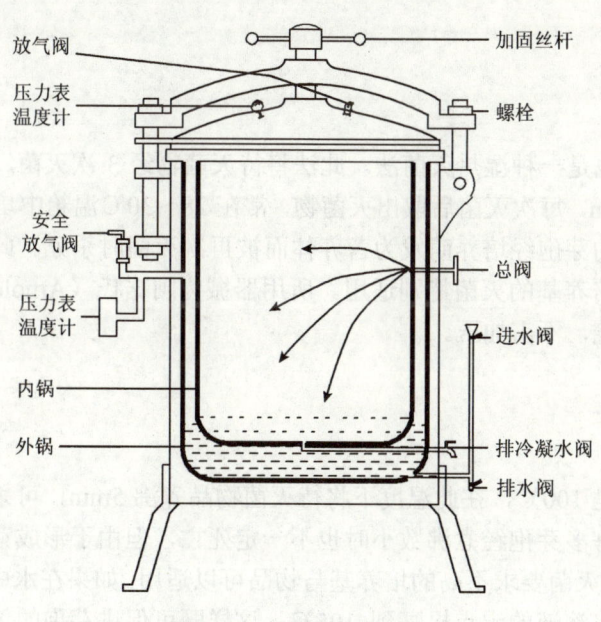

图 6-3 高压蒸汽灭菌器

高压蒸汽灭菌的操作步骤如下。

（1）从进水阀加水至水位，注水时总阀应旋至消毒位置。同时应排尽内锅冷凝水。

（2）置入待灭菌物，其上最好覆以耐水纸以防冷凝水沾湿棉塞，注意不要放得太挤，以免影响蒸汽流通。然后关闭灭菌器盖，务使盖子密闭不得漏气。

（3）打开放气阀，通电或直接蒸汽以及其他方式加热。至水沸腾后，蒸汽会将锅内冷空气由放气阀排出，约经数分钟后空气排尽，关闭放气阀，继续加热至所需灭菌温度，控制热源使温度维持至所需时间，一般培养基或器皿灭菌采用121℃经20min，即可停止加热。

（4）停止加热后，压力将逐渐下降，待压力降至零时，方可开盖取出已灭菌物。

（5）如需干燥，可在压力表指针降至1b/in^2（约6.9kPa）时将总阀旋向干燥，打开盖上的放气阀。干燥一定时间后拨开外锅安全放气阀，至压力表面至零时开盖取出已灭菌物。

高压蒸汽灭菌的关键在于使锅内充满饱和蒸汽，冷空气一定要排尽。判断锅内空气是否排尽，可用一根长橡皮管，将一头接在排气阀上，另一头插到水盆里。水煮开时，蒸汽从排气阀排出，并将锅内空气一起带出。蒸汽可在水中凝结，而空气则成为气泡上升到水的表面，当锅内空气全部排完时，水盆里的橡皮管头就不冒气泡了。

二、间歇灭菌

间歇灭菌也是一种湿热灭菌法。此法将待灭菌物经3次灭菌，每次灭菌条件为100℃，30min，每次灭菌后取出灭菌物，常在28~30℃温箱中培养24h。这样，前次灭菌未死的芽孢经培养萌发为营养体而被再次灭菌时杀死。此法对某些不耐高温的物品和培养基的灭菌特别适用。所用器械为阿诺氏（Arnold）流动蒸汽灭菌器或普通蒸笼，不需加压。

三、煮沸消毒

水的沸点是100℃，在此温度下将待灭菌物品煮沸5min，可杀死一切细菌的营养体。虽然许多芽孢经煮沸数小时也不一定死亡，但由于形成芽孢的病原菌不多，故此法对于灭菌要求不高的培养基与物品可以适用。如果在水中加入1%~2%碳酸氢钠，可将溶液的沸点提高到105℃，这样既可促进芽孢的杀灭，又可防止金属器皿生锈。

四、干热灭菌

最简单的干热灭菌是火烧法，可用于接种环、接种针、试管口等的灭菌以及废弃物的焚化。微生物实验室中常用干热灭菌是指干热空气灭菌，它适宜玻璃器皿、金属用具等的灭菌，但不能用于培养基等含水分物品。

干热灭菌使用的器械为恒温干燥箱（烤箱），操作步骤如下。

(1) 将包扎好的待灭菌物置入箱内，注意不要放得太挤，以利于空气流通。

(2) 关门，接通电源，拨动开关，旋动恒温调节器至指定温度。通常为160～170℃，超过180℃后易使包扎用纸炭化。

(3) 温度上升至指定温度后维持2h。

(4) 灭菌完毕后中断电源，待温度降至70℃以上时，方可开箱取物。

五、过滤除菌

过滤除菌适用于不能用热力灭菌的培养基或其他溶液，如抗生素、血清、疫苗等。常用的滤器有蔡氏滤器和玻璃滤器。玻璃滤器滤板是由玻璃粉热压而成，具有微孔。过滤除菌常用的玻璃滤器型号为G5和G6。蔡氏滤器使用混合纤维素酯微孔滤膜，孔径有0.2μm、0.45μm等不同规格（图6-4）。一般认为0.2μm孔径滤膜可阻留去除大部分细菌；如果灭菌要求不高，0.45μm的滤膜也可将细菌计数减少至≤10个/mL。

滤膜法过滤除菌时操作步骤如下。

(1) 将滤器、接液瓶和垫圈分别用纸包好，滤膜可放在平皿内用纸包好。在使用前先经121℃高压蒸汽灭菌30min。

(2) 以无菌操作把滤器装置依照图6-4装好。

(3) 用灭菌无齿镊子将滤膜安放于隔板上，滤膜粗糙面向上。

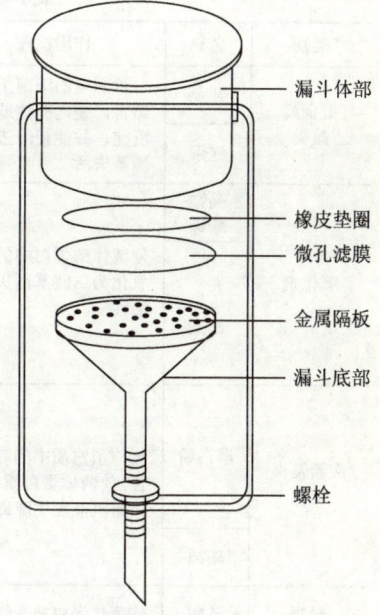

图6-4 蔡氏滤器结构示意图

(4) 将待除菌液体注入滤器内，开动真空泵即可除菌。

(5) 滤液经培养证明无菌生长后可保存备用。

六、紫外线灭菌

紫外线灭菌是用紫外线灯管进行的。波长在220～300nm的紫外线被称为紫外线的"杀生命区"，其中以260nm的紫外线杀菌力最强。该紫外线作用于细胞DNA，使DNA链上相邻的嘧啶碱形成嘧啶二聚体（主要是胸腺嘧啶二聚体），从而抑制DNA复制。另外，空气在紫外线照射下可产生臭氧，臭氧也有一定的杀菌作用。紫外线透过物质的能力很差，所以只适用于空气及物体表面的灭菌。它与被照物质的距离以不超过 1.2m 为宜。照射时间应视紫外灯管的功率大小，被照空间及面积大小，根据灭菌效果测定结果而定。紫外线对人体有伤害作用，不要在开灯时工作。

七、化学灭菌消毒

表 6-2 列出了实验室常用的化学灭菌药剂及使用方法。

表 6-2 常用化学消毒灭菌药剂

类别	名称	作用机理	主要性状	用法	用途
重金属盐类	升汞	与带阴电的细菌蛋白质结合，使之变性或发生沉淀，并能使酶蛋白的巯基失活	杀菌作用强，腐蚀金属	0.05%~0.1%	非金属器皿消毒
	红汞		抗菌力强，无刺激性	2%水溶液	皮肤黏膜、小创伤消毒
氧化剂	高锰酸钾	使菌体酶蛋白中的巯基氧化为二硫基而失去酶活性	强氧化剂，稳定	0.1%	皮肤消毒，蔬菜、水果消毒
	过氧乙酸		20%市售品有爆炸危险，性质不稳定，原液对皮肤、金属有强烈腐蚀性	0.2%~0.5%	塑料、玻璃、人造纤维消毒，皮肤消毒
卤素及卤代物	漂白粉	氯与蛋白质中的氨基结合，使菌体蛋白氧化，代谢机能发生障碍	白色粉末，有效氯易挥发，有氯味，腐蚀金属、棉织品，刺激皮肤，易潮解	乳状液：10%~20% 澄清液：乳状液放 24h 后上清液	乳状液：地面、厕所、排泄物消毒；澄清液：空气、物品表面喷雾（0.5%~1%）
	碘酒		刺激皮肤，不能与红汞同时用	2.5%	皮肤消毒
醇类	乙醇	使菌体蛋白质变性	消毒力不强，对芽孢无效	70%~75%	皮肤、物品表面消毒
醛类	甲醛	使菌体蛋白质变性	挥发慢，刺激性强	10%	浸泡：物品表面消毒；熏蒸：2~6ml/m³ 直接加热*或氧化**，密闭房间 6~24h
	戊二醛		挥发慢，刺激性小，碱性溶液杀菌作用强	以 0.3%NaHCO₃ 调 pH 至 7.5~8.5，2%水溶液	消毒不能用热力灭菌的物品，如精密仪器
酚类	苯酚	低浓度破坏细胞膜，使胞浆内容物漏出；高浓度使蛋白质凝固。此外，也有抑制细菌某些酶系统的作用	杀菌力强，有特殊气味	3%~5% 1%~2%	3%~5%地面、家具、器皿表面消毒，1%~2%皮肤消毒
	来苏水				
表面活性剂	新洁而灭	吸附于细菌表面，改变胞壁通透性，使菌体内的酶、辅酶和代谢中间产物逸出	易溶于水，刺激性小，稳定，对芽孢无效	0.05%~0.1%	洗手及皮肤黏膜消毒，浸泡器械

续表

类别	名称	作用机理	主要性状	用法	用途
烷化物	环氧乙烷	环氧乙烷的乙羟基取代许多反应基团中的氢原子而使代谢反应关键基团受损	常温下为无色气体，沸点104℃，易燃，易爆，有毒	50mg/1000mL 密闭塑料袋	手术器械、敷料、滤膜等消毒灭菌
染料	结晶紫		溶于酒精，有抑菌作用	2%～4% 水溶液	浅表创伤消毒

*加热熏蒸：按熏蒸空间计算，量取甲醛溶液，盛在小铁筒内，用铁架支好。将室内各种物品准备妥当后，点燃置于铁架下的酒精灯，关闭房门，任甲醛溶液煮沸挥发。酒精灯最好能在甲醛蒸完后自行熄灭：

**氧化熏蒸：按甲醛液用量一半称取高锰酸钾于一瓷碗或玻璃容器内，再量取所需的甲醛溶液，室内准备妥当后，把甲醛倒在盛有高锰酸钾的器皿内，立即关门。几秒钟后，甲醛液即沸腾而挥发。高锰酸钾是一种强氧化剂，当它与一部分甲醛液作用时，由氧化作用产生的热即可使其余的甲醛液挥发为气体；

甲醛液熏蒸应在使用前至少24h进行，熏蒸后密闭维持12h以上，再行处理使用。熏蒸完后量取与甲醛液等量的氨水，迅速放入室内，可减弱甲醛液熏蒸对人眼、鼻的强烈刺激作用

八、实验报告和思考题

（1）消毒灭菌可采用哪些方法？各适用于何种情况？
（2）高压蒸汽灭菌时应注意什么问题？为什么？

实验3 微生物的形态观察

一、目的要求

（1）观察细菌、真菌、放线菌的菌落特征。
（2）学习环境中的微生物的检查方法，并加深对微生物分布广泛性的认识。

二、基本原理

微生物经稀释分离或划线分离接种在固体培养基上，在适宜的培养条件下，单个菌体经生长繁殖，在固体表面形成的菌落具有一定的特征。

细菌菌落特征：大多数表面光滑湿润，有光泽，一般菌落较小，质地和颜色均匀、多样，同培养基结合不紧密。菌落特征与组成菌落的细胞结构、生长状况、排列方式、好气性和运动性等直接相关，细菌菌落特征是辨认、鉴定菌种的重要依据之一。

放线菌的菌落特征：放线菌的菌落在培养基上着生牢固，与基质结合紧密。放线菌细胞一般呈分枝无隔的丝状，纤细的菌丝分为在培养基内部的基内菌丝和伸出培养基表面的气生菌丝。气生菌丝上部分还有孢子丝，呈螺旋状、波浪状或

分枝状等，其着生形式也有所不同，菌丝呈各种颜色。孢子丝长出孢子，由于大量孢子的存在，菌落表面呈现干粉状。

真菌的菌落特征：菌落形态较大，质地较疏松，颜色各异。

三、实验器材

1. 菌种

大肠杆菌、青色链霉菌、酵母菌等。

2. 其他用具

培养皿、盖玻片、载玻片、镜台测微尺等。

四、实验内容

1. 细菌形态观察

注意观察菌落的形状、高度、大小、颜色，是湿润程度、光泽、透明度、边缘状况等。区别细菌、真菌、放线菌的菌落特征，认识菌落（图6-5）。

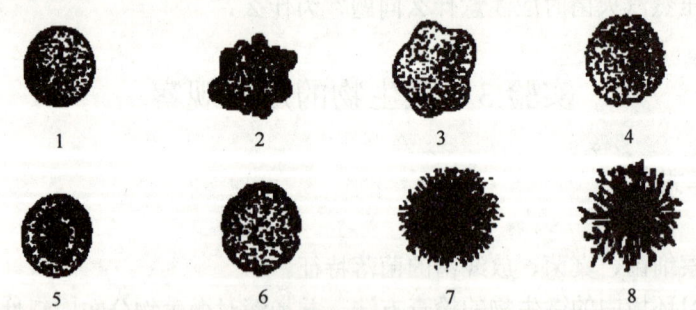

a. 菌落的形态及边缘

1—圆形，边缘整齐；2—不规则状；3—边缘波浪状；4—边缘锯齿状；
5—同心圆状；6—边缘缺刻状；7—丝状；8—褶皱凸面

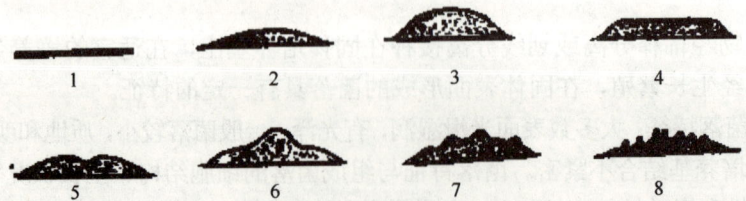

b. 菌落的表面形态

1—扁平、扩展；2—低凸面；3—高凸面；4—台状；
5—脐状；6—凸脐状；7—乳头状；8—褶皱凸面

图6-5 细菌的菌落特征

2. 真菌形态观察

(1) 生长速度：培养一定天数后测量菌落直径，分生长极慢、慢、中等、快4级。

(2) 菌落的颜色：分别记载菌落表面和底部菌丝的颜色和菌落背面的颜色极其变化。

(3) 菌落的表面：平滑或有皱纹，致密或疏松，有无同心环或辐射状沟纹等。

(4) 菌落的结构：菌落外观似毡状、簇生或束状、羊毛状、绳索状、粉粒状、明胶状或皮革状等。

(5) 菌落的边缘：全缘、锯齿状、树枝状、纤毛状等。

(6) 菌落的高度：菌落扁平、丘状隆起、陷没、菌种中性能部分凸起或凹陷。

(7) 培养基颜色的变化：颜色的变化包括菌丝覆盖部分及扩散到菌落以外的部分。

(8) 渗出物：有的真菌菌落表面渗出滴液，记载有无滴液渗出，数量多少及颜色。

(9) 气味：无味、霉味、土味、芳香味等。

五、实验报告

1. 结果（表6-3）

表6-3 实验结果

项目	细菌	放线菌	真菌
菌落特征			

2. 讨论

细菌、真菌菌落特征如何区别？

实验4 革兰氏染色法

一、目的要求

(1) 掌握革兰氏染色法及其原理。

(2) 了解革兰氏染色法在细菌分类鉴定中的重要性。

二、基本原理

革兰氏染色原理：革兰氏染色法是细菌学中广泛使用的重要鉴别染色法，通过此染色法，可将细菌分为革兰氏阳性菌和革兰氏阴性菌。

革兰氏染色过程所用的4种不同溶液的作用：①碱性染料：草酸铵结晶紫液。②媒染剂：碘液，其作用是增强染料与菌体的亲和力，加强染料与细胞的结合。③脱色剂：乙醇将染料溶解，使被染色的细胞脱色。④复染液：番红溶液，目的是经脱色的细菌重新染上另一种颜色，以便与未脱色的菌进行比较。

革兰氏染色有着重要的理论与实践意义，其染色原理是利用细菌的细胞壁组成成分和结构不同。用结晶紫初染，所有细菌都被染成了蓝紫色。碘作为媒染剂，可与结晶紫在细胞内形成分子较大的复合物。当用乙醇脱色时，由于革兰氏阳性菌细胞壁具有比较厚的肽聚糖层，类脂质含量低，细胞壁脱水使肽聚糖层得网状结构孔径缩小，通透性降低，从而使结晶紫与碘形成的大分子复合物保留在细胞内而不被脱色，复染后仍保留初染剂的蓝紫色。而革兰氏阴性菌的细胞壁肽聚糖层较薄，类脂含量高。类脂被乙醇溶解，细胞壁孔径变大，通透性增加，使结晶紫与碘的复合物被洗脱出来，复染后，细胞被染上复染剂的红色。

三、实验器材

1. 菌种

大肠杆菌营养琼脂斜面培养物、枯草杆菌营养琼脂斜面培养物。

2. 染色剂

革兰染色液。

3. 其他用具

显微镜、酒精灯、载玻片、接种环、香柏油、擦镜纸、蒸馏水等。

四、实验步骤

1. 涂片

取大肠杆菌、枯草杆菌制成涂片，干燥，固定。

2. 染色

用草酸结晶紫染液染色1min，用水冲洗。

3. 媒染

滴加革兰氏碘液冲去残水，并用碘液覆盖1min，用水冲去碘液。

4. 脱色

斜置载片于一烧杯上,滴加 95%乙醇,并轻轻摇动载片,至乙醇液不呈现紫色时停止(约 0.5min)。立即用水冲净乙醇并用滤纸轻轻吸干。

注意:脱色是革兰氏染色的关键,必须严格掌握乙醇的脱色程度。若脱色过度则阳性菌被误染为阴性菌,而脱色不够时阴性菌被误染为阳性菌。

5. 复染

番红染液复染 1min,水洗。

6. 吸干并镜检

五、实验报告

1. 结果(表 6-4)

表 6-4 实验结果

项 目	大肠杆菌	枯草杆菌
颜色		
性质		

2. 讨论

(1)在乙醇脱色之后和复染之前这一阶段,革兰氏阳性菌和革兰氏阴性菌应分别是什么颜色?

(2)你认为革兰氏染色中,哪一步可以省去而不影响最终结果?

(3)你的染色结果是否正确?如果不正确,请说明原因。

实验 5 微生物的分离、接种与培养

I. 微生物的平板划线分离纯化

一、实验原理

在土壤、水、空气或人及动、植物体中,不同种类的微生物绝大多数都是混杂生活在一起,当我们希望获得某一种微生物时,就必须从混杂的微生物类群中分离它,以得到只含有这一种微生物的纯培养,这种获得纯培养的方法称为微生物的分离与纯化。

为了获得某种微生物的纯培养,一般是根据该微生物对营养、酸碱度、氧等条件要求不同,而供给它适宜的培养条件,或加入某种抑制剂造成只利于此菌生长,而抑制其他菌生长的环境,从而淘汰其他一些不需要的微生物,再用稀释涂布平板

法或稀释混合平板法或平板划线分离法等分离、纯化该微生物,直至得到纯菌株。

土壤是微生物生活的大本营,在这里生活的微生物无论总数量和种类都是极其多样的,因此,土壤是我们开发利用微生物资源的重要基地,可以从其中分离、纯化到许多有用的菌株。本实验用平板划线法从土壤中分离纯化微生物。

二、实验器材

(1) 牛肉膏蛋白胨培养基、高氏一号合成培养基和马铃薯蔗糖培养基等;
(2) 盛 9mL 无菌水的试管,盛 90mL 无菌水并带有玻璃珠的三角烧瓶,1mL 和 5mL 无菌吸管,无菌培养皿。
(3) 接种环、土样等。

三、操作步骤

(1) 倒平板。将加热融化的牛肉膏蛋白胨培养基、高氏一号合成培养基和马铃薯蔗糖培养基分别倒平板,并标明培养基的名称。

(2) 划线。在近火焰处,左手拿皿底,右手拿接种环,挑取经稀释 10 倍的土壤悬液一环在平板上划线。划线的方法很多,但无论哪种方法划线,其目的都是通过划线将样品在平板上进行稀释,使形成单个菌落。常用的划线方法有下列两种 (图 6-6)。①用接种环以无菌操作挑取土壤悬液一环,先在平板培养基的一边作第 1 次平行划线 3、4 条,再转动培养皿约 70°角,并将接种环上剩余物烧掉,待冷却后通过第 1 次划线部分作第 2 次平行划线,再用同法通过第 2 次平行划线部分作第 3 次平行划线和通过第 3 次平行划线部分作第 4 次平行划线 (图 6-6a)。划线完毕后,盖上皿盖,倒置于温室培养。②将挑取有样品的接种环在平板培养基上作连续划线 (图 6-6b)。划线完毕后,盖上皿盖,倒置温室培养。

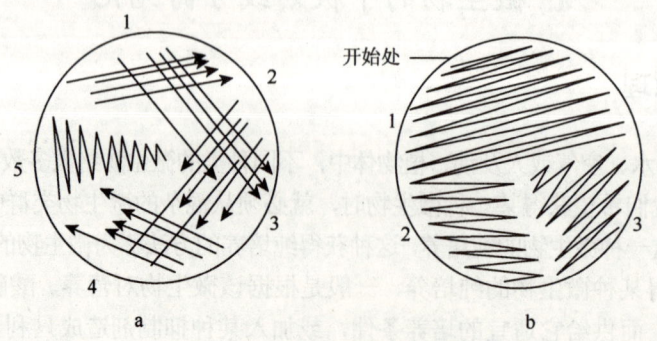

图 6-6 划线分离示意图

（3）挑菌。将培养后长出的单个菌落分别挑取接种到上述 3 种培养基的斜面上，分别置 25℃和 28℃温室中培养，待菌苔长出后，检查菌苔是否单纯，也可用显微镜涂片染色检查是否是单一的微生物，若有其他杂菌混杂，就要再一次进行分离、纯化，直到获得纯培养。

四、注意事项

（1）在倒平板时可在培养基中添加某些药物如在高氏一号合成培养基中加10%的酚，在马铃薯蔗糖培养基中加入链霉素（30μg/mL），这样可减少所不需的杂菌。

（2）实验操作过程中无菌操作。

Ⅱ．微生物的接种方法

一、实验原理

微生物接种技术是生物科学研究中最基本的操作技术。由于实验目的、培养基种类及容器等不同，所用接种方法不同，如斜面接种、液体接种、固体接种和穿刺接种等，以获得生长良好的纯种微生物。为此，接种必须在一个无杂菌污染的环境中进行严格的无菌操作；同时，因接种方法的不同，常采用不同的接种工具，如接种针、接种环、移液管和玻璃刮铲等。

本次实验做斜面接种技术。

二、实验器材

（1）菌种。枯草芽孢杆菌，大肠杆菌。

（2）培养基。牛肉膏蛋白胨试管斜面培养基。

（3）材料。接种工具，酒精灯。图 6-7 为几种常用的接种工具。

a. 接种环、接种针、接种钩。由金属丝与接种棒组成。金属丝常用铂丝、镍线或 0.5mm 粗细的电炉丝，接种环直径 0.4～0.5cm，接种棒市面有售，也可用直径约 0.6mm 的玻璃棒自制。

b. 接种铲。可用车条，将其一端砸扁至平铲状，另一端套橡皮管作棒柄。

c. 玻璃涂布棒。系采用直径为 0.5cm 的玻璃棒，将其烧灼弯曲而成。用纸包裹，干热灭菌备用。

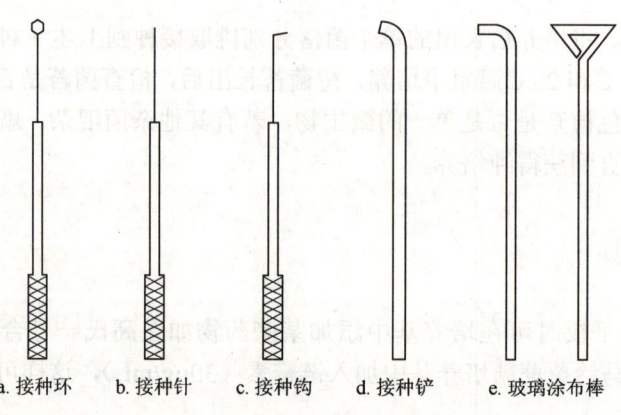

图 6-7　接种工具

d. 吸管。在干燥洁净的吸管颈端 0.3~0.25cm 处用尖头镊子塞入少许普通棉花，以防止接种时将细菌吸入口中，或将口中细菌吹入管内，达到过滤除菌的目的。用纸条包裹或置于金属筒中，干热灭菌备用。

三、操作步骤

斜面接种技术具体操作如下。
（1）贴标签。接种前在试管上贴上标签，注明菌名、接种日期、接种人姓名等。贴在距试管口径 2~3cm 的位置。
（2）点燃酒精灯。
（3）接种。用接种环将菌种移接到贴好标签的试管斜面上。无菌操作程序（图 6-8）简述如下。

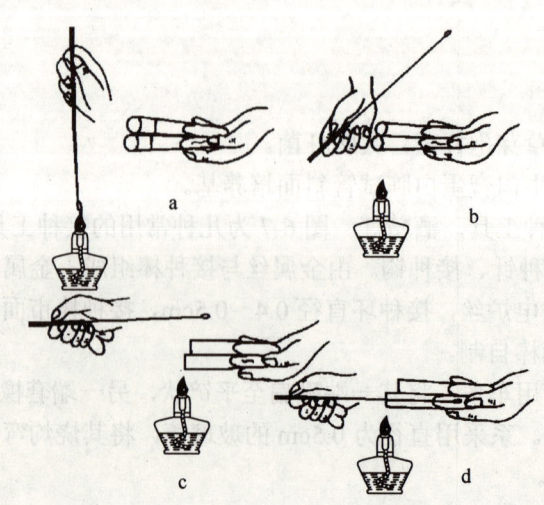

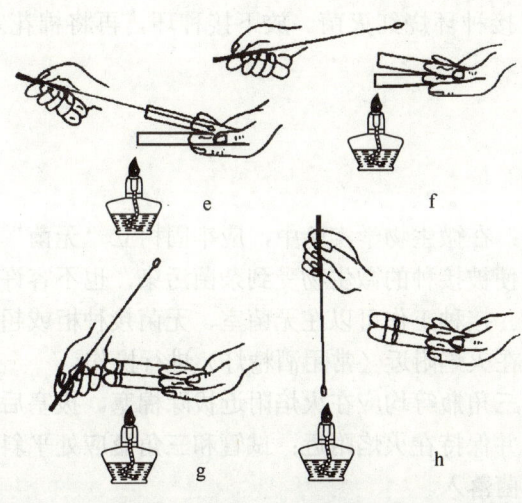

图 6-8 斜面接种时的无菌操作

a. 手持试管。将菌种和待接斜面的两支试管用大拇指和其他四指握在左手中、使中指位于两试管之间部位。斜面向上，并使它们位于水平位置（图6-8a）。

b. 旋松棉塞。先用右手将棉塞旋松，以便接种时拔出。

c. 取接种环。右手拿接种环（如握钢笔一样）、在火焰上将环端烧红灭菌，然后将有可能伸入试管的其余部分，均用火烧过灭菌。

d. 拔棉塞。用右手的无名指、小指和手掌边先后拔出菌种管和待接试管的棉塞，然后让试管口缓缓过火灭菌（切勿烧得过烫），如图 6-8b、图 6-8c 所示。

e. 环冷却。将灼烧过的接种环伸入菌种管，先使环接触没有长菌的培养基部分，使其冷却。

f. 取菌种。待环冷却后轻轻沾取少量菌或孢子，然后将接种环移出接种管，如图 6-8d 所示，注意不要使环的部分碰到管壁，取出后不可使环通过火焰。

g. 接种。在火焰旁迅速将沾有菌种的接种环伸入另一支待接斜面试管。从斜面培养基的底部向上部作"Z"形来回密集划线，勿划破培养基（图6-8e）。有时也可用接种针仅在斜面培养基的中央拉一条线作斜面接种，以便观察菌种的生长特点。

h. 塞棉塞。取出接种环，灼烧试管口，并在火焰旁将棉塞塞上。塞棉塞时，不要用试管迎棉塞，以免试管在移动时纳入不洁空气，如图6-8f、图6-8g 所示。

i. 环灭菌。将接种环烧红灭菌。放下接种环,再将棉花塞旋紧,如图 6-8h 所示。

四、注意事项

无菌操作要点:在微生物学实验中,应牢固树立"无菌"概念,严格执行无菌操作。要做到不使被接种的微生物受到杂菌污染,也不容许该微生物污染其培养器皿以外的环境。接种工作可以在无菌室、无菌接种柜或超净工作台上进行。应使用无菌用品并在火焰附近(常用酒精灯)进行操作。

(1) 凡试管、三角瓶等均应在火焰附近拔除棉塞。拔塞后的试管与三角瓶口端应始终向着火焰并保持在火焰附近;试管和三角瓶应处平斜状态,不得垂直向上,以防空气中杂菌落入。

(2) 棉塞拔除后用手指夹住,不是随意乱放。除棉塞头外,操作者不应沾碰棉塞的其他部位。棉塞进出管口均需通过火焰。

(3) 无菌培养皿的接种工作,也需在火焰附近进行。培养皿向着火焰一边少许开启,开盖程度以能供接种工具操作即可。

III. 微生物的培养

一、培养方法

1. 静置培养

是最常用的培养方法,即将已接种的试管、三角瓶、培养皿等待培养物置恒温箱或恒温室中进行培养。对于环境中一般中温型腐生菌常用 25~30℃ 培养,致病菌则放 37℃ 中培养。注意培养时需将培养皿倒置,使皿盖在下,以减少水分散失及杂菌污染。

2. 振荡培养

需氧性微生物液体培养时,除采用浅层培养液静置培养外,尚可置振荡装置上培养以利通气。振荡机(或称摇瓶机、摇床)市面有售。当培养物量大时,可将摇床安装在恒温室中进行培养;量小而少时,则可利用恒温振荡器或小型振荡器置恒温水浴中进行培养。根据培养对象选择振荡方式与速度。

3. 通气培养

当培养大量的需氧微生物,或培养藻类等需获取空气中的 CO_2、N_2 等营养时,可进行通气培养。通气培养装置示意图如图 6-9。

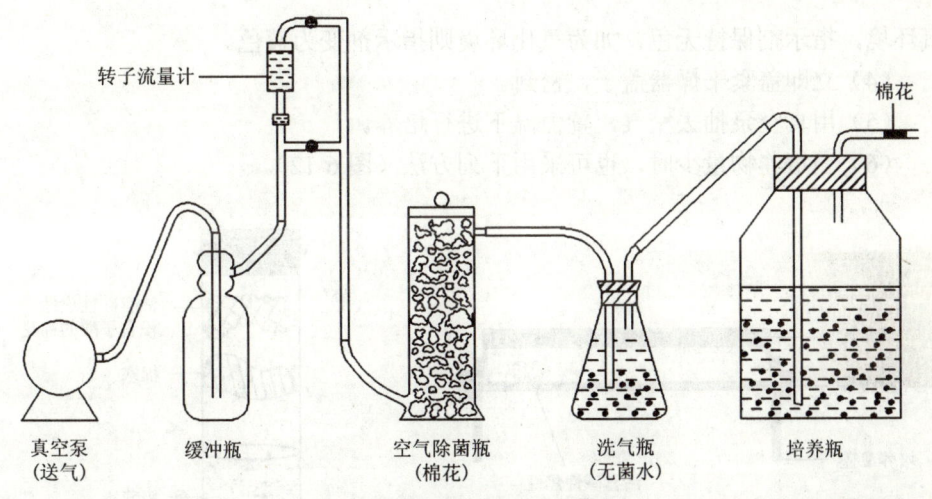

图 6-9 通气培养装置示意图

4. 厌氧培养

1）深层液体培养法

此法最为简易，但厌氧条件不够严格。方法是在试管或三角瓶中装 2/3 高度的培养液，接种后，液面滴加一层熔化的石蜡油，塞紧管口，进行培养。

2）倒扣培养皿法

将菌液与溶化后琼脂培养基充分混匀后，使之凝固于培养皿盖上，然后将培养皿底倒置于培养基上（图 6-10），进行培养。

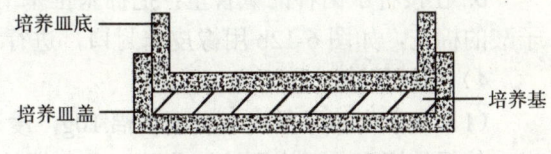

图 6-10 倒扣培养皿法

3）碱性焦性没食子酸法

此法吸氧能力强，又不需特殊装置，故广泛用于创造厌氧条件（图 6-11）。

（1）将待培养物放入真空干燥器内。

（2）按每 100ml 培养物需焦性没食子酸（pyrogallol）1g 及 2.5mol/LNaOH10mL 计算，将焦性没食子酸与 NaOH 装入玻瓶，混合成碱性焦性没食子酸，置上述干燥器内可吸收容器中的氧气。

（3）同时将厌氧指示剂（见附注 1）加入试管煮沸至无色，置干燥器内。如容器内为厌

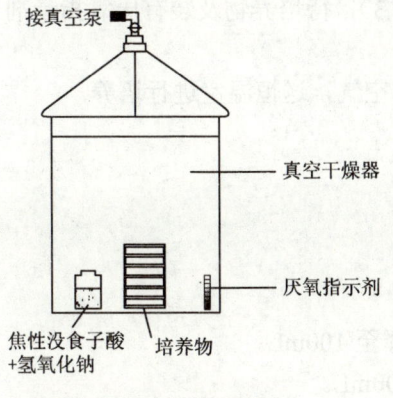

图 6-11 焦性没食子酸法（一）

氧环境，指示剂保持无色，如为氧化环境则指示剂变为蓝色。

（4）立即盖紧干燥器盖子，密封。

（5）用真空泵抽去空气，置恒温下进行培养。

（6）当培养物量少时，也可采用下列方法（图6-12）。

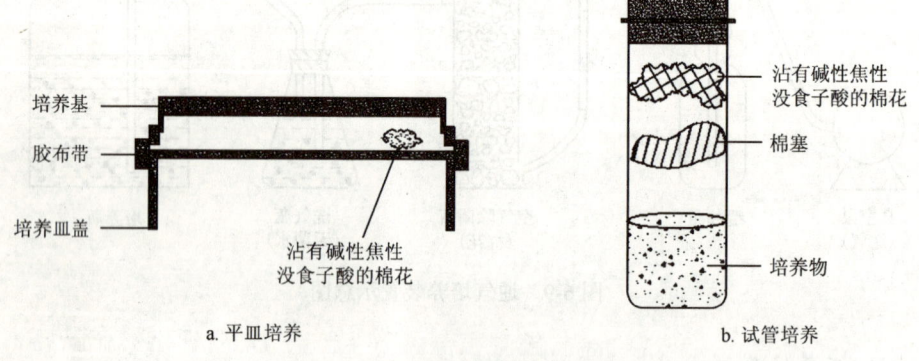

图6-12 焦性没食子酸法（二）

a. 先将浸透碱性焦性没食子酸的棉花放在培养皿盖上，再将接种了菌种的培养基倒扣于其上，如图6-12a所示，用胶布带密封，进行培养。

b. 在接种了菌种的试管里，把棉塞推塞下去，其上再放置沾有碱性焦性没食子酸的棉花，如图6-12b用橡皮塞封口，进行培养。

4）钢丝棉法

（1）取市售的零号或1号钢丝棉10g，浸入500mL钢丝棉活性溶液中（附注2），使钢丝棉充分浸泡至溶液呈暗灰色，铜的颜色消失。钢丝棉变为红铜色，轻轻澄干水。此时钢丝棉吸氧能力极强，称活性钢丝棉。

（2）将活性钢丝棉、饱和碳酸氢钠水（附注3），待培养物及装有厌氧指示剂的试管一起放入真空干燥器内。

（3）密封干燥器，用真空泵抽去干燥器内的空气，送恒温室进行培养。

二、附注

1. 厌氧指示剂

（1）6%葡萄糖水溶液。

（2）用蒸馏水将0.1mol/L的NaOH 6mL稀释至100mL。

（3）用蒸馏水将5%的亚甲蓝3mL稀释至100mL。

将上述各液等量混合即成厌氧指示剂。

2. 钢丝棉活性溶液

$CuSO_4 \cdot 5H_2O$ 2.5～5g，吐温 80 约 2.5g，蒸馏水 1000mL，用 0.5mol/L H_2SO_4 调 pH 至 1.5～2。

3. 饱和碳酸氢钠水溶液

$MgCO_3$ 及 $NaHCO_3$ 等量混合，取出 5g 放烧杯中，加水 10～15mL，使之产生 CO_2 气体，有利于厌氧菌生长。

三、实验报告和思考题

试述微生物学工作中无菌操作的重要性、一般方法与要领。

实验 6　水中细菌总数的测定
（平板混合法）

细菌总数主要作为判定被检测水样污染程度的标志，在水质卫生学检验中，细菌总数是指 1mL 水样在牛肉膏蛋白胨琼脂营养基中，于 37℃经 24h 培养后，所生长的细菌菌落的总数。我国生活饮用水卫生标准中规定生活饮用水的细菌总数 1mL 中不得超过 100 个。

一、仪器与试剂

1. 仪器

高压蒸汽灭菌器；干热灭菌器；恒温箱；4℃冰箱；放大镜；试管；平皿（直径 9cm）；刻度吸管等值于干热灭菌器中 160℃灭菌 2h。

2. 培养基

牛肉膏蛋白胨琼脂培养基（配方参阅第六章实验 1）。

二、操作步骤

1. 水样的采取

供细菌学检验用的水样，必须按一般无菌操作的基本要求进行采样，并保证在运送、储存过程中不受污染。为了要正确反映水质在采样时的真实情况，水样在采取后应立即送检；一般从取样到检验不应超过 4h。条件不允许立即检验时，应予于冰箱，但也不应超过 24h，并应在检验报告单上注明。

1）自来水

先将自来水龙头用火焰灼烧 3min，然后再开放水龙头使水流 5min，以排除管道内积存起来的死水，再用无菌容器取水样，以待分析。如水样内含有余氯，则采样瓶未灭菌前按每采 50mL 水样加 3%硫代硫酸钠溶液 1mL 的量预先加入采样瓶内，用以采样后中和水样内余氯，以防止其继续存在有杀菌作用。

2）江水、河水、池水或湖水

可应用采样器，器内的采样瓶应先灭菌。采水样时，直接将水灌入已灭菌的采样瓶，不需要再用样水洗采样瓶。采样后，采样瓶内的水面与瓶塞底部间应留有一些空隙，以便在检验时可以充分摇动混匀水样。

2. 水中细菌总的测定

1）水样的稀释

根据水被污染程度的不同，可用无菌吸管作 10 倍系列稀释。

2）接种

以无菌操作方法用无菌吸管吸取水样 1mL 或取 2～3 个适宜浓度稀释液 1mL，注入灭菌平皿中。倾注约 15mL 已溶化并冷却到 45℃左右的牛肉膏蛋白胨琼脂培养基，并立即旋转平皿，使水样与培养基充分混匀，每个稀释平行 3 皿，另设 3 皿空白对照。

3）培养

待冷却凝固后，旋转平皿，使底面向上，置于 37℃恒温箱内培养 24h，进行菌落计数，即为 1mL 水中的细菌总数。

4）菌落计数

先计算同一稀释度的平均菌落数，若其中一个平皿有较大片状菌落生长时，则不予采用，而应以无片状菌落生长的平皿作为该稀释度的平均菌落数。若片状菌落不到平皿的一半，而其余一半中菌落数分布又很均匀，则可将此半皿计数后乘以 2 以代表全皿菌落数；然后再计算该稀释度的平均菌落数。

各种不同情况的计算方法。

（1）首先选择平菌落数在 30～300 的进行计算，当只有一个稀释度的平均菌落数符合此范围时，则即以该平均菌落数乘以稀释倍数报告。

（2）若有两个稀释度，其平均菌落数均在 30～300，则应按两菌落数之比值来决定。若其比值小于 2 应报告两者的平均数，若大于 2 则报告其中较少的菌落总数（见表 6-5 例次 2 和 3）。

（3）若有稀释度的平均菌落数均大于 300，则应按稀释度最高的平均菌落数乘以稀释倍数报告（见表 6-5 例次 4）。

（4）若有稀释度的平均菌落数均小于 30，则应按稀释度最低的平均菌落数乘以稀释倍数报告（见表 6-5 例次 5）。

（5）若有稀释度的平均菌落数不在 30～300 的则以最近 300 或 30 的平均菌落数乘以稀释倍数报告（见表 6-5 例次 5）。

表 6-5　计算菌落总数的方法举例

例次	不同稀释度的平均菌落数			两个稀释度菌落数之比	菌落总数/（个/mL）	报告方式/（个/mL）	备注
	10^{-1}	10^{-2}	10^{-3}				
1	1365	164	20	—	16400	16000 或 $1.6×10^4$	两位以后的数字采取四舍五入的方法去掉
2	2760	294	46	1.6	37700	38000 或 $3.8×10^4$	
3	2800	271	60	2.2	27100	27000 或 $2.7×10^4$	
4	无法计数	1650	513	—	513000	510000 或 $5.1×10^5$	
5	27	11	5	—	270	270 或 $2.7×10^2$	
6	无法计数	305	12	—	30500	31000 或 $3.1×10^4$	

三、实验报告

报告本次你所测水样中每毫升细菌总数，并说明水样是否合乎饮用水标准。

四、思考题

用这种方法是否测得全部水中细菌，为什么？

实验 7　水中总大肠菌群的检测

大肠菌群系一群以大肠埃希氏菌（Escherichia coli）为主的需氧及兼性厌氧的革兰氏阴性无芽孢杆菌，在 37℃ 生长时，能于 48h 内发酵乳糖使产酸产气。主要包括有埃希氏菌属（Escherichia）、柠檬酸细菌属（Citrobacter）、肠杆菌属（Enterobacter）、克雷伯氏菌属（Klebsiella）等。由于其在水体中存在的数目与肠道致病菌呈一定的正相关，抵抗力也略强，且易于检验等特点，在水质检测中常将其作为水体受粪便污染的指标，如我国生活饮用水卫生标准中即规定 1L 水样中总大肠菌群数不超过 3 个。大肠菌群也因而称为粪便污染指示菌。其检验方法有多管发酵法及滤膜法两种。多管发酵法可适用于杂质较少的水样，特别适用于自来水厂作为常规监测之用。

一、多管发酵法（15 管法）

根据大肠菌群所具有的特性，利用含乳糖培养基培养不同稀释度的水样，经 3 个检验步骤，最后根据发酵糖管数查"最可能数"表得出水样中的总大肠菌群数。

1. 仪器与试剂

（1）一头盲端的小玻璃倒管、刻度吸管、试管、平皿及其他细菌培养及观察的有关器材。

（2）乳糖蛋白胨培养液

蛋白胨	10g
牛肉浸膏	3g
乳糖	5g
NaCl	5g
1.6%溴甲酚紫[brom（o）cresol purple]乙醇溶液	1mL
蒸馏水	1000mL

调 pH 至 7.2，分装于置有小玻璃倒管的试管中，每管 10 mL，115℃高压蒸汽灭菌 20min。

（3）3 倍浓乳糖蛋白胨培养液：除蒸馏水外，上液各成分均为 3 倍，制法同上，分装于置有小玻璃倒管的试管中每管 5mL，115℃高压蒸汽灭菌 20min。

（4）伊红亚甲蓝培养基

蛋白胨	10g
乳糖	10g
K_2HPO_4	2g
琼脂	20～30g
蒸馏水	1000mL
2%伊红（曙红，eosin）水溶液	20mL
0.5%亚甲蓝（亚甲蓝 methylene blue）水溶液	13mL

制法要点：除伊红和亚甲蓝外，其余成分混匀溶解，115℃高压蒸汽灭菌 20min。灭菌后，再加入已分别灭菌的伊红液及亚甲蓝液，充分混匀，注意勿使产生气泡。混合好的培训基应稍冷（50℃左右）再倒皿，太热会产生过多的凝集水。平皿倒置冰箱备用。

2. 实验步骤

（1）水样的采取同第六章实验 6 中测细菌总数的方法。

（2）初发酵实验。

a. 以无菌操作于 5 支 3 倍浓乳糖发酵管中各加入待测水样 10mL，于 5 支单倍浓乳糖发酵管中各加入水样 1mL，另 5 管单倍农乳糖发酵管中加入按 1∶10 稀释的水样各 1mL（相当于原水样 0.1mL），此即 15 管法，其接种水样总量为 55.5mL。各管经混匀后置 37℃恒温箱中培训 24h。

　　b. 如水样污染严重，例如未经处理的医院污水等，其接种量可为上述的 1/10（即分别接种 1mL、0.1mL、0.01mL 3 个梯度）或继续 10 倍稀释下去，此时糖发酵管可全部用单倍浓糖管。

　　（3）平板分离：培养 24h 后，糖管颜色变黄为产酸，小玻璃倒管内有气泡为产气。将产酸产气及只产酸的糖管用接种环划线接种于抑制其他生物生长，37℃ 培养 18～24h，挑选深紫黑色、紫黑色带有或不带有金属光泽的菌落或淡紫红色、中心色较深的菌落，将其一部分分别进行革兰氏染色观察。

　　（4）复发酵实验：如上述菌落经涂片、染色、镜检后证实为革兰氏阴性无芽孢杆菌，则将菌落的另一部分接种于置有小玻璃倒管的单倍浓乳糖发酵管中，每管可接种分离自同一发酵管的曲型菌落 1～3 个。37℃培养 24h，产酸产气者表明该管有大肠菌群菌存在。

　　（5）结果计算：根据阳性管数组合（即数量指标）查实验 43 表 43-1 的"五次重复测数统计表"的细菌最可能数，然后乘以 100 即换算成 1L 水样中的总大肠菌群数。如果接种的原水样量仅为 1/10（总量为 5.55mL），则将所查得的最可能数乘 1000，即为每升水含菌数。

二、滤膜法

　　将水样注入已灭菌的放有滤膜的滤器中，抽滤截留细菌，然后将滤膜贴于一定的培养基上进行培养，鉴定并计数滤膜上生长的典型菌落，计算出每升水样中含有的总大肠菌群数。

　　1. 仪器与试剂

　　（1）容量 500mL 的滤器，微孔滤膜（孔径 0.45μm），以及抽气设备，无齿镊子等。余同"多管发酵法"。

　　（2）滤膜法用品红亚硫酸钠培养基（远藤氏培养基）。

　　a. 组成。

蛋白胨	10g
牛肉浸膏	5g
酵母浸膏	5g
乳糖	10g
琼脂	20g

K₂HPO₄	3.5g
无水亚硫酸钠	约 5g
5%碱性品红乙醇溶液	20mL
蒸馏水	1000 mL

b. 制法要点。

储备基：除无水亚硫酸钠及碱性品红乙醇溶液外，其余成分混匀溶解，调 pH 至 7.2～7.4，115℃高压蒸汽灭菌 20min。

平板培养 0 基：用灭菌吸管吸取 5%碱性品红乙醇溶液置于灭菌试管中，将无水亚硫酸钠置于另一支灭菌试管中，加少许无菌水使其溶解，沸水浴中煮沸 10min 以灭菌。将已灭菌的亚硫酸钠液滴加于碱性品红液中，至褪成粉红色为止，再将此混合液全部加入储备基内，充分混匀，倒皿。此平板倒置储于冰箱内，如颜色由淡红变为深红，则不能再用。

（3）乳糖蛋白胨半固体培养基。

蛋白胨	10g
牛肉浸膏	5g
酵母浸膏	5g
乳糖	10g
琼脂	5g
蒸馏水	1000 mL

调 pH 至 7.2～7.4，分装小试管，115℃高压蒸汽灭菌 20min。

2. 实验步骤

（1）各项准备工作及水样过滤操作步骤均与"实验 43 水中细菌总数的测定"一节所述相同（参阅实验 43）。

（2）将截留有细菌的滤膜面向上平贴于品红亚硫酸钠培养基上，倒置于 37℃温箱内培养 16～18h，挑选深红色或紫红色、不带或带有金属光泽的菌落或淡红色、中心色较深的菌落进行革兰氏染色观察。

（3）经染色证实为革兰氏染色阴性无芽孢杆菌者，再接种乳糖蛋白胨半固体培养基，经 37℃培养 6～8h，产气者判定为大肠菌群阳性。此培养基观察产气必须掌握时间，时间过长气泡可能消失。也可用多管发酵法中的单倍浓乳糖管来观察产气。

（4）结果计算：根据滤膜上证实的大肠菌群数及滤过水样量，按比例求出一升水样中所存在的大肠菌群数。计算公式为

$$总大肠菌群数 = 过滤水样量（mL） = \frac{滤膜上生长菌数 \times 1000}{过滤水样（mL）}（个/L）$$

滤膜上菌落数以 20～60 个/片较为适宜。

三、数据处理

将实验结果记入表 6-6。

表 6-6 总大肠菌群数测定结果记录

多管发酵法			
	第一组	第二组	第三组
各组水样管数			
初发酵管数			
复发酵管数			
总大肠菌群数	个/L		
滤膜法			
	第一组	第二组	第三组
过滤样本量/mL			
肉眼观察菌数			
最终证实菌数			
总大肠菌群数	个/L		

四、思考题

比较二法所测结果,分析此二法各有何优缺点。

五、附注

检测生活饮用水等清洁水样时,除应用 15 管法外,还可采用 2 个 100mL 原水样、10 个 10mL 原水样的组合方式,其结果查表 6-7。

表 6-7 检测清洁水样时大肠杆菌群数

10mL 水量的阳性管数	100mL 水量的阳性瓶数		
	0	1	2
	每升水样中大肠菌群数	每升水样中大肠菌群数	每升水样中大肠菌群数
0	<3	4	11
1	3	8	18
2	7	13	27
3	11	18	38

续表

10mL 水量的阳性管数	100mL 水量的阳性瓶数		
	0	1	2
	每升水样中大肠菌群数	每升水样中大肠菌群数	每升水样中大肠菌群数
4	14	24	52
5	18	30	70
6	22	36	92
7	27	43	120
8	31	51	161
9	36	60	230
10	40	69	>230

实验 8　水中粪大肠菌群的检测

粪大肠菌群是总大肠菌群中一部分，主要来自粪便，在 44.5℃温度下仍能生长并发酵乳糖产酸产气。通过提高培养温度，造成不利于来自自然环境的大肠菌群生长的条件，从而使培养出来的菌主要为来自粪便的大肠埃希氏菌，更准确地反映出水质受粪便污染情况，在卫生学上有较重要的意义。

一、多管发酵法

1. 仪器与试剂

（1）与测定总大肠菌群所用的仪器设备同（参阅第六章实验 1），但另需有能准确恒温于（44.5±0.2）℃的恒温箱或恒温水浴。

（2）乳糖蛋白胨培养液。制法及成分与总大肠菌群多管发酵法一节中所述相同。

（3）EC 培养液。

蛋白胨	20g
乳糖	5g
三号胆盐	1.5g
K_2HPO_4	4g
KH_2PO_4	1.5g
NaCl	5g
蒸馏水	1000 ml

分装有小玻璃倒管的试管，115℃高压蒸汽灭菌 20min，灭菌后 pH 应为 6.9。

2. 实验步骤

(1) 根据水样污染程度，选 3 个不同量的水样按总大肠菌群多管法进行水样接种。

(2) 37℃培养 24h 后，用接种环（环径不小于 3mm，自产酸产气及只产酸的试管中取一环分别接种于 EC 培养液内，置于 (44.5±0.2)℃温度下培养（如水浴培养，水面应超过试管内液面）(24±2) h。

(3) 经培养后产气的，表示有粪大肠菌群存在，即为阳性。结果也按第五章实验 3 总大肠菌群多管法结果计算方法，换算成每升含菌数。

二、滤膜法

检测粪大肠菌群的滤膜法有多种，其水样过滤等步骤均与第五章实验 3 中总大肠菌群滤膜法相同，仅在培养基及培养时间、培养温度上有所不同，本实验介绍两种培养温度 M-TEC 法，该法的特异性，准确度与其他滤膜法相比均较佳。

1. 仪器与试剂

(1) 与测定总大肠菌群所用的仪器设备同（参阅第六章实验 7）。

(2) M-TEC 培养基。

蛋白胨	5g
酵母浸膏	3g
乳糖	10g
NaCl	7.5g
K_2HPO_4	3.3g
KH_2PO_4	1.0g
十二烷基磺酸钠（sodium laurel sulfate）	0.2g
脱氧胆酸钠	0.1g
溴甲酚紫	80mg
溴酚红	80mg
琼脂	15g
蒸馏水	1000 mL

调 pH 至 7.3，121℃高压蒸汽灭菌 15min，倒皿。

2. 实验步骤

滤膜滤过一定量的水样后，平置于平皿中（截菌面向上），先于 37℃温度下预培养 2h，再移至 (44.5±0.2)℃条件下培养 23~24h，粪大肠菌群菌落呈黄色。必要时可将可疑菌落接种于乳糖蛋白胨培养液中观察是否产气。计算出 1L 水样中存在的粪大肠菌群数。

三、数据处理

参照表 6-6 填写实验报告表，最后结果以粪大肠菌群数（个/L）表示。

四、思考题

为什么说提高温度培养出的大肠菌群更能代表水质受粪便污染情况？

第七章 综合设计性与研究性实验

实验 1 环境质量监测与评价

一、实验目的

训练学生综合设计实验的能力；要求学生能够利用课堂上学过的分析化学及环境监测的基本原理，自己设计出能够完成某一环境要素或区域的环境质量监测的实验方案，并在教师的指导下完成环境质量监测实验报告，并进行环境质量的评价，再进行讨论和总结。

要求学习环境质量监测的综合监测分析方法和评价方法。

二、实验设计

本实验主要是利用环境监测实验来完成，实验设计中要主意以下几个方面。
（1）实验区域的选择。
（2）实验监测项目的选择。
（3）监测分析方法的选择和本实验室提供的监测手段。
（4）环境评价方法的选择。
（5）如何进行本实验的总结？例如，实验内容中完成监测环境区域的 TSP、噪声等项指标。

三、实验要求

熟悉掌握不同仪器的操作使用方法、监测区域的布点方法的应用；能够综合评价监测区域的环境质量，并提出环保对策。

四、主要仪器设备

PM_{10} 采样器、HS5618 型积分声级计、多功能水质测定仪、便携式 DO 测定仪、测油仪等。

五、实验步骤

（1）选定测定区域。
（2）制订监测方案。
（3）采样。
（4）样品测试。
（5）数据处理。
（6）综合分析及评价。
（7）讨论及总结。
（8）完成实验报告书的编写并上交。

六、实验中注意事项

（1）注意观测监测区域的温度、湿度、大气压等环境条件的指标。
（2）注意选择有关的环境监测标准及监测分析方法。

七、思考题

（1）体现环境质量的指标有哪些？
（2）环境质量图该如何绘制？
（3）如何快速准确提高环境质量的监测？
（4）环境监测质量控制在整个综合实验过程中是怎么体现的？

实验2　活性污泥法污水处理过程中微生物生长情况

一、目的要求

（1）综合前面所学基础实验操作，完成对污水中微生物的分析工作。
（2）了解污水处理不同阶段微生物的情况。
（3）强化微生物基础操作能力。

二、基本原理

污水生物处理主要是指利用微生物的新陈代谢作用，分解转化污水中的污染物，达到净化水质的目的。生物处理是目前污水处理最有效、最经济的方法之一。

活性污泥法是以活性污泥为主体的废水生物处理的主要方法。活性污泥法是向废水中连续通入空气，经一定时间后因好氧性微生物繁殖而形成的污泥状絮凝物。其上栖息着以菌胶团为主的微生物群，具有很强的吸附与氧化有机物的能力。活性污泥法处理前、后与处理过程中的微生物存在数量和种类的明显差异。

三、实验材料

1. 仪器

试管 30 支，培养皿 60 个，1mL 移液管 30 支，5mL 移液管 3 支，100mL 锥形瓶各 2 个，250mL 锥形瓶各 1 个，400mL 烧杯 1 只，吸耳球 1 个，剪刀 1 把，酒精灯 1 个，火柴 1 盒，接种环各 1 个，记号笔 1 支，试管架 2 个，血球计数板 6 个，显微镜 1 台。漏斗、量筒、天平、高压蒸汽消毒器、电炉等分别共用。

2. 药品

牛肉膏，蛋白胨，琼脂粉，氯化钠，革兰氏染液一套。

四、实验方法与步骤

1. 实验准备环节

（1）配制固体基础培养基（200mL）、0.85%生理盐水（配 200mL）；分装固体培养基：6 支试管（每支 5mL）做斜面，剩余装入锥形瓶中。

（2）做试管、锥形瓶的棉塞，并对试管、锥形瓶、培养皿、移液管进行包扎。

（3）在高压消毒过程中，开启操作台紫外灯消毒 30min 左右。

（4）用无菌锥形瓶分别取进水前、处理中及出水水样。

2. 细菌计数

1）将水样梯度稀释

将所取进水前、处理中、出水三种水样分别梯度稀释到 10^{-7}、10^{-9}、10^{-5}，备用。

注意：在每次梯度稀释中都要使得试管中样品震荡均匀，保证实验的准确性。利用旋涡混合器震荡 30s 左右，直接手动震荡要保证震荡 80 次左右。

2）取适当稀释管进行平板涂布法计数。

平板涂布法：将灭菌后的固体培养基倒至平板，待平板冷却后，用 1mL

移液管取 0.5mL 菌液滴加到平板表面，并用刮刀涂匀；对于进水、处理中和出水三种水样的稀释液，分别取进水的 10^{-5}、10^{-6}、10^{-7} 管稀释液、处理中水样的 10^{-7}、10^{-8}、10^{-9} 管稀释液和出水水样的 10^{-2}、10^{-3}、10^{-4} 管稀释液进行平板涂布。

注意：在进行菌液涂布时，一定要用玻璃刮刀把菌液均匀涂布到平板表面，另外要待玻璃刮刀基本冷却后再进行涂布，以免过热将细菌杀死。

3）取适当稀释管进行平板倾倒法计数

平板倾倒法：取稀释后水样 0.5mL 加入无菌培养皿中，将冷却至 45℃ 左右的固体培养基倒入培养皿中，轻轻摇匀，放置平面上待凝固。对于进水、处理中和出水三种水样的稀释液，分别取进水的 10^{-5}、10^{-6}、10^{-7} 管稀释液、处理中水样的 10^{-7}、10^{-8}、10^{-9} 管稀释液和出水水样的 10^{-2}、10^{-3}、10^{-4} 管稀释液进行平板涂布。

注意：在倾倒培养基时，温度要保持在 45℃ 左右，如果难以把握，可以在实验前将融化后的固体培养基放入 45℃ 干燥箱中保证一段时间而保证其维持衡定所需温度。倾倒后要迅速轻摇培养皿，使得菌液与培养基混合均匀，避免由于菌体分散不充分而影响实际结果。

4）取适当稀释管用血球计数板直接进行细菌计数

取稀释后水样滴加到盖玻片的边缘，让菌液自动渗入，多余菌液用滤纸吸去，1min 后，镜检菌体数量；对于进水、处理中和出水 3 种水样的稀释液，分别取进水的 10^{-5}、10^{-6}、10^{-7} 管稀释液、处理中水样的 10^{-7}、10^{-8}、10^{-9} 管稀释液和出水水样的 10^{-3}、10^{-4}、10^{-5} 管稀释液进行平板涂布。

注意：实验计数时，应该严格遵循"数上（下）不数下（上），数左（右）不数右（左）"的原则进行，以减少误差，同时应该尽量多数小方格，取平均值。

3. 划线分纯

（1）用接种环分别蘸取 3 种水样，在准备号的固体培养基平板上进行平板划线。

（2）然后将划线好的固体平板放入培养箱中，倒置培养 24h，取出观察。

（3）根据微生物菌落特征分别选取分散开的不同菌落进行再次划线后继续培养，直到获得多个不同的微生物菌株。

（4）在已准备好的固体斜面上接种所得已分纯菌株，培养 24h 后取出，4℃ 下保存。

4. 形态观察

取出前一天培养的平板，对细菌生长情况进行观察。

（1）菌体形态：分别挑取具有不同特征的菌落，按照已掌握染色方法进行革兰氏染色，镜检观察。

(2) 菌落形态：在培养皿内观察不同菌落形态，初步分析自己分离微生物的种类，并和其他同学的实验结果进行对比，大致判断污水处理不同阶段微生物的差异。

五、实验报告

(1) 将细菌计数结果填入表 7-1 中。

表 7-1　细菌计数结果

计数方法	编号	进水			氧化沟			出水		
		10^{-5}	10^{-6}	10^{-7}	10^{-7}	10^{-8}	10^{-9}	10^{-2}	10^{-3}	10^{-4}
平均涂布法	1#									
	2#									
	平均									
菌体浓度（cfu/mL）										
倾倒法	1#									
	2#									
	平均									
菌体浓度（cfu/mL）										
显微镜直接计数法	1#									
	2#									
	平均									
菌体浓度（cfu/mL）										

(2) 将菌落观察结果填入表 7-2 中。

表 7-2　菌落观察结果

培养方式	编号	进水			氧化沟			出水		
		颜色	形状	大小	颜色	形状	大小	颜色	形状	大小
平均涂布法	1#									
	2#									
倾倒法	1#									
	2#									
平板划线	1#									
	2#									

(3) 描绘划线分纯结果。

(4) 将分纯菌体的镜检结果填入表 7-3 中。

表 7-3 分纯菌体的镜检结果

编号	革兰氏属性	大小	形态	备注
1#				
2#				
3#				
4#				
5#				
6#				

六、思考题

(1) 污水处理过程中的常见菌大致有哪些？你分离出了哪些菌？

(2) 结合自己实验，判断污水处理过程中有没有哪些菌在不同阶段都存在？如果存在，有哪些？

实验 3 废水生物处理综合实验

一、实验目的

(1) 在掌握废水生物处理原理的基础上，针对不同特性的废水，提出生物处理的具体方法。

(2) 就生活废水而言，设计比较合理的处理流程，并通过实验来分析和解决问题。

(3) 该实验重点在于提高学生研究能力，是对学生水处理能力的综合考验，也是对学生解决实际水环境问题的检验。

二、实验步骤和要求

(1) 在老师的指导下以小组为单位先拟定实验设计方案。

(2) 实验设计方案必须具有可行性。

(3) 废水流程处理可以根据实际情况进行综合考虑并通过实验来完成。

(4) 完成实验，写出实验报告书，并提出自己的看法以及心得体会。

三、思考题

（1）废水生物处理的原理具体有哪些？
（2）好氧生物处理和厌氧生物处理的优缺点以及应用是什么？
（3）怎么合理地利用好氧和厌氧处理方法来解决实际问题？

实验 4　物理环境污染综合实验

一、实验目的和要求

（1）要求学生了解电磁污染、振动污染和放射性污染的危害，以及对其监测的技术和监测仪器。
（2）掌握环境噪声的污染监测，能够对城市交通噪声、企业环境噪声等进行实际的监测分析。
（3）掌握对非稳态的无规则噪声监测数据的处理方法，并能够进行噪声的影响评价。

二、实验步骤和要求

（1）在老师的指导下以小组为单位先拟定实验设计方案。
（2）实验设计方案必须具有可行性。
（3）物理污染可以根据实际情况进行综合考虑并通过实验来完成。

三、仪器设备

（1）HS5618 型积分声级计。
（2）50m 长的卷尺。
（3）秒表。
（4）振动监测仪器。
（5）放射性监测仪器。
（6）其他仪器。

四、数据处理

数据处理主要是对环境噪声的数据进行处理，下面仅仅以噪声污染图的绘制作说明：以 5dB 为一等级，用不同颜色或阴影线绘制某城市（或某一区域）的噪声污染图，具体划分如下表 7-4。

表 7-4　噪声污染图表示方法

噪声带	颜色	阴影线
35dB 以下	浅绿色	小点，低密度
36～40dB	绿色	中点，中密度
41～45 dB	深绿色	大点，高密度
46～50 dB	黄色	垂直线，低密度
51～55 dB	褐色	垂直线，中密度
56～60 dB	橙色	垂直线，高密度
61～65 dB	朱红色	交叉线，低密度
66～70 dB	洋红色	交叉线，中密度
71～75 dB	紫红色	交叉线，高密度
76～80 dB	蓝色	宽条垂直线
81～85 dB	深蓝色	全黑

五、实验报告书的编写

本实验报告书必须包括以下几个方面的内容。
(1) 物理环境现状。
(2) 物理环境污染分析。
(3) 物理环境污染控制对策及实施。

实验 5　重金属污染规律研究实验

一、实验目的

(1) 了解原子吸收分光光度法的原理。
(2) 学习土壤、植物样品的消化方法；对水体、土壤、固体废弃物渗透液、空气中的重金属进行调查研究。
(3) 掌握原子吸收分光光度计的使用方法。

二、实验步骤和要求

(1) 熟悉原子吸收仪的结构和使用。

(2) 试液的制备。

(3) 标准曲线的绘制。

例如,测定土壤或植物中或水体中的镉,其标准曲线做法如下:吸取镉标准使用液 0.00mL、0.50mL、1.00mL、2.00mL、3.00mL、4.00mL 分别于 6 个 50mL 容量瓶中,用 0.2% HNO_3 溶液定容、摇匀。此标准系列分别含镉 0.00μg/mL、0.05μg/mL、0.10μg/mL、0.20μg/mL、0.30μg/mL、0.40μg/mL。测其吸光度,绘制标准曲线。

(4) 样品测定:根据原子吸收仪的操作流程来进行,必须严格按照原子吸收仪的操作规程来做。

(5) 实验数据处理分析,对重金属污染规律进行研究。

(6) 完成实验报告并进行相关讨论。

三、思考题

(1) 土样消化过程中,最后除 $HClO_4$ 时为什么须防止将溶液蒸干涸,不慎蒸干时,Fe、Al 盐可能形成难溶的氧化物而包藏镉,使结果偏低?

(2) 如果样品中含有 Ca、Mg 等金属元素,对镉的干扰如何?如果避免?

(3) 高氯酸的纯度对空白值的影响如何?与测定结果的准确度有什么关系?

(4) 重金属污染的规律如何?

实验 6　膜技术在水处理中的应用研究(饮用水处理)

一、研究的背景与方向

随着水环境日益受到污染,饮用水水质恶化。水质恶化的主要特点是水中溶解性有机物增加。有机物能与氯反应生成消毒副产物,这些消毒副产物能产生"三致"物质,对人体形成潜在的健康威胁。因此,如何采取有效的处理工艺去除有机物,提高饮用水水质是目前以及将来很长一段时间给水处理所面临的课题。传统的混凝—沉淀—过滤—消毒处理工艺对有机物去除效果差,无法满足人们对优质饮用水的需求。

深度处理技术能有效地去除有机物,提供优质饮用水。深度处理技术包括生物预处理、臭氧氧化、活性炭吸附和膜处理。其中的生物预处理、臭氧氧化和活性炭吸附目前在国内正处于大规模应用的阶段。膜技术是当前水处理领域的最新技术,用膜技术替代传统饮用水处理工艺是 21 世纪给水处理的发展方向。

二、实验内容

开放性实验的装置是由微滤膜－两级活性炭吸附柱－超滤膜组成的系统，是以去除饮用水水中的有机物为目的给水处理系统。处理规模为 $12m^3/d$，全自动化运行。适应于活性炭吸附和膜去除有机物的实验。

实验的内容着重于活性炭－超滤膜系统去除浊度、有机物和消毒副产物的效果。

三、实验要求

通过本实验要求达到下述目的。
（1）学习和掌握检索和阅读中外本专业文献的能力。
（2）膜技术的基本知识和膜分离机理。
（3）巩固给水水质分析技能，掌握给水中重要的有机物如 COD_{Mn}、TOC、消毒副产物的分析方法。
（4）通过实验，培养分析问题和解决问题的综合能力，初步培养创新能力。

实验 7　GR 型消烟除尘脱硫一体化装置的模拟实验

一、实验意义和目的

燃煤锅炉排放的烟气含有大量的二氧化硫和烟尘，是目前我国主要的大气污染源之一，若不对该烟气加以净化处理，将会造成严重的大气污染。GR 型消烟除尘脱硫一体化装置是成熟先进的烟气净化装置，它是集消烟、除尘、脱硫为一体的高效锅炉净化装置，该设备具有效率高，投资少，无二次水污染等特点，经全国多家锅炉应用运行表明其处理效果良好，出口烟气各项指标均达到国家规定的标准要求。通过本实验应达到以下目的。
（1）了解湿式除尘脱硫一体化装置的组成及运行过程。
（2）掌握湿式除尘脱硫一体化装置的工作原理。
（3）掌握采用烟气平行采样仪测定烟气中烟尘和二氧化硫浓度的方法。

二、实验原理

1. 消烟除尘原理

湿式消烟除尘脱硫过程是以水、气、固三相工艺技术组成的一个系统，如何增大水、气、固的接触面积将直接影响消烟除尘脱硫效果，为增大接触面积，湿式净化装置，采用自激式核凝原理实现消烟除尘脱硫。内部结构是在除尘室内设置自循环给水、收缩段、弧形板、扩张段、阶段折流等。作用过程是烟气通过风机作用产生高速气流冲击液面，由于烟气气速高、气温高，可产生大量微小水滴及过饱和水蒸气，较大烟气在流动过程中与直碰撞聚结沉降，微细烟气作为过饱和蒸气的凝结核，均匀地冷凝于每个微粒上凝聚增大，由 $0.1\sim 1\mu m$ 增大到 $5\mu m$ 以上，经过较长的折流挡板和气液分离器将液固混合物从烟气中分离，达到消烟除尘脱硫效果。

2. 脱硫的主要原理

湿式脱硫的主要作用有两个：一是水对二氧化硫的物理吸收剂，二氧化硫溶于水 $SO_2+H_2O \longrightarrow H_2SO_3$，这是一个可逆过程，烟气脱硫效果受到最大溶解度的限制；二是化学吸收，烟气中 SO_2 与水中碱性物质发生中和反应，反应机理如下。

$$SO_2(气) \longrightarrow SO_2(液)$$

$$SO_2(液)+H_2O \longrightarrow H_2SO_3 \longrightarrow H^+ + H_2SO_3^-$$

$$H_2SO_3^- \longrightarrow H^+ + SO_3^{2-}$$

$$H^+ + OH^- \longrightarrow H_2O$$

从反应机理来看，脱硫效率受到气、液、固三相湍流状态和洗涤液的浓度及碱度有关。

采用双碱法，双碱法包括吸收和再生两个步骤。该法吸收 SO_2 采用钠基碱，因为它易吸收 SO_2，反应速度快，反应充分，与钙基相比，在较低液气比时得到较高的脱硫效率，而运行中实际消耗的是廉价的石灰（钙基），因为吸收 SO_2 的废水进入再生池用石灰进行再生，使 NaOH 或 Na_2CO_3 再生，重新进入除尘器内与 SO_2 发生反应。由于生成 $CaSO_3$ 的沉淀反应不在除尘器内部，而是在沉淀再生池中进行，因此，不会在除尘器及管道中产生结垢和堵塞现象，在除尘器内部是吸收反应，生成的是 Na_2SO_3。所以双碱法具有高脱硫率、不易堵塞结垢等优点，而实际消耗是便宜的石灰，运行费用也较低。具体的反应方程式如下。

1）吸收反应

$$NaOH+SO_2 \longrightarrow Na_2SO_3+H_2O$$

$$Na_2CO_3+SO_2 \longrightarrow Na_2SO_3+CO_2\uparrow$$

$$Na_2SO_3+SO_2+H_2O \longrightarrow 2NaHSO_3$$

2）氧化反应

$$2Na_2SO_3 + O_2 \longrightarrow 2Na_2SO_4$$

在氧量不足的情况下，该反应不易发生。

3）再生反应，对吸收液的再生

$$CaO + H_2O \longrightarrow Ca(OH)_2$$

$$2NaHSO_3 + Ca(OH)_2 \longrightarrow Na_2SO_3 + CaSO_3 \cdot \frac{1}{2}H_2O \downarrow + \frac{3}{2}H_2O$$

$$Ca(OH)_2 + \frac{1}{2}H_2O \longrightarrow 2NaOH + CaSO_3 \cdot \frac{1}{2}H_2O \downarrow$$

有氧存在时，

$$2CaSO_3 \cdot \frac{1}{2}H_2O + O_2 + 3H_2O \longrightarrow 2CaSO_4 \cdot 2H_2O \downarrow$$

3. 循环水系统

循环水系统由循环水池、循环水泵、循环水管道和加药装置组成。循环水池满足锅炉脱硫循环用水的需要，并能保证其沉淀反应时间。本系统采用零排放闭环运行，以避免二次污染。循环水池由两部分组成：沉淀池、清水池。脱硫采用双碱法，双碱法 CaO 溶解液在进入沉淀池前加入；随冲渣水一起进入沉淀池，双碱法在沉淀池中进行再生反应，NaOH 得以再生，反应生成的沉淀 $CaSO_3$、$CaSO_4$ 及灰渣在沉淀池被捞出。运行初期用的 NaOH 及运行中需补充的 NaOH 在清水池中加入，pH 调节在进入沉淀池前进行，其 pH 应根据煤种的含硫量进行调控。pH 控制在 9~10。

经全国多家锅炉实际运行表明，锅炉烟气经收缩管道撞击 R 板形成小水滴和水蒸气经多级折流挡板、扩张段、脱雾器，可达到较好的消烟除尘脱硫的效果。

三、装置主要特点及技术指标

（1）除尘、脱硫、消烟一体化完成。
（2）对微小颗粒有较高的去除效果。
（3）水封闭式自循环，不存在二次污染。
（4）净化效率高：除尘效率>98%；脱硫效率>65%；烟气黑度<1 级。

四、实验流程及装置

实验流程如图 7-1 所示。

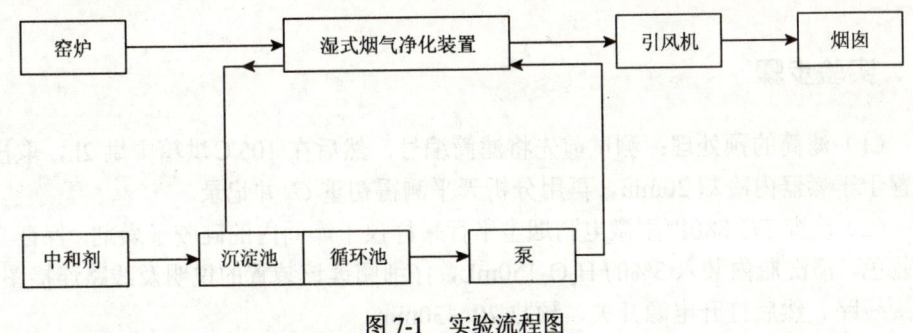

图 7-1　实验流程图

GR 型消烟除尘脱硫一体化装置，见图 7-2。

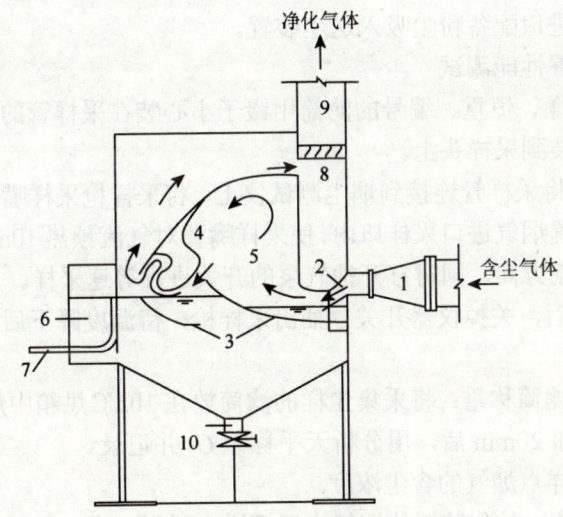

图 7-2　GR 型消烟除尘磁脱硫一体化装置

1—进气管；2—收缩管；3—R 型弧板；4—挡板；5—S 形通道；6—溢流水箱；7—溢流管；8—除湿装置；9—排气管；10—卸灰管

五、分析测试器材

（1）TH-880Ⅳ型微电脑烟尘平行采样仪（武汉天虹智能仪表厂）：1 台。

（2）玻璃纤维滤筒：若干。

（3）镊子：1 支。

（4）分析天平：分度值 0.001g，1 台。

（5）烘箱：1 台。

（6）橡胶管：若干。

六、实验步骤

(1) 滤筒的预处理:测试前先将滤筒编号,然后在 105℃烘箱中烘 2h,取出后置于干燥器内冷却 20min,再用分析天平测得初重 G_1 并记录。

(2) 检查 TH-880Ⅳ型微电脑烟尘平行采样仪干燥筒内的硅胶干燥剂,保证其呈蓝色,清洗瓶内装入 3% 的 H_2O_2 150mL,仔细阅读该装置的说明及线路连接图,连接线路。然后打开电源开关,预热 20~30min。

(3) 启动风机:风机启动应在无负荷或负荷很低的情况下,否则会烧坏电机。因此要在风机前的阀门处于全闭的情况下启动风机,待运行正常打开阀门。

(4) 启动微型自吸泵,为系统供水,通过压力表控制压力在 0.1kg 左右。

(5) 在烟气进口配备粉尘吸入送尘装置。

(6) 实验装置性能测试

a. 把预先干燥、恒重、编号的滤筒用镊子小心装在采样管的采样头内,再把选定好的采样嘴装到采样头上。

b. 用橡胶管将采样管连接到烟尘测试仪上,将采样枪采样嘴和皮托管伸入除尘脱硫一体化装置烟气进口采样口内,使采样嘴背对气流预热 10min 后转动 180°,即采样嘴正对气流方向,同时打开抽气泵的开关进行等速采样。

c. 采样完毕后,关掉仪器开关,抽出采样枪,待温度降下后,小心取出滤筒保存好。

d. 采尘后的滤筒称重:将采集尘样的滤筒放在 105℃烘箱中烘 2h,取出置于玻璃干燥器内冷却 20min 后,用分析天平称重 G_2 并记录。

e. 计算各采样点烟气的含尘浓度。

f. 在除尘脱硫一体化装置的烟气出口烟道上采样口内,同时测定相应的烟气参数并记录。

(7) 测试完毕,整理实验室。

七、实验记录

将实验数据记入表 7-5 并计算除尘脱硫一体化装置的除尘效率。

表 7-5 除尘脱硫一体化装置进出口烟气含尘浓度测定实验记录表

(1) 测定日期_____   测定烟道_____

	大气压力/kPa	大气温度/℃	烟气温度/℃	烟道全压/Pa	烟道静压/Pa	烟气干球温度/℃	烟气湿球温度/℃	烟气含湿量 χ_{sw}
烟气进口								
烟气出口								

(2) 烟道断面积_____ m² 测点数_____

采样点编号	动压/Pa	烟气流速/(m/s)	采样嘴直径/mm	采样流量/(L/min)	采样时间/min	采样体积/L	换算体积/L	滤筒号	滤筒初重/g	滤筒总重/g	烟尘浓度/(mg/L)
1											
2											
…											

(3) 计算除尘脱硫一体化装置的除尘效率

项目	烟道断面平均流速/(m/s)	烟道断面流量/(m³/s)	平均烟尘浓度/(mg/L)	除尘器的除尘效率/%
烟气进口				
烟气出口				

实验 8　有机废物好氧堆肥实验

一、实验目的

（1）通过参与好氧堆肥实验装置的建立和全过程参数检测，了解作为有机废物无害化、资源化处理处置方法之一的堆肥技术的典型过程及技术特征。

（2）通过已掌握的微生物群落检测、计数方法，了解堆肥不同过程的微生物学变化特征。

（3）掌握堆肥腐熟度检测方法之一的种子发芽率和发芽指数法。

二、实验原理

堆肥化是指依靠自然界广泛分布的细菌、放线菌、真菌等微生物，或是通过人工接种待定功能的菌，在一定工况条件下，有控制地促进可被生物降解的有机物向稳定的腐殖质转化的生物化学过程，其实质是一种生物代谢过程。废物经过堆肥化处理，制得的成品称堆肥。

好氧堆肥中底物的降解是细菌、放线菌和真菌等多种微生物共同作用的结果，在一个完整的好氧高温堆肥的各个阶段，微生物的群落结构演替非常迅速，即在堆肥这个动态过程中，占优势的微生物区系随着不同堆肥阶段的温度、含水率、好氧速率、pH 等理化性质的改变进行着相应的演替。

本实验通过学生全过程参与好氧堆肥装置的建立和关键参数检测，了解作为有机废物无害化、资源化处理处置方法之一的堆肥技术的典型过程及技术特征，掌握堆肥关键参数的检测方法，主要包括以下 3 部分内容。

(1) 堆肥过程特征参数检测分析：包括堆温、pH、气体成分和含量变化监测。

(2) 堆肥过程微生物群落变化分析：采用平板计数法检测微生物种群的数量来研究高温阶段和堆肥腐熟阶段微生物种群结构和数量的变化，包括细菌、放线菌、真菌以及纤维素分解菌。

(3) 堆肥腐熟度检测：堆肥腐熟度是指堆肥产品的稳定程度。判断堆肥腐熟度的指标包括物理学指标、化学指标（包括腐殖质）和生物学指标。其中简单的判断堆肥腐熟的方法包括以下 3 种。

a. 根据外观和气味：在堆肥化过程中，物料的色度和气味的变化反映出微生物的活跃程度。对于正常的堆肥过程，随着进程的不断推进，堆肥物料的颜色逐渐发黑，腐熟后的堆肥产品呈黑褐色或黑色，气味由最初的氨味转变成土腥味。Sugahara 等提出一种简单的技术用于检测堆肥产品的色度，并回归出一关系式。

$$Y = 0.388C/N + 8.13 (R^2 = 0.749)$$

式中，Y 是响应值（颜色分析值）；他们认为 Y 值为 11～13 的堆肥产品是腐熟的。使用该法时要注意取样的代表性。不过，堆肥的色度显然受其原料成分的影响，很难建立统一的色度标准以判断各种堆肥的腐熟程度。

b. 根据发酵温度：前期发酵的终点温度（40～50℃）与有机质分解速率一样是微生物活动的尺度。温度的变化与堆肥过程中的微生物代谢活性有关，研究表明二者之间的关系可用如下关系式表示。

$$K_T = K_{20}\theta^{(T-20)}$$

式中，K_T、K_{20} 分别为温度在 T、20℃时的呼吸速率；θ 为常数。

当微生物活动减弱时，热量的上升率也相应下降，导致堆肥的温度下降。但不同堆肥系统的温度变化差别显著。由于堆体为非均相体系，其各个区域的温度分布不均衡，限制了温度作为腐熟度定量指标的应用。国际上一些学者提出，某一堆肥系统在经过一次高温后，如果在最佳的工况条件下也不能再次升温，则可判断该系统基本达到腐熟。

c. 种子发芽指数（GI）：未腐熟的堆肥含有植物毒性物质，对植物的生长产生抑制作用，因此，考虑到堆肥腐熟度的实用意义，植物生长实验应是评价堆肥腐熟度的最终和最具说服力的方法。一般来讲，当堆肥水浸提液 cress 种子发芽指数（GI）达到或超过 50%时，可以认为堆肥已基本腐熟，对于种子的发芽基本无毒性。本实验中用黑麦草种子发芽指数对秸秆和厨余废物好氧共堆肥产物的植物毒性进行评判和比较。

三、实验设备与材料

(1) 恒温生化培养箱。

（2）干燥箱。
（3）恒温摇床。
（4）pH 计。
（5）灭菌锅。
（6）菌落计数仪。
（7）电子天平。
（8）培养皿，试管，玻璃三角瓶，移液管，玻璃刮刀，白磁板等若干。
（9）（温度、氧气）在线监测式好氧堆肥反应器。

所用培养基主要有：①营养琼脂（用于总细菌的计数）；②UBA 琼脂（用于放线菌的计数）；③孟加拉红琼脂（用于真菌的计数）；④滤纸条纤维素培养基（用于纤维素分解菌的计数）。

四、实验内容

1. 堆肥过程特征参数的监测与分析

（1）100L 堆肥反应器的准备（由实验室进行），样本 1 为处于高温阶段的堆肥，样本 2 为处于稳定期（腐熟度）的堆肥。堆料为 6∶4∶1（重量比）的花卉秸秆、蔬菜废物和土壤。

（2）堆温检测：用温度探头检测堆体中部的温度，并从数字控制显示器读取数据，监测时间为每隔 6h 一次（每天 3 时、9 时、15 时、21 时），持续过程为 16 次（4 天）。

（3）堆料 pH 变化：从堆体中取出 10g 样，用蒸馏水配成固液比 5%的悬浮液，摇床振荡 10min 后左右，用 pH 计检测。

（4）堆体出气口 O_2 和 CO_2 变化：将气体监测仪的探头深入反应器的出气口 15cm 处，从仪器的显示器读取稳定后的数据，监测时间为每隔 6h 一次（每天 3 时、9 时、15 时、21 时），持续过程为 16 次（4 天）。

2. 平板稀释法检测不同堆肥微生物区系

（1）以无菌操作称取 25g 堆肥样品，放入装有 225mL 灭菌生理盐水的灭菌锥形瓶内，于 200r/min 恒温摇床中振荡 15～20min，制成 1∶10 样品匀液（悬浊液）。

（2）将样品进一步做倍比稀释，即用灭菌吸管吸取 5mL 样品，放入装有 45mL 灭菌生理盐水的灭菌锥形瓶内，经充分振摇制成 1∶10 样品匀液。同时进行逐级稀释，直至获得适宜的稀释度。

（3）取不同稀释度的稀释液 0.1mL 均匀滴于不同的选择性培养基上，用玻璃刮刀使其均匀涂布于培养基表面，分别计数细菌（牛肉膏蛋白胨琼脂培养基）、放线菌（高氏一号培养基）和真菌（查氏培养基）的数目。

（4）将涂布接种后的平板倒置在适温培养箱中培养 3～5 天，选取菌落分布均匀且平均菌落数在 30～300 者进行计数。

（5）另称取 25g 样品，置于 105℃下烘干至恒重，算出样品的含水率，用干重表示底物中的含菌量。

$$\text{每克干物质的含菌数} = \text{每克新鲜物质中的菌数} \times \text{含水率}$$

3. 试管 MPN 法检测纤维素分解菌的种群密度

（1）将样品按上述方法进行逐级稀释后，取不同稀释度的稀释液 1mL，无菌操作接种于装有已灭菌的 9 mL 依姆涅茨基纤维素分解菌培养基中。每个稀释度的重复接种 3 管。

（2）30℃恒温培养 14d，检查各试管中滤纸条上出现的菌落、滤纸的断裂情况和滤纸上产生的色素和黏液，记录观察结果。有明显的微生物生长和滤纸条断裂的试管记为+结果。

（3）MPN 的计算

MPN 法又称最可能数法或最近似值法，是用统计学方法来计算样品中某种待测菌含量的一种方法。此方法适用于那些利用平板培养法不能进行活菌计数，却很容易在液体培养基中生长并被检测出来的微生物。其计算原理遵循常规查表法中的 Ziegler 方程。本实验采用 MPN 法检测堆肥不同阶段纤维素分解菌的种群密度。

4. 堆肥腐熟度检测

种子发芽率实验的具体操作步骤如下。

（1）堆肥水浸提液按鲜样：蒸馏水为 1：10 的体积比例振荡 30min，离心（5000r/min）过滤后上清液储藏于塑料瓶中备用。

（2）在培养皿中放入相同直径的滤纸 1 张，灭菌后均匀洒入 15 颗浸泡后的黑麦草种子，注入 10mL 的沤肥产物稀释物，取注入无菌去离子水的实验作为对照，在 28℃下培养 1 周，统计根长和发芽率，发芽指数 GI 用下式计算：

$$GI(\%) = \frac{\text{处理的种子发芽率} \times \text{种子根长}}{\text{对照的种子发芽率} \times \text{种子根长}} \times 100\%$$

五、实验结果及分析

堆肥过程特征参数的监测与分析包括以下 3 方面。

（1）好氧堆肥过程温度监测及变化特征分析。

（2）好氧堆肥过程 pH 监测及变化特征分析。

（3）好氧堆肥过程出气口 O_2 和 CO_2 监测变化特征分析。

实验 9 底泥中汞的存在形态

化学形态是指某种元素在环境中存在的具体形式，包括价态、化合态、结合态和结构状态 4 个方面。

在环境污染物的研究中，人们发现各种元素的生物有效性与元素的形态有关。因此，单纯测定环境中金属元素总浓度并不足以说明其对水生生物是否有害及有害程度，也不能由此判断环境质量恶劣与否。利用形态分析方法研究环境中污染物的存在形态及其与生物有效性的关系，可为环境质量的评价、环境容量的确定提供科学依据。

众所周知，汞是水体中典型的重金属污染物。其毒性的大小不仅与它们的总量有关，更与它们的存在形态有关。例如，甲基汞的毒性比无机汞大 100 倍。因此，研究和测定底泥中汞的存在形态，对于研究汞在河流及底泥中的迁移转化和最后归宿，评价河流对汞的自净能力及最终治理水体汞污染具有重要的现实意义。

一、实验目的

（1）了解形态分析的意义，学习测定底泥样品中各种形态汞的方法。
（2）学习冷原子荧光测汞仪的使用方法。

二、实验原理

根据各种形态汞在不同浸提液中的溶解度，采用连续化学浸提法测定底泥中汞存在的水溶态、酸溶态（包括无机汞和甲基汞）、碱溶态、过氧化氢溶态及王水溶残渣态。

由于汞沸点很低，易挥发，同时汞离子能定量地被亚锡离子还原为金属汞，因而可以使用测汞仪，在常温下利用汞蒸气对 253.7nm 汞共振线的强烈吸收来测定溶液中的汞含量，吸收强度的大小与汞原子蒸气浓度的关系符合比耳定律。

三、仪器与试剂

1. 仪器
（1）测汞仪。
（2）恒温振荡器。
（3）离心机。

(4）酸度计。

(5）细口反应瓶：100mL。

(6）玻璃注射器：20mL。

2. 试剂

(1）汞标准溶液：准确称取 0.1354 g 氯化汞（分析纯）溶于 50mL 10%H_2SO_4 及 10mL 1% $K_2Cr_2O_7$ 溶液中，用去离子水稀释至 1000mL，得到 0.1mg/mL 的汞标准储备液。吸取此标准储备液 5.0mL，加入 50mL 10%H_2SO_4 及 10 mL 1%$K_2Cr_2O_7$ 溶液，用去离子水稀释至 1000mL，得 0.5mg/L 的汞标准溶液。

(2）溴化剂：溴酸钾（0.1mol/L）-溴化钾（1%）溶液。

(3）盐酸羟胺（12%）-氯化钠（12%）溶液。

(4）10%$SnCl_2$ 溶液。

(5）盐酸溶液：0.2mol/L。

(6）1%硫酸铜溶液。

(7）1%氢氧化钾溶液。

(8）30%过氧化氢。

(9）王水。

(10）5%硝酸。

(11）盐酸：1∶1。

(12）浓盐酸。

四、实验步骤

1. 标准曲线的绘制

取 0.5mg/L 的汞标准溶液 0.2mL、0.3mL、0.4mL、0.5mL、0.6mL 分别加到 100mL 细口反应瓶中，再加入 5%的 HNO_3 溶液使体积为 19mL，然后加入 1.0mL 10%$SnCl_2$ 溶液，加盖橡胶反口塞，摇动 10 min 后，用 20mL 注射器取出 10mL 气体，注入吸收池中，测定透光率。根据汞含量与透光率的关系，绘制标准曲线。

2. 不同形态汞的浸提方法

(1）水溶态汞（氯化物、硝酸盐和硫酸盐）的浸提方法：准确称取 1g 风干泥样品于 50mL 离心管中，加入 10mL 去离子水，在恒温振荡器上振荡 30min，离心分离，吸取上清液于 25mL 容量瓶中。再用 5mL 去离子水重复进行一次，上清液合并后稀释至刻度。取定容后的溶液 10mL，按照步骤 3 中无机汞的测定方法，测定水溶态汞的总量。

(2）碳酸盐、HgO、甲基汞和二甲基汞的浸提方法：上述残渣用 10mL 0.20mol/L 的盐酸浸提，剧烈摇动至沉淀泛起。放置 5min，待泡沫消失（$CO_2\uparrow$、$H_2S\uparrow$）后加入

0.5mL 1%$CuSO_4$ 溶液，振荡 30min，离心分离，吸取上清液于 50mL 容量瓶中。上述过程重复进行一次，合并两次的上清液。再用少许去离子水洗涤两次，将洗涤液与上清液合并后，定容至 50mL。取定容后的溶液 10.0mL，按照步骤 3 中含有机汞时汞的测定方法测定总汞的含量；另取定容后的溶液 10.0mL，按照步骤 3 中无机汞的测定方法直接测定无机汞的含量，二者之差为有机汞。

（3）腐殖酸结合汞的浸提方法：上述残渣加入 30mL 1% KOH，振荡 10min，放置过夜，离心分离，上清液移入 50mL 容量瓶中。再用 10mL 去离子水淋洗，淋洗液与上清液合并后，定容至 50mL。取定容后的溶液 5.0mL，按照步骤 3 中含有机汞时汞的测定方法测定腐殖酸结合汞的含量。

（4）难降解有机结合汞的浸提方法：上述残渣加入 20mL 30%H_2O_2，再加入 1.5mL 浓盐酸或在 0.8mol/L 盐酸介质中于 60℃ 水浴保持 4h，离心分离。将上清液移入 50mL 容量瓶中，残渣再用少许 0.8mol/L 盐酸洗两次，将洗涤液与上清液合并后，定容至 50mL。取定容后的溶液 1.0mL，按照步骤 3 中含有机汞时汞的测定方法测定难降解有机结合汞的含量。

（5）以硫化汞为主的惰性汞和晶格态汞的浸提方法：上述残渣加入 8mL 王水，于 40℃ 左右保持消化 2h，将上清液移入 25mL 容量瓶中，将残渣再用少许去离子水洗两次，将洗涤液与上清液合并后，定容至 25mL。取一定体积的定容后的溶液，按照步骤 3 中无机汞的测定方法测定惰性汞和晶格态汞的含量。

3. 无机汞和有机汞的测定方法

（1）无机汞的测定：在反应瓶中加入一定体积浸提出来的清液，用 5%的 HNO_3 稀释至 19mL，加入 1mL 10%$SnCl_2$，使溶液体积达 20mL，密闭。手摇振荡 1min 后，放置 10min，用注射器抽取 10mL 气体注入测汞仪吸收池内测定透光率。

（2）含有机汞时汞的测定：取一定体积的酸溶、碱溶和 H_2O_2 溶的浸提液于反应瓶中，加入溴化剂 1mL、盐酸（1∶1）2~3mL 使盐酸浓度为 2mol/L，摇匀，放置 5min，滴加盐酸羟胺-氯化钠溶液至黄色消失，再多加 1、2 滴，然后按无机汞的测定方法进行测定。

五、数据处理

在标准曲线上，查出各浸提样品的透光率所对应的汞的含量，由此计算出底泥样品中各种形态汞的含量，最后计算出底泥样品中总汞含量。

六、思考题

（1）根据实验数据讨论分析水体底泥样品中汞的存在形态。

(2) 说明连续化学浸提法提取不同形态汞的机理。
(3) 冷原子荧光测汞仪的工作原理是什么？

实验10　鱼体内氯苯类有机污染物的分析

一、实验目的

(1) 了解鱼体中有机污染物的分析方法。
(2) 掌握痕量有机物富集和浓缩的基本操作技术。
(3) 进一步学习气相色谱仪的工作原理和使用方法。

二、实验原理

鱼体内的有机污染物主要用色谱法进行分析测定，但一般都需要经过预处理步骤。最常采用的预处理方法就是利用有机溶剂在索氏提取器中对一定量的样品进行回流萃取，然后将萃取液分别在 K. D. 浓缩器和 Snyder 蒸馏键中进一步浓缩，直到达到色谱测定的要求为止。该方法较为成熟，回收率也较高。

三、仪器与试剂

1. 仪器

(1) 气相色谱仪：配有电子捕获检测器（ECD）。
(2) 高速组织捣碎机。
(3) 索氏提取器：60 mL，500mL。
(4) K. D. 浓缩器。
(5) Snyder 蒸馏柱。
(6) 净化柱：用 5mL 酸式滴定管、干燥管及硅橡胶管装配而成。

2. 试剂

(1) 混合标准溶液：用石油醚配制含有 200mg/L 1, 2, 3-三氯苯、四氯苯、六氯苯、2-硝基氯苯、3-硝基氯苯和 4-硝基氯苯储备液。
氯苯类有机物均为色谱纯。取 100 mL 储备液于 10mL 容量瓶中，用石油醚定容。得浓度为 2mg/L 的混合标限溶液。

(2) 丙酮：分析纯，用前经全玻璃蒸馏器重蒸。

(3) 石油醚（30～60℃）：分析纯，用前经全玻璃蒸馏器重蒸，接取 50℃以上馏分。

(4) 乙醚：分析纯，用前经全玻璃蒸馏器重蒸。
(5) 无水硫酸钠：分析纯，用前在高温炉中 600℃烘干 6h。
(6) 中性氧化铝：层析用，0.15~0.076mm（10~200 目）；硅胶，层析用，0.30~0.15mm（60~100 目）。用前均在高温炉中 600℃活化 6h，加 5%（质量分数）蒸馏水脱活，振荡 1h 后，放置过夜。

四、实验步骤

1. 样品的准备

从未受污染的水体中采集幼鱼数条，去头尾和内脏后粉碎混匀。粉碎前用滤纸吸干样品表面血污和残余成分，粉碎时注意混合均匀。

2. 样品的提取

(1) 称取混匀后的样品 3g，与 9g 无水硫酸钠一起研磨至无结块为止。按同样的方法做空白和平行样。

(2) 将研磨后的混合物装入滤纸筒内，置于 60 mL 索氏提取器中，并在其中含有平行样的索氏提取器中加入混合标准溶液 1mL。

(3) 用 60 mL 丙酮（59%）和石油醚（41%）的混合溶剂作为提取剂，在 60~65℃水浴条件下回流提取 2h。

3. 提取液的净化和浓缩

(1) 将提取液移入 K.D. 浓缩器中，水浴温度 60~70℃，溶剂流出速度控制在 1~1.5mL/min 的条件下，浓缩至约 2mL。

(2) 将净化柱下端放入少量玻璃棉，然后依次干法装入 4g 氧化铝（或硅胶）和 2g 无水硫酸钠，轻敲柱壁，使填充物尽可能致密。

(3) 将浓缩后的提取液置于净化柱顶端，待液面下降到无水硫酸钠部位时，开始加入 10mL 石油醚，再待液面下降到无水硫酸钠顶部时，加入 30 mL 含 5%（体积分数）乙醚的石油醚（用硅胶作净化剂时，使用含 10%乙醚的石油醚）。控制流出速度为 1mL/min，若流速过慢。可用氯气在柱顶稍微加压，洗脱液全部接取。

(4) 净化后的提取液再经 K.D 浓缩器浓缩至约 5mL，然后转用 Snyder 柱进一步浓缩。浓缩速度前者控制为 1~1.5mL/min，后者应＜1mL/min。最后根据需要浓缩至 0.5~1mL，供气相色谱测定。

上述提取和浓缩步骤中，均加入经清洗和 600℃下 4h 处理的沸石。所用玻璃棉也经净化处理。

4. 样品测定

取浓缩后的溶液 1~5mL 注入色谱，测定其保留值和峰高，在相同色谱条件下，取 1~5μL 标准样注入色谱，测定其保留值和降高。

色谱条件如下：色谱柱：3m×2mm 玻璃柱，内装 3%SP-2250 涂于 Supelcoport，0.29～0.15mm（80～100 目）。气化室温度：230℃；柱室温度：120℃和180℃两段；载气（N_2）：50 mL/min；放大器灵敏度：10；输出衰减：512；极化电压：1.0mA；记录仪纸速：2.5mm/min。

五、数据处理

（1）根据标样浓度和色谱图峰高，分别求得空白、样品和加标样品中所含各种有机污染物的含量。
（2）计算方法的加标回收率。

六、思考题

（1）测定方法的加标回收率有何意义？
（2）电子捕获检测器的工作原理是什么？
（3）用萃取法提取样品有哪些优缺点？

参 考 文 献

陈泽堂. 2002. 水污染控制工程实验. 北京：化学工业出版社.
戴树桂. 1999. 环境化学. 北京：高等教育出版社.
董德明，朱丽中. 2001. 环境化学实验. 北京：高等教育出版社.
高廷耀. 1999. 水污染控制工程（下册）. 北京：高等教育出版社.
郝吉明，段雷. 2004. 大气污染控制实验. 北京：高等教育出版社.
孔繁翔. 1999. 环境生物学. 北京：高等教育出版社.
蒲恩奇. 1997. 大气污染治理工程. 北京：高等教育出版社.
孙成. 2004. 环境监测实验. 北京：高等教育出版社.
奚旦立，孙裕生，刘秀英. 2004. 环境监测（第三版）. 北京：高等教育出版社.
许保玖. 2000. 给水处理理论. 北京：中国建筑工业出版社.
严煦世，范瑾初. 2000. 给水处理（第四版）. 北京：中国建筑工业出版社.
苑宝玲，李云琴. 2005. 环境工程微生物学实验. 北京：化学工业出版社.

附　录

附录一　计量单位——SI 词头

一、SI 基本单位

量的名称	单位名称	单位符号	量的名称	单位名称	单位符号
长度	米	m	热力学温度	开[尔文]	K
质量	千克（公斤）	kg	物质的量	摩[尔]	mol
时间	秒	S	发光强度	坎[德拉]	Cd
电流	安[培]	A			

注：（1）圆括号中的名称是它前面的名称的同义词，下同。
　　（2）无方括号的量的名称与单位名称均为全称。方括号中的字，在不致引起混淆、误解的情况下，可省略，去掉方括号中的字即为其名称的简称，下同。
　　（3）本标准所称的符号，除特殊指明外，均指我国法定计量单位中所规定的符号以及国际符号，下同。
　　（4）人们生活和贸易中，质量习惯称为重量。
　　（5）摘自 GB 3100-93

二、可与国际单位并用的我国法定计量单位

量的名称（Quantity）	单位名称（Name）	单位符号（Symbol）	与 SI 单位的关系（Value in SI units）
时间（time）	分（minute） 小时（hour） 日（天）（day）	min h d	1min=60s 1h=60min=3600s 1d=24h=86400s
平面角（angle）	度（degree） 角分（minute） 角秒（second）	° ′ ″	$1° = (\pi/180)$ rad $1′ = (1/60)° = (\pi/10800)$ rad $1″ = (1/60)′ = (\pi/648000)$ rad
体积，容积（volume）	升（liter）	L（l）	$1L=1dm^3=10^{-3}m^3$
质量（mass）	吨（metric ton） 原子质量单位（unified atomic mass unit）	t u	$1t=10^3kg$ $1u≈1.660540×10^{-27}kg$
旋转速度（rotary speed）	转每分（rotation per minute）	r/min	$1r/min = (1/60)\ s^{-1}$
长度（length）	海里（nautical mile）	N mile	1n mile=1852m（只用于航行）

续表

量的名称 （Quantity）	单位名称（Name）	单位符号（Symbol）	与SI单位的关系 （Value in SI units）
速度（speed）	节（knot）	kn	1kn=1n mile/h=（1852/3600）m/s （只用于航行）
能（energy）	电子伏（electron-volt）	eV	$1eV \approx 1.602177 \times 10^{-19}$J
级差（gradation）	分贝（decibel）	dB	—
线密度（linear density）	特克斯（tex）	tex	$1tex=10^{-6}$kg/m
面积（area）	公顷（hectare）	hm^2	$1hm^2=10^4 m^2$

注：（1）平面角单位度、分、秒的符号，在组合单位中应采用（°）、（′）、（″）的形式。例如，不用°/s而用（°）/s。
（2）升的符号中，小写字母l为备用符号。
（3）公顷的国际通用符号为ha。
（4）摘自GB 3100-93

三、SI词头

因素	词头名称		符号	因素	词头名称		符号
	法文	中文			法文	中文	
10^{24}	yotta	尧[它]	Y	10^{-1}	deci	分	d
10^{21}	zetta	泽[它]	Z	10^{-2}	centi	厘	c
10^{18}	exa	艾[可萨]	E	10^{-3}	milli	毫	m
10^{15}	peta	拍[它]	P	10^{-6}	micro	微	μ
10^{12}	tera	太[拉]	T	10^{-9}	nano	纳[诺]	n
10^{9}	giga	吉[咖]	G	10^{-12}	pico	皮[可]	p
10^{6}	mega	兆	M	10^{-15}	femto	飞[母托]	f
10^{3}	kilo	千	k	10^{-18}	atto	阿[托]	a
10^{2}	hecto	百	h	10^{-21}	zepto	仄[普托]	z
10^{1}	deca	十	da	10^{-24}	yocto	幺[科托]	y

附录二　常用的正交实验表

1. $L_4（2^3）$

实验号	列号		
	1	2	3
1	1	1	1
2	1	2	2
3	2	1	2
4	2	2	1

2. $L_8(2^7)$

实验号	列号						
	1	2	3	4	5	6	7
1	1	1	1	1	1	1	1
2	1	1	1	2	2	2	2
3	1	2	2	1	1	2	2
4	1	2	2	2	2	1	1
5	2	1	2	1	2	1	2
6	2	1	2	2	1	2	1
7	2	2	1	1	2	2	1
8	2	2	1	2	1	1	2

3. $L_{12}(2^{11})$

实验号	列号										
	1	2	3	4	5	6	7	8	9	10	11
1	1	1	1	1	1	1	1	1	1	1	1
2	1	1	1	1	1	2	2	2	2	2	2
3	1	1	2	2	2	1	1	1	2	2	2
4	1	2	1	2	2	1	2	2	1	1	2
5	1	2	2	1	2	2	1	2	1	2	1
6	1	2	2	2	1	2	2	1	2	1	1
7	2	1	2	2	1	1	2	2	1	2	1
8	2	1	2	1	2	2	2	1	1	1	2
9	2	1	1	2	2	2	1	2	2	1	1
10	2	2	2	1	1	1	2	2	1	2	2
11	2	2	1	2	1	2	1	1	2	2	2
12	2	2	1	1	2	1	1	2	2	2	1

4. $L_9(3^4)$

实验号	列号			
	1	2	3	4
1	1	1	1	1
2	1	2	2	2
3	1	3	3	3
4	2	1	2	3
5	2	2	3	1
6	2	3	1	2
7	3	1	3	2
8	3	2	1	3
9	3	3	2	1

5. $L_{16}(4^5)$

实验号	列号				
	1	2	3	4	5
1	1	1	1	1	1
2	1	2	2	2	2
3	1	3	3	3	3
4	1	4	4	4	4
5	2	1	2	3	4
6	2	2	1	4	3
7	2	3	4	1	2
8	2	4	3	2	1
9	3	1	3	4	2
10	3	2	4	3	1
11	3	3	1	2	4
12	3	4	2	1	3
13	4	1	4	2	3
14	4	2	3	1	4
15	4	3	2	4	1
16	4	4	1	3	2

附录三　常见酸及氨水的近似相对密度和浓度

试剂名称	相对密度	含量/%	浓度/(mol/L)
盐酸	1.18～1.19	36～38	1.16～1.24
硝酸	1.39～1.40	65～68	14.4～15.2
硫酸	1.83～1.84	95～98	17.8～18.4
磷酸	1.69	85	14.6
冰醋酸	1.05	99.8（优级纯） 99.5（分析纯，化学纯）	17.4
氨水	0.91～0.90	25～28	13.3～14.8

附录四　常用样品保存技术

一、常用样品保存技术

样品的保存一般根据水质样品的保留和管理技术规定（HJ 493-2009，以下简称《规定》）保存。

二、采样现场数据记录

采样现场数据记录表

项目名称：

样品描述：

采样地点	采样编号	采样日期	时间		pH	温度	其他参量	备注
			采样开始	采样结束				

附录五 水、气、声、固体废物相关质量标准、排放标准

一、地表水环境质量标准

地表水环境质量标准基本项目标准限值

单位：mg/L

序号	项目 标准值 分类		Ⅰ类	Ⅱ类	Ⅲ类	Ⅳ类	Ⅴ类
1	水温/℃		\multicolumn{5}{c}{人为造成的环境水温变化应限制在：周平均最大温升≤1，周平均最大温降≤2}				
2	pH（无量纲）		\multicolumn{5}{c}{6～9}				
3	溶解氧	≥	饱和率90%（或7.5）	6	5	3	2
4	高锰酸盐指数	≤	2	4	6	10	15
5	化学需氧量（COD）	≤	15	15	20	30	40
6	五日生化需氧量（BOD_5）	≤	3	3	4	6	10
7	氨氮（NH_3-N）	≤	0.15	0.5	1.0	1.5	2.0
8	总磷（以P计）	≤	0.02（湖、库0.01）	0.1（湖、库0.025）	0.2（湖、库0.05）	0.3（湖、库0.1）	0.4（湖、库0.2）
9	总氮（湖、库，以N计）	≤	0.2	0.5	1.0	1.5	2.0
10	铜	≤	0.01	1.0	1.0	1.0	1.0
11	锌	≤	0.05	1.0	1.0	2.0	2.0
12	氟化物（以F计）	≤	1.0	1.0	1.0	1.5	1.5
13	硒	≤	0.01	0.01	0.01	0.02	0.02
14	砷	≤	0.05	0.05	0.05	0.1	0.1
15	汞	≤	0.00005	0.00005	0.0001	0.001	0.001

续表

序号	项目 \ 标准值 \ 分类		Ⅰ类	Ⅱ类	Ⅲ类	Ⅳ类	Ⅴ类
16	镉	≤	0.001	0.005	0.005	0.005	0.01
17	铬（六价）	≤	0.01	0.05	0.05	0.05	0.1
18	铅	≤	0.01	0.01	0.05	0.05	0.1
19	氰化物	≤	0.005	0.05	0.2	0.2	0.2
20	挥发酚	≤	0.002	0.002	0.005	0.01	0.1
21	石油类	≤	0.05	0.05	0.05	0.5	1.0
22	阴离子表面活性剂	≤	0.2	0.2	0.2	0.3	0.3
23	硫化物	≤	0.05	0.1	0.2	0.5	1.0
24	粪大肠菌群（个/L）	≤	200	2000	10000	20000	40000

注：摘自《地面水环境质量标准》（GB 3838-2002）

二、污水综合排放标准

第一类污染物最高允许排放浓度

单位：mg/L

序号	污染物	最高允许排放浓度	序号	污染物	最高允许排放浓度
1	总汞	0.05	8	总镍	1.0
2	烷基汞	不得检出	9	苯并（α）芘	0.00003
3	总镉	0.1	10	总铍	0.005
4	总铬	1.5	11	总银	0.5
5	六价铬	0.5	12	总α放射性	1Bq/L
6	总砷	0.5	13	总β放射性	10Bq/L
7	总铅	1.0			

注：摘自《污水综合排放标准》（GB 8978-1996）

第二类污染物最高允许排放浓度（1998年1月1日后建立的单位）

单位：mg/L

序号	污染物	适用范围	一级标准	二级标准	三级标准
1	pH	一切排污单位	6～9	6～9	6～9
2	色度（稀释倍数）	一切排污单位	50	80	—
3	悬浮物（SS）	采矿、选矿、选煤工业	70	300	—
		脉金选矿	70	400	—
		边远地区砂金选矿	70	800	—

续表

序号	污染物	适用范围	一级标准	二级标准	三级标准
4	五日生化需氧量（BOD_5）	城镇二级污水处理厂	20	30	—
		其他排污单位	70	150	400
		甘蔗制糖、苎麻脱胶、湿法纤维板、染料、洗毛工业	20	60	600
		甜菜制糖、酒精、味精、皮革、化纤浆粕工业	20	100	600
		城镇二级污水处理厂	20	30	—
		其他排污单位	20	30	300
5	化学需氧量（COD）	甜菜制糖、合成脂肪酸、湿法纤维板、染料、洗毛、有机磷农药工业	100	200	1000
		味精、酒精、医药原料药、生物制药、苎麻脱胶、皮革、化纤浆粕工业	100	300	1000
		石油化工工业（包括石油炼制）	60	120	—
		城镇二级污水处理厂	60	120	500
		其他排污单位	100	150	500
6	石油类	一切排污单位	5	10	20
7	动植物油	一切排污单位	10	15	100
8	挥发酚	一切排污单位	0.5	0.5	2.0
9	总氰化合物	一切排污单位	0.5	0.5	1.0
10	硫化物	一切排污单位	1.0	1.0	1.0
11	氨氮	医药原料药、染料、石油化工工业	15	50	—
		其他排污单位	15	25	
12	氟化物	黄磷工业	10	15	20
		低氟地区（水体含氟量<0.5mg/L）	10	20	30
13	磷酸盐（以P计）	一切排污单位	0.5	1.0	—
14	甲醛	一切排污单位	1.0	2.0	5.0
15	苯胺类	一切排污单位	1.0	2.0	5.0
16	硝基苯类	一切排污单位	2.0	3.0	5.0
17	阴离子表面活性剂（LAS）	一切排污单位	5.0	10	20
18	总铜	一切排污单位	0.5	1.0	2.0
19	总锌	一切排污单位	2.0	5.0	5.0
20	总锰	合成脂肪酸工业	2.0	5.0	5.0
		其他排污单位	2.0	2.0	5.0

续表

序号	污染物	适用范围	一级标准	二级标准	三级标准
21	彩色显影剂	电影洗片	1.0	2.0	3.0
22	显影剂及氧化物总量	电影洗片	3.0	3.0	6.0
23	元素磷	一切排污单位	0.1	0.1	0.3
24	有机磷农药（以P计）	一切排污单位	不得检出	0.5	0.5
25	乐果	一切排污单位	不得检出	1.0	2.0
26	对硫磷	一切排污单位	不得检出	1.0	2.0
27	甲基对硫磷	一切排污单位	不得检出	1.0	2.0
28	马拉硫磷	一切排污单位	不得检出	5.0	10
29	五氯酚及五氯酚钠（以五氯酚计）	一切排污单位	5.0	8.0	10
30	可吸附有机卤化物（AOX）（以Cl计）	一切排污单位	1.0	5.0	8.0
31	三氯甲烷	一切排污单位	0.3	0.6	1.0
32	四氯化碳	一切排污单位	0.03	0.06	0.5
33	三氯乙烯	一切排污单位	0.3	0.6	1.0
34	四氯乙烯	一切排污单位	0.1	0.2	0.5
35	苯	一切排污单位	0.1	0.2	0.5
36	甲苯	一切排污单位	0.1	0.2	0.5
37	乙苯	一切排污单位	0.4	0.6	1.0
38	邻-二甲苯	一切排污单位	0.4	0.6	1.0
39	对-二甲苯	一切排污单位	0.4	0.6	1.0
40	间-二甲苯	一切排污单位	0.4	0.6	1.0
41	氯苯	一切排污单位	0.2	0.4	1.0
42	邻-二氯苯	一切排污单位	0.4	0.6	1.0
43	对-二氯苯	一切排污单位	0.4	0.6	1.0
44	对-硝基氯苯	一切排污单位	0.5	1.0	5.0
45	2,4-二硝基氯苯	一切排污单位	0.5	1.0	5.0
46	苯酚	一切排污单位	0.3	0.4	1.0
47	间-甲酚	一切排污单位	0.1	0.2	0.5
48	2,4-二氯酚	一切排污单位	0.6	0.8	1.0
49	2,4,6-三氯酚	一切排污单位	0.6	0.8	1.0

续表

序号	污染物	适用范围	一级标准	二级标准	三级标准
50	邻苯二甲酸二丁酯	一切排污单位	0.2	0.4	2.0
51	邻苯二甲酸二辛酯	一切排污单位	0.3	0.6	2.0
52	丙烯腈	一切排污单位	2.0	5.0	5.0
53	总硒	一切排污单位	0.1	0.2	0.5
54	粪大肠菌群数	医院、兽医院及医疗机构含病原体污水	500 个/L	1000 个/L	5000 个/L
		传染病、结核病医院污水	100 个/L	500 个/L	1000 个/L
55	总余氯（采用氯化消毒的医院污水）	医院*、兽医院及医疗机构含病原体污水	<0.5**	>3（接触时间≥1h）	>2（接触时间≥1h）
		传染病、结核病医院污水	<0.5**	>6.5（接触时间≥1.5h）	>5（接触时间≥1.5h）
56	总有机碳（TOC）	合成脂肪酸工业	20	40	—
		亚麻脱胶工业	20	60	—
		其他排污单位	20	30	—

*指 50 个床位以上的医院；**指加氯消毒后须进行脱氯处理，达到本标准。
资料来源：摘自《污水综合排放标准》(GB 8978—1996)。

三、环境空气质量标准

各项污染物的浓度限值

污染物名称	取值时间	浓度限值			浓度单位
		一级标准	二级标准	三级标准	
二氧化硫 SO_2	年平均	0.02	0.06	0.10	
	日平均	0.05	0.15	0.25	
	1 小时平均	0.15	0.50	0.70	
总悬浮颗粒物 TSP	年平均	0.08	0.20	0.30	
	日平均	0.12	0.30	0.50	
可吸入颗粒物 PM_{10}	年平均	0.04	0.10	0.15	
	日平均	0.05	0.15	0.25	mg/m^3 （标准状态）
氮氧化物 NO_x	日平均	0.10	0.10	0.15	
	1 小时平均	0.15	0.15	0.30	
二氧化氮 NO_2	年平均	0.04	0.04	0.08	
	日平均	0.08	0.08	0.12	
	1 小时平均	0.12	0.12	0.24	
一氧化碳 CO	日平均	4.00	4.00	6.00	
	1 小时平均	10.00	10.00	20.00	
臭氧 O_3	1 小时平均	0.12	0.16	0.20	

续表

污染物名称	取值时间	浓度限值			浓度单位
		一级标准	二级标准	三级标准	
铅 Pb	季平均 年平均		1.50 1.00		$\mu g/m^3$ （标准状态）
苯并[a]芘 B[a]P	日平均		0.01		
氟化物 F	日平均 1 小时平均 月平均 植物生长季平均		$7^{(1)}$ $20^{(1)}$ $1.8^{(2)}$ $1.2^{(2)}$	$3.0^{(3)}$ $2.0^{(3)}$	$\mu g/(dm^2 \cdot d)$

注：摘自《环境空气质量标准》（GB 3095—1996）
(1) 适用于城市地区。
(2) 适用于牧业区和以牧业为主的半农半牧区，蚕桑区。
(3) 适用于农业和林业区

四、大气污染物综合排放标准

新污染源大气污染物排放限值

序号	污染物	最高允许排放浓度 /（mg/m³）	最高允许排放速率/（kg/h）			无组织排放监控 浓度限值	
			排气筒 高度/m	二级	三级	监控点	浓度 /（mg/m³）
1	二氧化硫	960 （硫、二氧化硫、硫酸和其他含硫化合物生产）	15 20 30 40 50	2.6 4.3 15 25 39	3.5 6.6 22 38 58	周界外浓度最高点$^{(1)}$	0.40
		550 （硫、二氧化硫、硫酸和其他含硫化合物使用）	60 70 80 90 100	55 77 110 130 170	83 120 160 200 270		
2	氮氧化物	1400 （硝酸、氮肥和火炸药生产）	15 20 30	0.77 1.3 4.4	1.2 2.0 6.6	周界外浓度最高点	0.12
		240 （硝酸使用和其他）	40 50 60 70 80 90 100	7.5 12 16 23 31 40 52	11 18 25 35 47 61 78		

续表

序号	污染物	最高允许排放浓度 /(mg/m³)	最高允许排放速率/(kg/h)			无组织排放监控浓度限值	
			排气筒高度/m	二级	三级	监控点	浓度/(mg/m³)
3	颗粒物	18（碳黑尘、染料尘）	15	0.51	0.74	周界外浓度最高点	肉眼不可见
			20	0.85	1.3		
			30	3.4	5.0		
			40	5.8	8.5		
		60⁽²⁾（玻璃棉尘、石英粉尘、矿渣棉尘）	15	1.9	2.6	周界外浓度最高点	1.0
			20	3.1	4.5		
			30	12	18		
			40	21	31		
		120（其他）	15	3.5	5.0	周界外浓度最高点	1.0
			20	5.9	8.5		
			30	23	34		
			40	39	59		
			50	60	94		
			60	85	130		
4	氯化氢	100	15	0.26	0.39	周界外浓度最高点	0.20
			20	0.43	0.65		
			30	1.4	2.2		
			40	2.6	3.8		
			50	3.8	5.9		
			60	5.4	8.3		
			70	7.7	12		
			80	10	16		
5	铬酸雾	0.070	15	0.008	0.012	周界外浓度最高点	0.0060
			20	0.013	0.020		
			30	0.043	0.066		
			40	0.076	0.12		
			50	0.12	0.18		
			60	0.16	0.25		
6	硫酸雾	430（火炸药厂）	15	1.5	2.4	周界外浓度最高点	1.2
			20	2.6	3.9		
		45（其他）	30	8.8	13		
			40	15	23		
			50	23	35		
			60	33	50		
			70	46	70		
			80	63	95		
7	氟化物	90（普钙工业）	15	0.10	0.15	周界外浓度最高点	20（μg/m³）
			20	0.17	0.26		
			30	0.59	0.88		
		9.0（其他）	40	1.0	1.5		
			50	1.5	2.3		

续表

序号	污染物	最高允许排放浓度 /(mg/m³)	最高允许排放速率/(kg/h)			无组织排放监控浓度限值	
			排气筒高度/m	二级	三级	监控点	浓度/(mg/m³)
7			60	2.2	3.3		
			70	3.1	4.7		
			80	4.2	6.3		
8	氯气[3]	65	25	0.52	0.78	周界外浓度最高点	0.40
			30	0.87	1.3		
			40	2.9	4.4		
			50	5.0	7.6		
			60	7.7	12		
			70	11	17		
			80	15	23		
9	铅及其化合物	0.70	15	0.004	0.006	周界外浓度最高点	0.0060
			20	0.006	0.009		
			30	0.027	0.041		
			40	0.047	0.071		
			50	0.072	0.11		
			60	0.10	0.15		
			70	0.15	0.22		
			80	0.20	0.30		
			90	0.26	0.40		
			100	0.33	0.51		
10	汞及其化合物	0.012	15	$1.5×10^{-3}$	$2.4×10^{-3}$	周界外浓度最高点	0.0012
			20	$2.6×10^{-3}$	$3.9×10^{-3}$		
			30	$7.8×10^{-3}$	$13×10^{-3}$		
			40	$15×10^{-3}$	$23×10^{-3}$		
			50	$23×10^{-3}$	$35×10^{-3}$		
			60	$33×10^{-3}$	$50×10^{-3}$		
11	镉及其化合物	0.85	15	0.050	0.080	周界外浓度最高点	0.040
			20	0.090	0.13		
			30	0.29	0.44		
			40	0.50	0.77		
			50	0.77	1.2		
			60	1.1	1.7		
			70	1.5	2.3		
			80	2.1	3.2		
12	铍化其化合物	0.012	15	$1.1×10^{-3}$	$1.7×10^{-3}$	周界外浓度最高点	0.0008
			20	$1.8×10^{-3}$	$2.8×10^{-3}$		
			30	$6.2×10^{-3}$	$9.4×10^{-3}$		
			40	$11×10^{-3}$	$16×10^{-3}$		
			50	$16×10^{-3}$	$25×10^{-3}$		
			60	$23×10^{-3}$	$35×10^{-3}$		
			70	$33×10^{-3}$	$50×10^{-3}$		
			80	$44×10^{-3}$	$67×10^{-3}$		

续表

序号	污染物	最高允许排放浓度 /(mg/m³)	最高允许排放速率/(kg/h)			无组织排放监控浓度限值	
			排气筒高度/m	二级	三级	监控点	浓度/(mg/m³)
13	镍及其化合物	4.3	15	0.15	0.24	周界外浓度最高点	0.040
			20	0.26	0.34		
			30	0.88	1.3		
			40	1.5	2.3		
			50	2.3	3.5		
			60	3.3	5.0		
			70	4.6	7.0		
			80	6.3	10		
14	锡及其化合物	8.5	15	0.31	0.47	周界外浓度最高点	0.24
			20	0.52	0.79		
			30	1.8	2.7		
			40	3.0	4.6		
			50	4.6	7.0		
			60	6.6	10		
			70	9.3	14		
			80	13	19		
15	苯	12	15	0.50	0.80	周界外浓度最高点	0.40
			20	0.90	1.3		
			30	2.9	4.4		
			40	5.6	7.6		
16	甲苯	40	15	3.1	4.7	周界外浓度最高点	2.4
			20	5.2	7.9		
			30	18	27		
			40	30	46		
17	二甲苯	70	15	1.0	1.5	周界外浓度最高点	1.2
			20	1.7	2.6		
			30	5.9	8.8		
			40	10	15		
18	酚类	100	15	0.10	0.15	周界外浓度最高点	0.080
			20	0.17	0.26		
			30	0.58	0.88		
			40	1.0	1.5		
			50	1.5	2.3		
			60	2.2	3.3		
19	甲醛	25	15	0.26	0.39	周界外浓度最高点	0.20
			20	0.43	0.65		
			30	1.4	2.2		
			40	2.6	3.8		
			50	3.8	5.9		
			60	5.4	8.3		

续表

序号	污染物	最高允许排放浓度 /(mg/m³)	最高允许排放速率/(kg/h)			无组织排放监控浓度限值	
			排气筒高度/m	二级	三级	监控点	浓度/(mg/m³)
20	乙醛	125	15	0.050	0.080	周界外浓度最高点	0.040
			20	0.090	0.13		
			30	0.29	0.44		
			40	0.50	0.77		
			50	0.77	1.2		
			60	1.1	1.6		
21	丙烯腈	22	15	0.77	1.2	周界外浓度最高点	0.60
			20	1.3	2.0		
			30	4.4	6.6		
			40	7.5	11		
			50	12	18		
			60	16	25		
22	丙烯醛	16	15	0.52	0.78	周界外浓度最高点	0.40
			20	0.87	1.3		
			30	2.9	4.4		
			40	5.0	7.6		
			50	7.7	12		
			60	11	17		
23	氰化氢[4]	1.9	25	0.15	0.24	周界外浓度最高点	0.024
			30	0.26	0.39		
			40	0.88	1.3		
			50	1.5	2.3		
			60	2.3	3.5		
			70	3.3	5.0		
			80	4.6	7.0		
24	甲醇	190	15	5.1	7.8	周界外浓度最高点	12
			20	8.6	13		
			30	29	44		
			40	50	70		
			50	77	120		
			60	100	170		
25	苯胺类	20	15	0.52	0.78	周界外浓度最高点	0.40
			20	0.87	1.3		
			30	2.9	4.4		
			40	5.0	7.6		
			50	7.7	12		
			60	11	17		
26	氯苯类	60	15	0.52	0.78	周界外浓度最高点	0.40
			20	0.87	1.3		
			30	2.5	3.8		
			40	4.3	6.5		

续表

序号	污染物	最高允许排放浓度 /(mg/m³)	最高允许排放速率/(kg/h)			无组织排放监控浓度限值	
			排气筒高度/m	二级	三级	监控点	浓度/(mg/m³)
26			50	6.6	9.9		
			60	9.3	14		
			70	13	20		
			80	18	27		
			90	23	35		
			100	29	44		
27	硝基苯类	16	15	0.050	0.080	周界外浓度最高点	0.040
			20	0.090	0.13		
			30	0.29	0.44		
			40	0.50	0.77		
			50	0.77	1.2		
			60	1.1	1.7		
28	氯乙烯	36	15	0.77	1.2	周界外浓度最高点	0.60
			20	1.3	2.0		
			30	4.4	6.6		
			40	7.5	11		
			50	12	18		
			60	16	25		
29	苯并[a]芘	0.30×10^{-3}（沥青及碳素制品生产和加工）	15	0.05×10^{-3}	0.08×10^{-3}	周界外浓度最高点	0.008 (μg/m³)
			20	0.085×10^{-3}	0.13×10^{-3}		
			30	0.29×10^{-3}	0.43×10^{-3}		
			40	0.50×10^{-3}	0.76×10^{-3}		
			50	0.77×10^{-3}	1.2×10^{-3}		
			60	1.1×10^{-3}	1.7×10^{-3}		
30	光气[5]	3.0	25	0.10	0.15	周界外浓度最高点	0.080
			30	0.17	0.26		
			40	0.59	0.88		
			50	1.0	1.5		
31	沥青烟	140（吹制沥青）	15	0.18	0.27	生产设备不得有明显的无组织排放存在	
			20	0.30	0.45		
		40（熔炼、浸涂）	30	1.3	2.0		
			40	2.3	3.5		
			50	3.6	5.4		
		75（建筑搅拌）	60	5.6	7.5		
			70	7.4	11		
			80	10	15		
32	石棉尘	1根纤维/cm³ 或 10mg/m³	15	0.55	0.83	生产设备不得有明显的无组织排放存在	
			20	0.93	1.4		
			30	3.6	5.4		
			40	6.2	9.3		
			50	9.4	14		

续表

序号	污染物	最高允许排放浓度 /(mg/m³)	最高允许排放速率/(kg/h)			无组织排放监控浓度限值	
			排气筒高度/m	二级	三级	监控点	浓度 /(mg/m³)
33	非甲烷总烃	120（使用溶剂汽油或其他混合烃类物质）	15 20 30 40	10 17 53 100	16 27 83 150	周界外浓度最高点	4.0

注：摘自《大气污染物综合排放标准》（GB 16297—1996）

（1）周界外浓度最高点一般应设置于无组织排放源下风向的单位周界外 10m 范围内，若预计无组织排放的最大落地浓度点越出 10m 范围，可将监控点移至该预计浓度最高点。

（2）均指含游离二氧化硅超过 10%以上的各种尘。

（3）排放氯气的排气筒不得低于 25m。

（4）排放氰化氢的排气筒不得低于 25m。

（5）排放光气的排气筒不得低于 25m

五、声环境质量标准

单位：dB（A）

声环境功能区类别	昼间	夜间	声环境功能区类别		昼间	夜间
0 类	50	40		3 类	65	55
1 类	55	45	4 类	4a 类	70	55
2 类	60	50		4b 类	70	60

注：摘自《声环境质量标准》（GB 3096—2008）

六、工业企业厂界环境噪声排放标准

单位：dB（A）

厂界外声环境功能区类别	时段		厂界外声环境功能区类别	时段	
	昼间	夜间		昼间	夜间
0 类	40	40	3 类	65	55
1 类	55	45	4 类	70	55
2 类	60	50			

注：摘自《工业企业厂界环境噪声排放标准》（GB 12348—2008）

七、固体废物执行标准

固体废物储存、处置参见如下标准：

(1)《一般工业固体废物贮存、处置的污染控制标准》(GB 18599—2001)。
(2)《危险废物污染控制标准》(GB 18597—2001)。

附录六　常见污染因子检测方法标准

一、环境空气常用污染因子检验方法标准

（1）空气质量。二氧化硫的测定——甲醛吸收盐酸副玫瑰苯胺分光光度法；GB/T 15262。
（2）空气质量。二氧化硫的测定——四氯汞钾盐酸副玫瑰苯胺分光光度法；GB 8970。
（3）环境空气。总悬浮颗粒物的测定——重量法；GB/T 15432。
（4）空气质量。大气飘尘浓度的测定；GB 6921。
（5）环境空气。氮氧化物的测定——Saltzman 法；GB/T 15436。
（6）环境空气。二氧化氮的测定——Saltzman 法；GB/T 15435。
（7）环境空气。臭氧的测定——靛蓝二磺酸钠分光光度法；GB/T 15437。
（8）环境空气。臭氧的测定——紫外光度法；GB/T 15438。
（9）空气质量。一氧化碳的测定——非分散红外法；GB/T 9801。
（10）空气质量。苯并[α]芘的测定——乙酰化滤纸层析荧光分光光度法；GB 8971。
（11）环境空气。苯并[α]芘的测定——高效液相色谱法；GB/T 15439。
（12）空气质量。铅的测定——火焰原子吸收分光光度法；GB/T 15264。
（13）环境空气。氟化物的测定——滤膜氟离子选择电极法；GB/T 15434。
（14）环境空气。氟化物的测定——石灰滤纸氟离子选择电极法；GB/T 15433。

二、常用污水水质检验方法标准

（1）水温的测定——温度计法；GB 13195-91。
（2）pH 值的测定——玻璃电极法；GB 6920-86。
（3）溶解氧的测定——碘量法；GB 7489-89。
（4）溶解氧的测定——电化学探头法；GB 11913-89。
（5）高锰酸盐指数的测定——GB 11892-89。
（6）化学需氧量的测定——重铬酸钾法；GB 11914-89。
（7）五日生化需氧量的测定——稀释与接种法；GB 7488-87。
（8）氨氮的测定——纳氏试剂比色法；GB 7479-87。

（9）氨氮的测定——水杨酸分光光度法；GB 7481-87。
（10）总磷的测定——钼酸铵分光光度法；GB 11893-89。
（11）总氮的测定——碱性过硫酸钾消解紫外分光光度法；GB 11894-89。

附录七　实验过程中事故风险及排除

（1）割伤。伤口内若有异物应先取出，涂上红药水或贴上创可贴，必要时送医院救治。

（2）烫伤。切勿用水冲洗，更不要把烫起的水泡挑破，可在烫伤处涂上烫伤膏。

（3）酸伤。先用大量水冲洗，然后搽上碳酸氢钠油膏。如受氢氟酸腐伤，应迅速用水冲洗，再用5%苏打溶液冲洗，然后浸泡在冰冷的饱和硫酸镁溶液中半小时，最后敷上膏药（26%硫酸镁+6%氧化镁+18%甘油+1.2%盐酸普鲁卡因和水）或用2份甘油和1份氧化镁的悬浮剂涂抹，之后用消毒纱布包扎。伤势严重时应立即送医院。当酸溅入眼内时，先用水冲洗，然后用3%的碳酸氢钠溶液冲洗，最后用清水洗眼。

（4）碱伤。受强碱腐伤，先用大量水冲洗，然后用1%柠檬酸或硼酸溶液冲洗。当碱溅入眼内时，应立即用大量水冲洗，再用3%硼酸溶液冲洗眼睛，然后用蒸馏水冲洗。

（5）触电时。应立即切断电源，尽快利用绝缘物将触电者与电源分开。严重的立即送医院救治。

（6）消防。实验室常用的灭火措施有以下几种。

a. 小火用湿布、石棉布覆盖燃烧物即可灭火，大火可用灭火器扑灭。对活泼金属Na、K、Mg、Al等引起的着火，应用干燥的细沙覆盖灭火。有机溶剂着火，切勿用水灭火，而应用泡沫灭火器把火扑灭，再用水降温。

b. 在加热时起火，立即停止加热，关闭燃气，切断电源，把所有易燃易爆物移至远处。

c. 电器设备着火，先切断电源，再用四氯化碳灭火器灭火，也可用干粉灭火器。

d. 当衣服着火时，切勿慌张跑动，因为这会由于空气的迅速流动而加强燃烧，应赶快脱下衣服或用石棉布覆盖着火处，或躺在地上滚动起到灭火的作用。